Panorama du droit

Collection fondée par Guillaume BERNARD
et co-dirigée par Eric Pomes

LICENCE – MASTER

INSTITUTIONS EUROPÉENNES ET PRINCIPES GÉNÉRAUX DE DROIT EUROPÉEN

3E ÉDITION REVUE ET AUGMENTÉE

Thierry RAMBAUD

Patrick PAPAZIAN

DU MÊME AUTEUR

Thierry Rambaud

- *Le Principe de séparation des cultes et de l'État en droit public comparé, analyse comparative des régimes français et allemand*, préf. de J. Morange, Paris, 2004.
- Collaboration à l'ouvrage de P. Lauvaux, *Les Grandes Démocraties contemporaines*, PUF, Droit fondamental, 3e édition.
- *La Finance islamique et la crise de l'économie contemporaine*, avec C. Saint-Prot, Paris, Karthala, 2012 (prix de la francophonie des affaires, 2013).
- *Introduction au droit comparé : les grandes traditions juridiques dans le monde*, Paris, PUF Quadrige, 2014.

AVANT-PROPOS

Ce manuel porte sur les institutions européennes, c'est-à-dire sur les institutions créées par des traités internationaux liant entre eux des États européens. Cette Europe des Organisations internationales est plurielle. Il existe désormais, outre une « *Europe de la défense* », qui a pris ses sources dans la défunte Union de l'Europe occidentale, une « *Europe des droits de l'homme* » qui s'enracine dans le cadre des activités du Conseil de l'Europe et qui, sous l'influence déterminante de la jurisprudence dynamique de la Cour européenne des droits de l'homme qui siège à Strasbourg, connaît des progrès incessants. Mais lorsque l'on envisage les institutions européennes, c'est en premier lieu aux institutions des Communautés européennes et de l'Union européenne que l'on songe. Celle-ci, qui réunit désormais vingt-huit États, s'est dotée d'un système institutionnel très complexe qui vise à associer diverses légitimités dans le cadre de l'élaboration de la décision communautaire : la légitimité interétatique ou intergouvernementale avec le Conseil européen et le Conseil de l'Union européenne, la légitimité des peuples européens, à défaut, pour le moment de pouvoir parler de « *peuple européen* », et la légitimité communautaire ou supranationale incarnée par la Commission. À ce « *triangle magique* » s'ajoutent diverses institutions de contrôle et de mise en œuvre des actes adoptés par les institutions communautaires précitées. Il en est ainsi de la Cour de Justice des Communautés européennes et du médiateur européen.

Le présent ouvrage se compose de trois parties. La première est consacrée à l'histoire de la construction européenne. Des intentions des « *Pères fondateurs* » à l'échec du traité établissant une Constitution pour l'Europe, il s'agit de retracer les grandes étapes d'une évolution qui fut traversée par de nombreuses crises. La deuxième partie porte sur les institutions de l'Union européenne, telles qu'elles se présentent après l'entrée en vigueur du traité de Lisbonne. Elle comporte deux titres : le premier consacré à l'organisation des institutions européennes et le second aux actes de ces dernières. La troisième partie est consacrée à l'étude de l'appartenance de la France à l'Union européenne et à la mise en œuvre du droit européen par les organes de l'ordre juridique interne français. Elle se conclut par une réflexion sur la nature juridique de l'Union européenne. Par-delà la présentation et l'analyse des institutions européennes, cet ouvrage souhaite, à sa mesure, apporter une contribution à l'analyse du concept de « *fédération d'États nations* » qui paraît rendre compte de la réelle spécificité de l'Union européenne.

Pour chaque fiche, une bibliographie sélective regroupée sous la rubrique « Références » a été établie. Elle se veut volontairement brève et privilégiant les références en langue française. Par ailleurs, elle ne comporte que des références se rapportant exclusivement au sujet traité et vient ainsi compléter la bibliographie générale placée à la fin du manuel. La rubrique « Repères » présente les éléments clés du thème abordé. Elle peut également approfondir un point particulier. Bien souvent, elle constitue une introduction à la partie « Explications », partie complétée selon les cas par la présentation d'un débat actuel, parfois accompagnée d'un plan, ou par l'exposé d'un texte destiné à permettre à l'étudiant « d'aller plus loin ».

SOMMAIRE

PARTIE III

ABRÉVIATIONS ET SIGLES UTILISÉS

aff.	Affaire
AJDA	*Actualité juridique de droit administratif*
al.	Alinéa
art.	Article
AUE	Acte unique européen
BEI	Banque européenne d'investissement
Bull. UE	*Bulletin de l'Union européenne* (depuis le 1er novembre 1994)
Cah. Dr. Eur.	*Cahier de droit européen*
CECA	Communauté européenne du charbon et de l'acier
CEEA	Communauté européenne de l'énergie atomique
CEE	Communauté économique européenne
CE	Communauté européenne
CIG	Conférence intergouvernementale
Concl.	Conclusion
Chron.	Chronique
FEDER	Fonds européen de développement régional
FEOGA	Fonds européen d'orientation et de garantie agricole
FEI	Fonds européen d'investissement
Gaz. Pal.	*Gazette du palais*
IME	Institut monétaire européen
INT	Affaire relative à l'interprétation d'un arrêt
J-Cl.	*Europe Jurisclasseur. Traités de l'Europe occidentale*
JCP	*Jurisclasseur périodique* (Semaine juridique)
JOCE	*Journal officiel des communautés européennes*
PAC	Politique agricole commune
PECO	Pays d'Europe centrale et orientale
PESC	Politique étrangère et de sécurité commune
PESD	Politique européenne de sécurité et de défense
PPE	Parti populaire européen
PSE	Parti socialiste européen
RDP	*Revue du droit public*
Rec.	*Recueil de la jurisprudence de la CJCE et du TPI*
Rec. Lebon	*Recueil Lebon des arrêts du Conseil d'État*

RIDC	*Revue internationale de droit comparé*
RFDA	*Revue française de droit administratif*
RFDC	*Revue française de droit constitutionnel*
RMUE	*Revue du marché unique de l'Union européenne*
RTD Civ.	*Revue trimestrielle de droit civil*
RTDE	*Revue trimestrielle de droit européen*
SEBC	Système européen de banques centrales
SME	Système monétaire européen
TPI	Tribunal de première instance des CE
TUE	Traité sur l'Union européenne
UE	Union européenne
UEM	Union économique et monétaire
UEO	Union de l'Europe occidentale

PARTIE I

L'HISTOIRE DE LA CONSTRUCTION EUROPÉENNE

1.
LA GARANTIE DES DROITS DE L'HOMME EN EUROPE

FICHE 1 | LES ORGANES DU CONSEIL DE L'EUROPE

1. RÉFÉRENCES

- Cohen-Jonathan G., *La Convention européenne des droits de l'homme*, économica, PUAM, 1989.
- Sauron J.-L., *Cours d'institutions européennes, Le puzzle européen*, préface de M. le professeur Vlad. Constantinesco, Gualino éditeur, 3e édition, 2010.
- Sudre F., *Droit international et européen des droits de l'homme*, PUF, collection « Droit fondamental », 11e édition, 2012.

2. REPÈRES

• **Commissaire aux droits de l'homme :** ce poste a été créé en 1999 par le Conseil de l'Europe. Il est élu par l'Assemblée parlementaire du Conseil de l'Europe pour un mandat d'une durée de six ans. Le poste est actuellement détenu, depuis le 1er avril 2012, par Nils Muizneks qui a succédé à Thomas Hammarberg et au premier commissaire, M. Alvaro Gil-Robles. Son mandat est établi dans la résolution (99) 50 du Conseil de l'Europe, adoptée le 7 mai 1999. Il remet un rapport annuel au Comité des ministres, ainsi que des rapports plus ponctuels (rapports de visite ou rapports spéciaux). Le commissaire entretient un dialogue permanent avec les États membres qu'il s'efforce sans cesse de sensibiliser à la problématique de la protection des droits de l'homme.

• **Commission européenne pour la démocratie par le droit,** dite aussi commission de Venise : elle étudie les principes et les techniques de mise en œuvre des règles adoptées dans le cadre du Conseil de l'Europe. Ses travaux portent, notamment, sur le fédéralisme et le régionalisme, le droit constitutionnel et l'intégration européenne ou encore les fondements juridiques de la politique étrangère... Cette Commission comporte 47 membres (les 47 États du Conseil de l'Europe auxquels s'ajoutent la fédération de Russie, le Kirghizistan et le Chili), un membre associé, dix observateurs. L'Afrique du Sud y bénéficie d'un statut spécial. La Commission est à la disposition des États membres pour accompagner leur développement constitutionnel.

3. EXPLICATIONS

Le Conseil de l'Europe comporte actuellement quarante-sept États (Chapitre 1). Le Traité, qui l'institue en 1949, crée des organes statutaires (Chapitre 2) auxquels il convient d'ajouter la Cour européenne des droits de l'homme créée en 1950. Il vise à instaurer une « Grande Europe » des droits de l'homme (Chapitre 3).

CHAPITRE 1 LA COMPOSITION

La Convention portant statut du Conseil de l'Europe est signée le 5 mai 1949 à Londres par dix États : la Belgique, le Danemark, la France, la Grande-Bretagne, l'Irlande, l'Italie, le Luxembourg, la Norvège, les Pays-Bas et la Suède. Vont ensuite adhérer : la Grèce et la Turquie (1949), l'Islande (1950), la RFA (1951), l'Autriche (1956), Chypre (1961), la Suisse (1963), Malte (1965), le Portugal (1976), l'Espagne (1977), le Liechtenstein (1978), Saint-Marin (1978), la Finlande (1989), la Hongrie (1990), la Pologne (1991), la Bulgarie (1992), l'Estonie, la Slovénie, la Slovaquie, la République tchèque, la Roumanie (1993), Andorre (1994), la Lettonie, l'Albanie, la Moldavie, l'ex-république de Macédoine, l'Ukraine (1995), la Russie, la Croatie (1996), la Géorgie (1999), l'Arménie et l'Azerbaïdjan (2001), la Bosnie-Herzégovine (2002), la Serbie-Monténégro (2003), Monaco (2004) et le Monténégro (2007).

Il est donc composé de quarante-sept États qui s'engagent à respecter les droits et les libertés à caractère fondamental. Les nouveaux adhérents s'engagent à ratifier la Convention européenne des droits de l'homme et à respecter le droit des minorités nationales.

Parfois, des engagements particuliers sont exigés, comme le respect des accords de Dayton pour la Croatie ou la refonte de sa Constitution pour l'Ukraine.

Pour toute adhésion, l'Assemblée parlementaire du Conseil de l'Europe rend un avis et le Comité des ministres se prononce, en pratique, à l'unanimité. L'Assemblée a estimé que *« ne peuvent en principe devenir membres du Conseil de l'Europe que des États dont le territoire national est situé en totalité ou en partie sur le continent européen et dont la culture est étroitement liée à la culture européenne »*. À cet égard, l'Assemblée a accepté, comme on l'a vu, les candidatures de l'Arménie, de l'Azerbaïdjan et de la Géorgie. Elle a en revanche rejeté celles du Kazakhstan, du Turkménistan et de l'Ouzbékistan. De la même manière, les États des rives Est et Sud de la Méditerranée ont été explicitement écartés.

Les langues officielles du Conseil de l'Europe sont le français et l'anglais. D'autres langues peuvent être utilisées comme langues de travail à l'Assemblée parlementaire : l'allemand, l'italien et le russe.

CHAPITRE 2 LES ORGANES STATUTAIRES DU CONSEIL DE L'EUROPE

Outre la Cour européenne des droits de l'homme sur laquelle on reviendra un peu plus tard, le Conseil de l'Europe se compose de deux organes statutaires : l'Assemblée parlementaire et le Comité des ministres.

SECTION 1 – L'ASSEMBLÉE PARLEMENTAIRE

L'Assemblée parlementaire est actuellement composée de 318 membres (+ 318 suppléants) désignés par les parlements nationaux (ou selon une procédure prévue par eux). Ils sont au nombre de 2 à 18 selon les États (18 pour la France). Elle siège à Strasbourg au Palais de l'Europe. L'Assemblée comprend cinq groupes politiques : le groupe socialiste (180 membres), le groupe du Parti populaire européen (174 membres), l'alliance des démocrates et libéraux pour l'Europe (104), le groupe des démocrates européens (92) et le groupe pour la gauche unitaire européenne (35).

Ses compétences sont peu importantes. Il s'agit d'une assemblée consultative qui ne prend pas de « *décisions obligatoires* » pour les États membres. Elle délibère sur les « *questions relevant de sa compétence* ». Elle émet ainsi des recommandations ou avis au Comité des ministres et des résolutions aux gouvernements nationaux à la majorité simple. Elle élit le secrétaire général du Conseil de l'Europe, le secrétaire général adjoint, le secrétaire général de l'Assemblée et les juges de la Cour européenne des droits de l'homme.

Il y a également des délégués du Parlement du Maroc et du Conseil national palestinien, qui bénéficient du statut de « *partenaire pour la démocratie* ». Les parlements du Canada, d'Israël et du Mexique bénéficient du statut d'observateur.

SECTION 2 – LE COMITÉ DES MINISTRES

Le Comité des ministres est un organe intergouvernemental qui comprend les ministres des Affaires étrangères des États membres. Les ministres se réunissent au moins deux fois par an. Le reste du temps, ce sont des délégués permanents des gouvernements nationaux qui adoptent les décisions. Contrairement à la composition de l'Assemblée parlementaire, chaque État y dispose d'une voix et d'une seule.

Le Comité se prononce sur les demandes d'adhésion et adopte le programme d'activités et le budget du Conseil de l'Europe (197 000 000 euros en 2007). En ce qui concerne la Cour européenne des droits de l'homme, le Comité des ministres est chargé de veiller à l'exécution par les États des arrêts rendus par la Cour. Une procédure de contrôle, dite de « *monitoring* », assure le respect des engagements adoptés par les États.

Un secrétariat est placé sous la direction d'un secrétaire général. Celui-ci est élu par l'Assemblée parlementaire pour un mandat de cinq ans. Quelque 1 800 agents travaillent pour le secrétariat permanent.

CHAPITRE 3 *LES FONCTIONS*

Le but du Conseil de l'Europe est de réaliser *« une union plus étroite entre ses membres »*. Il apparaît comme un cadre de discussion et de rédaction de conventions.

Il joue un rôle politique qui est celui de construire une « *Grande Europe des droits de l'homme* ». À cette fin, il traite de toutes les grandes questions de la société européenne :

droits de l'homme, médias, questions sociales et économiques, santé, éducation, culture, patrimoine, sport… Il contribue d'une certaine manière au développement d'un droit international interrégional.

Outre la Convention européenne des droits de l'homme, traitée dans la fiche 2, d'autres conventions ont été adoptées dans le cadre du Conseil de l'Europe. Elles contribuent ainsi au développement de ce droit international interrégional :

- la Charte sociale européenne et son protocole additionnel de 1988 qui reconnaît des droits relatifs à l'emploi et à la cohésion sociale ;
- la Convention pour la prévention de la torture de 1987, entrée en vigueur en 1989, qui institue un Comité européen pour la prévention de la torture. Ce dernier peut visiter n'importe quel lieu de détention et s'entretenir avec les détenus. Le Comité rédige ensuite des rapports ;
- la Convention-cadre pour la protection des minorités, adoptée en 1994, qui comporte des dispositions sur l'usage des langues minoritaires, l'interdiction de l'assimilation forcée, la protection et le développement de la culture… Celle-ci est entrée en vigueur le 1er février 1998.

Le Conseil de l'Europe lutte également contre le racisme, la xénophobie, l'antisémitisme et l'intolérance par la mise en place de programmes d'action et d'une commission indépendante : la Commission européenne contre le racisme et l'intolérance.

Il vise aussi au renforcement de la démocratie locale et coopération transfrontalière. On peut citer à cet égard le Comité directeur sur la démocratie locale et régionale (CDDRL) qui tend à mettre en œuvre la Charte européenne de l'autonomie locale.

Des difficultés surgissent, notamment, avec l'adhésion des nouveaux États d'Europe centrale et orientale (pays Baltes, Caucase, Russie) quant au respect de certains droits individuels et du droit des minorités.

En conclusion, le Conseil de l'Europe constitue une organisation internationale classique qui repose sur une logique intergouvernementale. Il contribue néanmoins à faire émerger l'idée d'une appartenance européenne fondée sur une communauté de droits dont les trois piliers sont la démocratie, les droits de l'homme et les libertés fondamentales, ainsi que l'État de droit. C'est à l'aune de ces principes que l'identité européenne apparaît et se consolide.

FICHE 2 | LA CONSÉCRATION D'UN DROIT EUROPÉEN DES DROITS DE L'HOMME

1. RÉFÉRENCES

- Andriantsimbazovina J., Marguenaud J.-P., Sudre F., *Les Grands Arrêts de la Cour européenne des droits de l'homme*, PUF Thémis, 6e édition, Paris, 2011.
- Cohen-Jonathan G., *La Convention européenne des droits de l'homme*, PUAM, économica, 1989.
- Cohen-Jonathan G., « La protection des droits fondamentaux dans l'Union européenne et la Convention européenne des droits de l'homme », *in Mélanges Benoît Jeanneau, Les Mutations contemporaines du droit public*, Dalloz, 2002, p. 3.
- Favoreu L. et *alii*, *Droit des libertés fondamentales*, Précis Dalloz, 2e édition, 2002.
- Genevois B., « Cour européenne des droits de l'homme et juge national : dialogue et dernier mot », *La conscience des droits, Mélanges en l'honneur de J.-P. Costa*, Dalloz, 2011, pp. 281-292.
- Jungwiert K., « Sur la requête abusive devant la Cour européenne des droits de l'homme », *La Conscience des droits, Mélanges en l'honneur de J.-P. Costa*, Dalloz, 2011, pp. 329-335.
- Mathieu B., Verpeaux M., *Contentieux constitutionnel des droits fondamentaux*, LGDJ, 2002.
- Pettiti L., Decaux E., Imbert P.-H., (dir.), *Convention européenne des droits de l'homme*, économica, 2e édition, 1999.
- Renucci J.-F., *Droit européen des droits de l'homme*, LGDJ, 5e édition, 2013.
- Sudre F. (dir.), *Le Droit français et la Convention européenne des droits de l'homme*, Engel, 1994.
- Sudre F., *Droit international et européen des droits de l'homme*, collection « Droit fondamental », 11e édition, PUF, 2012.

2. REPÈRES

- **Avis 2/94** de la Cour de Justice des Communautés européennes sur l'adhésion de la Communauté européenne à la Convention européenne de sauvegarde des droits de l'homme et des libertés fondamentales du 28 mars 1996 : saisie d'une demande d'avis, sur le fondement de l'article 228 paragraphe 6 du traité CEE par le Conseil, la CJCE considère que la Communauté est incompétente pour édicter des règles en matière de droits de l'homme ou pour conclure des conventions internationales dans ce domaine. Par ailleurs, elle estime que « *force est de constater que l'adhésion à la Convention entraînerait un changement substantiel du régime communautaire actuel de la protection des droits de l'homme, en ce qu'elle comporterait l'insertion de la Communauté dans un* *système international distinct, ainsi que l'intégration de l'ensemble des dispositions de la Convention dans l'ordre juridique communautaire* ». Une telle modification « *revêtirait une envergure constitutionnelle et dépasserait donc par sa nature les limites de l'article 235. Elle ne saurait être réalisée que par la voie d'une modification du traité* ». L'Union, qui ne dispose pas de la personnalité juridique, ne peut pas non plus adhérer à la Convention européenne des droits de l'homme.

- ***Human Rights Act* britannique du 9 novembre 1998 :** ce texte est entré en vigueur le 2 octobre 2000. Il incorpore la Convention européenne des droits de l'homme en droit anglais, mais sans instituer pour autant de véritable contrôle juridictionnel des lois à l'image de ce qui existe actuellement en droit français. En effet, selon l'article 3 (2) du *Human Rights Act* de 1998, le juge ne peut pas invalider une loi britannique, que celle-ci soit antérieure ou postérieure à la Convention. Il n'existe pas de contrôle de conventionnalité de la loi en droit britannique. En revanche, une technique de « *dialogue* », dans laquelle le législateur conserve le pouvoir de dernier mot est aménagée. Comme le souligne Lord Irvine, ancien Lord Chancellor dans le gouvernement de T. Blair, « *la responsabilité ultime pour ce qui est du respect de la Convention doit reposer dans les mains du seul parlement* ». Trois étapes sont prévues par le *Human Rights Act* de 1998 :

- la « *déclaration de compatibilité* » devant le Parlement : au cours de la discussion parlementaire, et plus précisément avant la deuxième lecture d'un projet ou d'une proposition de loi, le ministre doit déclarer soit que la loi envisagée ne porte pas atteinte aux droits de la Convention, soit que « *bien qu'il soit incapable de faire une telle déclaration de compatibilité, le gouvernement souhaite néanmoins que la chambre continue à débattre de la loi* ». Le gouvernement avoue par là un risque d'incompatibilité au regard de la jurisprudence de la Cour de Strasbourg ;
- au cours de la deuxième phase, il est prévu par l'article 3 (1) que « *dans la mesure du possible, la législation anglaise doit être lue et appliquée d'une manière compatible avec les droits de la Convention* ». Le juge doit donc procéder à une interprétation neutralisante. Si celle-ci n'est pas possible, le juge se limite à constater l'incompatibilité de la loi avec la Convention. Il fait alors une « *déclaration d'incompatibilité* » tout en appliquant la loi ;
- c'est alors à l'exécutif de prendre toutes les mesures nécessaires afin de rendre la loi conforme aux droits de la Convention européenne des droits de l'homme. Il saisit le Parlement afin de faire procéder à une telle modification. Cette déclaration ne peut être faite que par les juridictions supérieures : la Chambre des Lords, le Comité judiciaire du Conseil privé, les *Courts of Appeal* d'Angleterre, du pays de Galles, d'Irlande du Nord, *la Court of Session* d'écosse et la *Martial Court of Appeal*.

3. EXPLICATIONS

Dans le cadre du Conseil de l'Europe ont été adoptées de nombreuses Conventions internationales au premier rang desquelles la Convention européenne des droits de l'homme. Signée à Rome le 4 novembre 1950, elle est mise en vigueur le 3 septembre 1953. Elle a été complétée par plusieurs accords additionnels. Elle reconnaît de nombreux droits (chapitre 1) et se voit garantie par la Cour européenne des droits de l'homme (chapitre 2). En droit français, elle dispose d'une valeur supra-législative et infra-constitutionnelle (chapitre 3).

CHAPITRE 1 LES DROITS RECONNUS

Ils sont reconnus à toute personne morale ou physique quelle que soit sa nationalité. Ce sont des droits dits « *de la première génération* » :

• les **droits de la personne** : le droit à la vie (article 1er) sauf « *recours à la force strictement nécessaire* ». Protection contre « *la torture et les peines ou traitements inhumains dégradants* » (article 3). Le protocole n° 6 abolit la peine de mort ;

• les **droits à la liberté et à la sûreté** (article 5), le respect de la vie privée et familiale (article 8 de la Convention), les libertés de pensée, de conscience et de religion (article 9), la liberté d'expression (article 10), la liberté de réunion et d'association (article 11), le droit au mariage (article 12), l'égalité entre époux (protocole n° 7) ;

• les **garanties procédurales** : le droit à un procès équitable (article 6), le respect du principe « *pas de peine sans loi* » (article 7), le « *droit à un recours effectif devant une instance nationale pour toute personne alléguant une violation des droits et libertés reconnues par la Convention* » (article 13 de la Convention), le droit à un double degré de juridiction en matière pénale, le droit d'indemnisation en cas d'erreur judiciaire, le droit à ne pas être jugé ou puni deux fois (protocole n° 7) ;

• les **droits politiques et économiques** : les États doivent organiser des élections législatives libres, périodiques, au scrutin secret et au suffrage universel (article 3 du protocole n° 1), le droit de propriété garanti à l'article 1er du premier protocole revêt une nature économique. La privation de propriété ne peut intervenir que pour cause d'utilité publique et dans les conditions prévues par la loi et les principes généraux du droit international, principes qui ne sont pas invocables par les ressortissants nationaux.

CHAPITRE 2 LES MÉCANISMES DE PROTECTION

Il importe de distinguer entre les mécanismes initiaux de protection et les mécanismes actuels mis en place par le protocole n° 11 du 11 mai 1994 :

• dans les **mécanismes initiaux de protection** par les organes européens, le droit de recours individuel devait être admis par l'État mis en cause à l'occasion d'une déclaration faite pour une durée déterminée ou indéterminée. Après épuisement des voies de recours internes, la personne s'estimant lésée dans l'un des droits garantis par la Convention européenne des droits de l'homme pouvait saisir la Commission européenne des droits de l'homme de sa situation. Celle-ci comprenait autant de membres que de « *parties contractantes* ». Elle examinait alors la recevabilité des requêtes avant de la transmettre, le cas échéant, à la Cour européenne des droits de l'homme ;

• les **mécanismes actuels de garantie de la Convention européenne** sont régis par le protocole n° 11 qui date du 11 mai 1994. Ce dernier prévoit la création d'une Cour unique qui se substitue à la fois à l'ancienne Cour, à la Commission et au Comité des ministres en tant qu'organe de règlement. La Cour européenne unique, qui est entrée en vigueur le 1er novembre 1998, fonctionne de manière permanente, s'occupant de tous les stades préliminaires et rendant les arrêts. Elle est directement accessible aux individus et sa compétence est obligatoire pour tous les États parties.

La Cour comprend un nombre de juges égal à celui des États parties. Ils sont élus pour une durée de six ans renouvelable par l'Assemblée parlementaire du Conseil de l'Europe sur la base d'une liste de trois noms proposés par chaque État.

La Cour plénière élit un président, deux vice-présidents et deux présidents de section pour une période de trois ans.

Les formations de jugement sont les comités (3 juges) qui filtrent les requêtes, les chambres (7 juges), constituées à partir des sections, et la Grande chambre (17 juges), compétente pour statuer sur une question grave relative à l'interprétation et à l'application de la Convention européenne. Dans la grande majorité des cas, la Cour siégera en chambre de sept juges, dont le juge élu au titre de l'État concerné.

La procédure est contradictoire et publique. Les langues officielles de la Cour sont le français et l'anglais, mais les requêtes peuvent être rédigées dans l'une des langues officielles des États parties.

Les chambres statuent à la majorité. Tout juge ayant pris part à l'affaire peut joindre à l'arrêt soit l'exposé de son opinion séparée, qu'elle soit concordante ou dissidente, soit une simple déclaration de dissentiment.

Dans un délai de trois mois à compter de la date de prononcé de l'arrêt rendu par une chambre, toute partie peut demander que l'affaire soit renvoyée à la Grande Chambre dès lors qu'elle soulève une « *question grave relative à l'interprétation ou à l'application de la Convention européenne* », ou une question grave de caractère général.

Ces demandes sont examinées par un collège de cinq juges de la Grande Chambre. Si le collège accueille la demande, la Grande Chambre statue sur l'affaire à la majorité, par la voie d'un arrêt qui est définitif.

L'arrêt devient définitif si un délai de trois mois s'est écoulé.

Le Comité des ministres vérifie que les États se conforment aux arrêts de la Cour. Les États doivent adopter les mesures nécessaires pour réparer la situation du requérant individuel et éviter que, dans l'avenir, des violations semblables à celles constatées par la Cour ne se reproduisent.

De très nombreuses affaires ont été portées devant la Cour de Strasbourg. Un tel contentieux a justifié l'adoption d'un nouveau protocole, le protocole n° 14, qui fut ouvert à la signature le 13 mai 2004 et est entré en vigueur le 1er juin 2010. Il prévoit différentes mesures pour améliorer le fonctionnement de la Cour. À titre d'exemple, lorsque des affaires paraîtront manifestement irrecevables, les décisions d'irrecevabilité seront prises par un juge unique, juge assisté de rapporteurs non membres des organes judiciaires de la Cour. Le protocole renforce aussi le Comité des ministres, qui pourra décider à la majorité des deux tiers d'introduire une procédure devant la Cour dès lors qu'un État aura refusé de se conformer à un arrêt. Le Comité des ministres pourra également saisir à nouveau la Cour au sujet de l'interprétation d'un arrêt en vue d'améliorer le suivi de son exécution.

Le mandat des juges est porté à neuf ans, non renouvelable.

La signature des protocoles n° 15 et 16 à la Convention traduit la même préoccupation d'allègement des contentieux devant la Cour et de nécessaire réduction des délais de jugement devant la haute juridiction européenne. La Cour européenne est incontestablement victime de son succès, dans la mesure où elle est de plus en plus souvent perçue comme l'ultime instance contentieuse après l'achèvement des procédures dans le cadre des ordres juridiques nationaux.

CHAPITRE 3 *LA VALEUR DE LA CONVENTION DANS L'ORDRE JURIDIQUE INTERNE FRANÇAIS*

La Convention européenne, entrée en vigueur le 3 septembre 1953, n'a été ratifiée par la France que le 3 mai 1974. Ce retard s'explique par les conflits coloniaux dans lesquels la France était engagée (guerre d'Indochine, guerre d'Algérie). L'initiative de la ratification vient du président par intérim Alain Poher. En 1981, sous la présidence de François Mitterrand, la France accepte le droit de recours individuel.

La Convention fait, depuis cette date, partie intégrante de l'ordre juridique interne français. À ce titre, au regard de l'article 55 de la Constitution de 1958, elle dispose d'une valeur supérieure à la loi. C'est le juge ordinaire qui contrôle la conformité d'une loi, qu'elle soit postérieure ou antérieure, à la Convention de 1950 : telle est la solution de l'arrêt *Jacques Vabre* du 24 mai 1975 pour la Cour de cassation et de l'arrêt *Nicolo* du 20 octobre 1989 (GAJA n° 102) pour le Conseil d'État. Cette solution a été rendue nécessaire par la décision du Conseil constitutionnel du 15 janvier 1975 rendue sur la loi relative à l'IVG1[1], décision par laquelle le Conseil constitutionnel se refusait à opérer un contrôle de la conventionna-

1. Sur cette question, voir *infra*, fiche 21.

lité de la loi. En revanche, aux termes de la jurisprudence *Carminati*[2], le juge administratif des référés ne peut pas examiner un moyen tiré de l'inconventionnalité de la loi sur le fondement de laquelle a été édicté un acte administratif. Cette solution soulève des interrogations quant à sa compatibilité avec le droit communautaire[3].

La Convention dispose, dans l'ordre juridique interne français, d'une valeur infra-constitutionnelle. En revanche, dans l'ordre européen, elle s'impose à toutes les règles internes, y compris constitutionnelles[4]. Les États doivent ainsi respecter le droit conventionnel tout en bénéficiant d'une marge d'appréciation normative et procédurale. Si le droit conventionnel ne se substitue pas au droit national, les États sont parfois tenus à des « *obligations positives* » qui les contraignent à tout mettre en œuvre pour garantir effectivement le droit garanti.

2. CE, 30 décembre 2002, *Ministre de l'Aménagement du territoire et de l'environnement c/ M. Carminati, Rec.* p. 510.
3. « Contrôle de conventionnalité de la loi et référé, de quelques doutes sur la jurisprudence Carminati », *AJDA*, n° 2007-24, pp. 1274 et s. ; lire également, avec un titre un peu provocateur, T.-X. Girardot, « Le retour de la loi écran devant le juge des référés », *AJDA*, 2006, p. 1875.
4. Cour EDH, 18 décembre 1986, *Johnston et autres c/ Irlande*, A-112, *Cahiers de droit européen*, 1988, p. 464, note G. Cohen-Jonathan ; *Journal de droit international*, 1987, p. 812, note P. Rolland et P. Tavernier. Voir également, Cour EDH, 23 juin 1993, *Ruiz-Mateos c/Espagne*, A-262, *Journal de droit international*, 1994, p. 799, note E. Decaux et P. Tavernier.

2.

LA CONSTRUCTION DE L'EUROPE COMMUNAUTAIRE

FICHE 3 | AUX ORIGINES DE L'IDÉE EUROPÉENNE

1. RÉFÉRENCES

- Aron R., *Paix et guerre entre les nations*, Calmann-Lévy, 1984, XXVII, 1984.
- Bitsch M.-T., *Histoire de la construction européenne*, Complexe, 2e édition, Bruxelles, 1999.
- Christophe-Tchakaloff M.-F., *Les Grandes étapes de la construction européenne*, PUF, « Que sais-je ? », 2e édition, Paris, 1999.
- Haggenmacher P., « L'État souverain comme sujet du droit international de Vitoria à Vattel », *Droits*, 1992, p. 11.
- Van der Vlugt W., « L'œuvre de Grotius et son influence sur le développement du droit international », *Recueil des cours de l'Académie de droit international*, 1925-II, volume 7, p. 395.
- Zorgbibe C. , *Histoire de la construction européenne*, PUF, Paris, 1993.

2. REPÈRES

- **Aristide Briand (1862-1932) :** le 7 septembre 1929, Aristide Briand, qui a obtenu le prix Nobel de la paix en 1926, proposa, en sa qualité de ministre français des Affaires étrangères, à l'Assemblée générale de la Société des nations (SDN), de créer entre les États européens une union caractérisée par une très forte collaboration. Il fut alors chargé de rédiger un *mémorandum* sur l'organisation d'un « *régime d'union fédérale européenne* » qui apparaît comme une sorte de confédération européenne dans le cadre de la SDN. Il souhaite ainsi assurer la sécurité de la France par la diplomatie et le règlement pacifique des conflits. Ce *mémorandum* succède au pacte Briand-Kellogg du 27 août 1928 qui avait tenté de mettre la « *guerre hors la loi* ».
- **Grotius (1583-1645) :** il est à la fois philosophe, juriste et diplomate. Son œuvre principale est *De iure belli ac pacis, le droit de la guerre et de la paix*, paru en 1625. Il défend l'idée d'une « *société du genre humain* » soumettant à ses lois les actions humaines et étatiques. Le droit international est lié avec le droit naturel.
- **Proudhon (1809-1865)** propose, pour éviter les guerres, d'appliquer à l'Europe l'organisation fédérale qu'il a développée dans un de ses ouvrages, Du principe fédératif (1863). Pour Proudhon, la société doit être organisée en se fondant sur la cellule vivante de base qu'est la commune. La société repose sur des « *fédérations successives* » que sont les communes, les provinces... L'Europe doit être une des ces fédérations qui regroupera les confédérations « *grecque, scandinave, italienne...* »

3. EXPLICATIONS

Après avoir rappelé l'héritage philosophique et politique au sein duquel s'inscrit la construction européenne (Chapitre 1), une présentation des premiers projets d'organisation européenne s'imposera (Chapitre 2).

CHAPITRE 1 AUX ORIGINES POLITIQUES ET CULTURELLES DE L'EUROPE

Le préambule du traité établissant une Constitution pour l'Europe stipule « *s'inspirant des héritages culturels, religieux et humanistes de l'Europe, à partir desquels se sont développées les valeurs universelles que constituent les droits inviolables et inaliénables de la personne humaine, ainsi que la liberté, la démocratie, l'égalité et l'État de droit...* »

Il indique ainsi très clairement le fond commun philosophique, culturel et politique qui forme l'arrière-plan de l'Europe actuelle. Si l'objectif de réalisation de l'Europe comme « *nouvelle unité politique* », distincte d'un État ou d'une organisation internationale, a un sens, c'est bien parce que ce projet s'inscrit dans un environnement commun. Ce patrimoine européen commun puise principalement dans trois sources : l'Antiquité gréco-romaine, la chrétienté universaliste et la philosophie des Lumières.

L'**Antiquité gréco-romaine** fonde le socle des valeurs culturelles de l'Europe. La philosophie grecque a joué un rôle décisif dans la naissance de l'Histoire, de la démocratie et de l'idéal civique, et le droit romain fut à l'origine de la conception classique du droit qui inspira les systèmes romano-germaniques comme celui de l'ancienne France jusqu'à la Révolution décisive des XVIe et XVIIe siècles, qui donna naissance, comme l'a fort bien montré Michel Villey1[1], à la conception moderne du droit.

La deuxième racine de l'Europe est celle des « ***héritages religieux*** », au premier rang desquels naturellement figure l'héritage chrétien. Cette référence à l'héritage chrétien de l'Europe a été volontairement écartée du texte du préambule à la suite de l'opposition de la Belgique et surtout de la France. Cette dernière y voyait une atteinte au principe constitutionnel de laïcité garanti à l'article 1er de sa loi fondamentale (voir l'approfondissement dans cette fiche).

En dernier lieu, l'Europe actuelle doit, pour une très large part, à la philosophie des Lumières qui s'est développée à compter du XVIIIe siècle et qui a trouvé son aboutissement dans la Déclaration d'indépendance américaine de 1776 et dans la Déclaration française des droits de l'homme de 1789. Il n'est guère aisé de parler d'une « *philosophie des Lumières* » tant cette dernière est tributaire des différentes traditions nationales[2]. La conception française de la Déclaration des droits de l'homme n'a, par exemple, que peu à voir avec la philosophie allemande de l'*Aufklärung* quant à l'attitude à adopter

1. M. Villey, *Le Droit et les Droits de l'Homme*, PUF Questions, 3e édition, 1998, 169 pages.
2. *Le Monde des Lumières*, sous la direction de V. Ferrone et D. Roche, Fayard, 1999, 637 pages.

vis-à-vis de la religion[3]. À la première parfois violemment anticléricale, s'oppose la conception allemande davantage soucieuse de concilier religion et modernité. Le point commun à ces diverses traditions réside néanmoins dans une foi commune dans le progrès et dans l'aptitude de l'Homme à faire un bon usage de sa raison, tant sur un plan individuel que pour l'organisation de la société.

Si l'Europe puise dans un fond commun philosophique et culturel, il n'en reste pas moins que son histoire est traversée de conflits et de divisions. Une des causes réside, à compter des XIVe et XVe siècles, dans la naissance des États souverains. Ces derniers constituent des communautés politiques dont le fondement est celui de la souveraineté qui s'exerce dans le cadre de frontières précises. Ces États disposent de leurs armées, d'une langue nationale et d'une culture véhiculée par les universités nationales. Dans ces conditions, comment organiser cette Europe des « *États souverains* » ? La solution fut mise en place progressivement par ce qui fut qualifié d'« *Ancien droit public européen*[4] ». Il s'agissait d'un système international régissant les relations entre les États européens. Il présentait deux caractéristiques :

- ce système est **multipolaire**. Les États forment une constellation de pouvoirs indépendants les uns par rapport aux autres. Les alliances n'y sont pas définitives et l'objectif est d'éviter une opposition de type binaire entre deux États ou groupes d'États. Telle est la méthode pour parvenir à l'« *équilibre européen* » en vertu duquel tout doit être entrepris pour limiter le poids de l'« *État dominant* ». Des alliances sont constituées à cet égard. C'est dans le cadre de ce système international que se sont développés le droit international et la diplomatie ;
- ce système est **homogène**, car les facteurs d'unité l'emportent sur les caractéristiques de chaque État. Ces facteurs, d'ordre divers, ont favorisé l'émergence d'un « *patrimoine culturel* » européen. Ainsi la laïcisation de la pensée et de la politique, le cosmopolitisme des philosophes et de l'*Encyclopédie*, le caractère transnational du pacifisme, le développement du capitalisme et l'émergence de la bourgeoisie et du libéralisme ont contribué à homogénéiser ce système.

Ce « *droit public européen* », qui s'est étendu du XVIIe siècle à la fin de la Première Guerre mondiale, présentait cependant des limites. Il n'a pas pu éviter la suprématie alternée des grandes puissances européennes comme la France de Louis XIV, l'Angleterre, puis l'Allemagne à compter de 1867. Par ailleurs, derrière l'homogénéité apparente, se dissimulaient de nombreuses oppositions : l'opposition entre les catholiques et les protestants, entre les pays absolutistes et les pays libéraux...

3. Sur ce point, on se permet de renvoyer à T. Rambaud, *Le Principe de séparation des cultes et de l'État en droit public comparé. Analyse des régimes français et allemand*, LGDJ, collection « Bibliothèque constitutionnelle et science politique », 2004, 464 pages, et spécialement p. 13.
4. H. Legohérel, *Histoire du droit international public*, PUF, « Que sais-je ? », n° 3090, 1996, 1re édition, pp. 41-50.

Ce système s'acheva avec la fin de la Première Guerre mondiale. On assista à la montée en puissance d'un nouvel ordre international avec, d'une part, les États-Unis d'Amérique et, de l'autre, l'avènement du communisme en Russie qui préfigurait l'avènement de l'État totalitaire.

CHAPITRE 2 LES PREMIERS PROJETS D'ORGANISATION EUROPÉENNE

Fond commun philosophique et culturel et affirmation de la souveraineté des États modernes constituent les deux grandes lignes de la naissance de l'Europe comme « *communauté politique* ». La naissance de celle-ci, qui n'est pas encore aboutie, comme on aura l'occasion de l'étudier, est le fruit d'un long processus et d'une maturation très progressive. En témoignent les nombreux projets qui ont accompagné la naissance de cette nouvelle « *unité politique* ».

Au début du XIVe siècle, Dante souhaitait la soumission des monarques à l'Empereur pour assurer la paix universelle. En 1623, Émeric Crucé, contemporain de Louis XIII, prêtre et professeur de mathématiques, publia le *Nouveau Cynée*, ouvrage dans lequel il préconisa l'organisation d'une paix internationale par l'arbitrage. Une assemblée permanente, dans laquelle tous les Princes seraient représentés, siégerait à Venise et permettrait à la fois le maintien de la paix et le développement des échanges économiques.

Puis, Sully, dans le *Grand Dessein*, issu des *Mémoires* de Sully, proposa le concept de « *République très chrétienne* » et proposa de constituer une Fédération européenne sur la base d'une redistribution de certains territoires. Cette Fédération de quinze États fonctionnerait sous la direction d'un Conseil général, doté d'un pouvoir suprême, politique et judiciaire et de six conseils provinciaux.

En 1625, Grotius (1583-1645) proposa la création d'une Société des nations fondée sur l'arbitrage, et l'Abbé de Saint-Pierre, en 1713, présenta son « *Projet pour rendre la paix perpétuelle en Europe* ». L'objectif était de rendre la paix inaltérable en Europe en constituant une « *union permanente et perpétuelle entre les souverains signataires* ». À cette fin, il envisageait un Sénat européen disposant de compétences législatives et judiciaires et d'une armée commune pour l'exécution de ses décisions.

En 1789, Jérémie Bentham proposa un *Plan d'une paix universelle et perpétuelle*. Il préconisa la création d'une Diète émettant des avis et des opinions sur les problèmes d'intérêt commun. Il comptait sur la « *pression de l'opinion publique internationale* » pour l'exécution de ces décisions.

En 1795, Emmanuel Kant proposa également un *Projet de paix perpétuelle*. Il préconisait l'établissement d'une Société des nations sur la base d'un « *État de droit international*[5] ».

Une nouvelle étape fut franchie avec Saint-Simon, véritable précurseur d'un « *fédéralisme européen par l'union des régions et des institutions communes* ». Victor Hugo évoqua « *les États-Unis d'Europe* ».

5. Voir infra, fiche 23.

Dans l'entre-deux-guerres, des projets paneuropéens sont avancés par des hommes comme A. Briand ou E. Herriot. A. Briand recommandait la création d'une Union européenne dans le cadre de la Société des nations. Il s'agissait de promouvoir une union entre États européens respectant la souveraineté de ces derniers.

Ce mouvement paneuropéen qui vit de nombreux projets surgir, prit fin avec l'avènement de la Seconde Guerre mondiale. Néanmoins, dès le mois d'octobre 1942, Winston Churchill adressait un *mémorandum* sur les « *États-Unis d'Europe* ». Il reprit le même thème en 1946 : « *Il faut reconstruire la famille européenne et lui fournir une structure qui lui permette de vivre en paix, en sécurité et en liberté.* » En 1948, un Congrès de l'Europe est organisé à La Haye. Deux conceptions de l'Europe s'affrontent : une logique fédérale, d'intégration et une logique de coopération intergouvernementale, interétatique classique.

4. APPROFONDISSEMENT. FALLAIT-IL INSÉRER UNE RÉFÉRENCE À L'HÉRITAGE CHRÉTIEN DE L'EUROPE DANS LE PRÉAMBULE DU TRAITÉ ÉTABLISSANT UNE CONSTITUTION POUR L'EUROPE ?

Certains États (Espagne, Italie, Pologne) ou formations politiques (CDU-CSU allemande) ont demandé l'inscription dans le traité établissant une Constitution pour l'Europe d'une référence à l'héritage chrétien de l'Europe. Loin de réclamer l'instauration d'une religion d'État ou la subordination du bénéfice d'un droit politique ou d'une liberté publique à une appartenance confessionnelle, en l'espèce chrétienne, ils entendent que l'Europe reconnaisse la partie chrétienne de son héritage. Ils arguent qu'il s'agit d'un simple constat de nature historique. La culture européenne doit pour une large part au christianisme. La France, comme lors du débat sur l'insertion d'une référence similaire dans la Charte européenne des droits fondamentaux[6], s'y est vigoureusement opposée par la voie du président de la République, invoquant un motif juridique : un risque de contrariété avec l'article 1er de la Constitution du 4 octobre 1958 qui consacre le caractère laïque de la République. À cet argument juridique, elle argue également de ce que l'Europe ne saurait être assimilée à un « *club chrétien* ».

D'un point de vue juridique[7], le principe constitutionnel de laïcité, tel qu'interprété par le juge ordinaire, n'exclut pas la reconnaissance d'un héritage de nature religieuse, y compris chrétienne. Prendre acte d'un fait historique et culturel ne rompt pas la neutralité confessionnelle de l'État, en ce qu'elle n'implique pas juridiquement de conférer des droits particuliers aux croyants de cette religion.

6. Charte européenne des droits fondamentaux de l'Union européenne du 7 décembre 2000, *JOCE*, n° C 364, 18 décembre 2000, pp. 1-22. La Charte précise que l'« *Union se dit consciente de son patrimoine spirituel et moral. L'Union se fonde sur les valeurs indivisibles et universelles de dignité humaine, de liberté, d'égalité et de solidarité* ».

7. Différent peut naturellement être le point de vue politique ou philosophique : se pose alors la question des « *valeurs* » de l'Europe et donc du sens du projet européen. Il est important de bien distinguer l'analyse juridique qui renvoie à « *ce qui est* », de l'analyse politique qui peut poser la question de « *ce qui doit être* ».

En conclusion, le traité de Rome de 2004 reconnaît, outre la référence « *aux héritages religieux de l'Europe* », la liberté de religion envisagée sous son aspect individuel comme collectif. Dans sa décision du 19 novembre 2004, le Conseil constitutionnel s'est prononcé sur la conformité de l'article II-70 du traité qui reconnaît « *le droit de chacun, individuellement ou collectivement, de manifester, par ses pratiques, sa conviction religieuse en public* » avec la Constitution française de 1958 (Cons. 18). Le Conseil se fonde sur les explications du présidium selon lesquelles l'article II-70 a le « *même sens et la même portée que l'article 9 de la Convention européenne de sauvegarde des droits de l'homme et des libertés fondamentales* ». Or, l'interprétation par la Cour européenne de Strasbourg de l'article 9 se fait en conformité avec les traditions constitutionnelles des États membres dont relève le principe de laïcité pour la France. Celui-ci n'est pas mis en cause par l'article II-70. On relève cependant deux curiosités dans le raisonnement du Conseil : d'une part, l'arrêt de la Cour européenne du 29 juin 2004 mentionné dans les visas de la décision du Conseil n'est pas un arrêt définitif ! Et d'autre part, la référence à la jurisprudence de la Cour européenne de Strasbourg pour interpréter un article de la Charte européenne des droits fondamentaux dont la rédaction témoignait d'une volonté d'autonomie vis-à-vis de la Cour européenne des droits de l'homme, n'est pas dénuée d'une certaine ambivalence...

FICHE 4 | LA VOLONTÉ DES « PÈRES FONDATEURS » DE LA CONSTRUCTION EUROPÉENNE

1. RÉFÉRENCES

- Bitsch M.-T., *Histoire de la construction européenne*, Complexe, 2e édition, Bruxelles, 1999.
- Christophe-Tchakaloff M.-F., *Les Grandes Étapes de la construction européenne*, PUF, « Que sais-je ? », 2e édition, Paris, 1999.
- Cohen-Tanugi L., *Le Choix de l'Europe*, Fayard, Paris, 1995.
- Hallstein W., *L'Europe inachevée*, Robert Laffont, Paris, 1970.
- Leprette J., *Une clef pour l'Europe*, Bruylant, Bruxelles, 1994.
- Monnet J., *Les États-Unis d'Europe ont commencé, Mémoires*, Paris, 1955.
- Pflimlin P., *Mémoires d'un Européen*, Paris, 1991.
- Rambaud T., « De la déclaration Schuman du 9 mai 1950 à la construction d'une Europe politique », intervention à la journée d'études « *Europe et Christianisme* » du 5 février 2005, Caen, actuellement disponible sur le site web du Centre d'études théologiques de Caen : theologie-caen.cef.fr
- Schuman R., *Pour l'Europe, Écrits politiques*, 3e édition, avec préface de Jacques Delors, Nagel, 2000.

2. REPÈRES

- **Communauté européenne de défense (CED)** : il s'agit à l'origine d'une proposition française en vue d'instituer une armée européenne, intégrée au niveau du corps d'armée et placée sous un commandement commun. Cette armée serait sous l'autorité d'un ministre européen de la Défense nommé par les gouvernements nationaux et responsables devant une Assemblée européenne. Son financement serait assuré par un budget commun. Le projet de traité instituant la Communauté européenne de défense est signé entre les six États signataires du traité CECA, le 27 mai 1952. Les États s'engagent à transférer à la nouvelle Communauté l'essentiel de leur politique de défense. Du point de vue institutionnel, l'organisation de la Communauté ressemble à celle de la CECA avec un Commissariat, véritable institution indépendante, un organe intergouvernemental, un Conseil des ministres, une Assemblée commune et une Cour de Justice. La Communauté ainsi envisagée revêt un caractère très supranational qui sera à l'origine de son rejet par l'Assemblée nationale française le 30 août 1954. Celle-ci, par le vote d'une simple question préalable, rejette le Traité par 319 voix contre 264. L'échec de la CED condamne pour un certain temps tout nouveau projet d'intégration politique. La réalisation de la construction européenne s'opérera davantage par un biais économique. Seul le traité de Maastricht du 7 février 1992 permettra une relance concrète de l'intégration politique.

- **Jean Monnet (1888-1979)** : après avoir été secrétaire général de la SDN et banquier, J. Monnet est commissaire général au plan, fonction au cours de laquelle il invente la « *planification à la française* ». Il s'est très vite intéressé à l'Europe et à son édification. En 1940, il est l'auteur d'un « *projet de fusion franco-britannique* » approuvé par W. Churchill et par le général De Gaulle. Il est à l'origine de la « *Déclaration Schuman* » du 9 mai 1950 qui vise à solidariser les économies allemande et française afin de rendre impossible tout conflit entre les deux pays.
- **Union de l'Europe occidentale (UEO)** : l'UEO est née du traité de Bruxelles signé le 17 mars 1948 par la Belgique, la France, le Luxembourg, les Pays-Bas et le Royaume-Uni. Il s'agissait, face à la menace soviétique, d'une première tentative de construire une défense commune qui se poursuivit avec la signature entre les membres de l'UEO, le Canada et les États-Unis du traité de Washington donnant naissance à l'OTAN. Suite au rejet de la CED, l'intégration nécessaire de la RFA au dispositif de défense occidental entraîna l'adhésion de l'Allemagne et de l'Italie à l'UEO par un protocole signé à Paris le 23 octobre 1954. Malgré des réussites, comme le règlement du problème de la Sarre, l'UEO connaît un ralentissement de ses activités dans les années 1970. La prise de conscience de la dépendance militaire de l'Europe vis-à-vis des États-Unis, mise en évidence lors de la crise des euromissiles, va provoquer une relance de l'Europe de la défense et une réactivation de l'UEO par la déclaration de Rome de 1984. Parallèlement à l'inscription dans le traité de Maastricht (article 17 du traité UE) d'un lien entre l'UE et l'UEO, le Conseil de l'UEO, lors d'une réunion à Petersberg en juin 1992, définit ses missions (missions humanitaires ou d'évacuation de ressortissants, des missions de maintien de la paix et des missions de forces de combat pour la gestion des crises) et prévoit la création d'unités militaires. Les réalisations seront cependant décevantes, le rôle de l'UEO en ex-Yougoslavie étant minime et la participation aux autres crises (Golfe, Rwanda, Bosnie) s'opérant sur une base nationale. Par la suite, le renforcement de la politique européenne de sécurité et de défense (PESD) décidé lors du Conseil européen de Cologne de juin 1999, notamment grâce au rapprochement franco-britannique lors du sommet de Saint-Malo en 1998, s'est concrétisé par le transfert à l'UE des compétences de l'UEO en matière de gestion de crise. De nouvelles structures (le secrétariat général de l'UEO, le groupe armement de l'Europe occidentale ou GAEO et la cellule recherche de l'organisation de l'armement de l'Europe occidentale ou OAEO) ont été créées pour répondre à ses nouvelles missions conformément aux décisions prises en 2000 par ses membres. Le devenir de l'UEO est à présent lié à celui de la PESC et de la PESD. Pour une illustration récente de cette organisation européenne de la défense, on peut citer le cas de la Bosnie-Herzégovine[1] : au niveau central, l'Union européenne s'est dotée d'une structure essentielle dont l'organe

1. Sur cette question et les explications qui suivent, voir la thèse de P. Papazian, *La Séparation du pouvoir civil et du pouvoir militaire : analyse comparée des droits français, anglais et américain*, sous la direction du professeur P. Lauvaux, 2012, Université Paris 2.

principal est le Comité militaire de l'Union européenne (CMUE)[2]. Cette dernière dispose d'un pouvoir décisionnaire, puisqu'il « *assume la direction militaire de toutes les activités militaires dans le cadre de l'Union européenne* »[3]. En réalité l'autonomie fonctionnelle est essentiellement garantie au commandement opérationnel. Ainsi, l'action commune 2004/570/PESC du Conseil, du 12 juillet 2004, organisant l'opération militaire de l'Union européenne en Bosnie-Herzégovine (ALTHEA)[4] désigne un commandant de l'UE. Celui-ci est désigné comme étant responsable de « *la direction militaire* ». De plus, cette décision garantit son autonomie par rapport au Représentant spécial de l'Union européenne sur place. De la même manière, la décision précitée précise que le Conseil détermine les objectifs et la fin de l'opération militaire. Toutefois, cette norme prévoit également l'intervention du Comité politique de sécurité (COPS). Cet organe exerce un contrôle politique et la direction stratégique. Or, il s'agit d'un organe[5] composé essentiellement de civils : directeurs politiques et représentants des États ayant rang d'ambassadeurs[6].

- **Robert Schuman (1886-1963)** fut ministre des Affaires étrangères dans six cabinets successifs de la IVe République, de 1948 à 1953. Il bénéficia ainsi d'une continuité certaine pour développer une politique caractérisée par l'atlantisme et un attachement viscéral à la construction de l'Europe. En effet, pour R. Schuman, l'Europe est la gardienne de la démocratie, d'une démocratie à laquelle le christianisme a donné un sens et des valeurs comme l'égalité de nature de tous les hommes, l'ouverture aux autres civilisations, la liberté de croyance et de religion, le respect de la dignité de la personne, la pratique de l'amour fraternel... Il précise ainsi : « *Tous les pays européens ont été pétris par la civilisation chrétienne : c'est cela l'âme de l'Europe qu'il faut faire vivre*[7] ? » Son action fut particulièrement saluée par les catholiques. En 1990, un procès en béatification fut même ouvert. Le procès diocésain a été clôturé le samedi 29 mai 2004 par l'évêque de Metz. Le dossier est désormais transmis, sous scellés, à la Congrégation pour les causes des Saints[8].

---

2. Ce Comité militaire a été établi par la décision du Conseil du 22 janvier 2001 portant création du CMUE, Cons. UE, déc. 2001/79/PESC, 22 janv. 2001 : *JOUE* n° L 27, 30 janv. 2001, p. 4.
3. *Cf.* annexe décision précitée.
4. *JOUE* n° L 252, 28 juill. 2004, p. 10.
5. Décision 2001/78/PESC du Conseil du 22 janvier 2001 instituant le Comité politique et de sécurité, *JOCE* n° L 27, 30 janv. 2001, p. 1.
6. J. Auvret-Finck, « Politique étrangère et de sécurité commune - Acteurs. Instruments juridiques. Financement », *Jurisclasseur Europe*, fascicule, 2610, 2006.
7. Un procès en béatification est également ouvert s'agissant d'Alcide de Gasperi (1881-1954).
7. *Pour l'Europe, Écrits politiques*, 3e édition, avec préface de Jacques Delors, Nagel, 2000.
8. Le principal obstacle à ce stade réside dans l'absence constatée de miracle. Certains catholiques considèrent que l'existence de l'Europe est en soi un « *miracle* ». Sur cette question, on renvoie au site web du diocèse de Metz qui fournit un dossier très documenté.

3. EXPLICATIONS

Parallèlement à l'émergence d'une sensibilité pro-européenne, les États-Unis, qui ont besoin d'une Europe solide afin d'établir économiquement le libre-échange, politiquement la démocratie et d'un poids de vue géopolitique de faire contrepoids au communisme, font pression en faveur d'une union des États européens. Par ailleurs, le climat de la guerre froide conduit ces derniers à s'organiser. Les premières organisations européennes naissent entre 1947 et 1949 : à la suite du Plan Marshall est créée l'Organisation européenne de coopération économique (OECE) sur le plan économique. Sur un plan politique est constitué le Conseil de l'Europe et sur le plan militaire apparaissent le Pacte de Bruxelles et le Pacte atlantique. Toutes ces organisations reposaient sur une logique intergouvernementale. La construction communautaire constitue, quant à la méthode utilisée et aux résultats auxquels elle a abouti, une très nette rupture par rapport à de telles organisations.

L'intention des Pères fondateurs (Chapitre 1) est essentielle pour saisir la portée des trois communautés instituées (Chapitre 2).

CHAPITRE 1 *LES INTENTIONS DES PÈRES FONDATEURS*

Les Pères fondateurs de l'Europe sont :

- Jean Monnet, commissaire au plan. Il anime une équipe composée notamment d'Etienne Hirsch, son adjoint au plan, de l'économiste Pierre Uri et du professeur de droit international Paul Reuter ;
- Robert Schuman, ministre français des Affaires étrangères. Celui-ci, dans la célèbre conférence de presse du 9 mai 1950 prononcée dans les Salons du Quai d'Orsay, annonce le projet révolutionnaire élaboré par l'équipe de Jean Monnet. Il propose à la république fédérale d'Allemagne (RFA) de mettre en commun toutes les productions française et allemande du charbon et de l'acier et de les confier à une autorité commune forte et indépendante dont les décisions lieront les États membres ;
- Konrad Adenauer (1876-1967), qui fut chancelier allemand de 1949 à 1963 ;
- Alcide de Gasperi (1881-1954), qui fut président du Conseil italien.

Ces hommes d'État, qui ont œuvré à édifier l'Europe communautaire actuelle, sont des croyants convaincus et des chrétiens pratiquants qui entendent donner une signification chrétienne à leur engagement politique[9]. Ils s'inscrivent dans le sillage de Marc Sangnier (1873-1950), le fondateur du Sillon, qui militait pour une conciliation entre « *valeurs chrétiennes* » et « *République* » et dans celui d'Emmanuel Mounier (1905-1950), qui fonda la revue *Esprit* en 1932. On doit également citer l'influence de l'auteur d'*Humanisme intégral*, Jacques Maritain (1882-1973).

9. Ils appartiennent à la Démocratie chrétienne à l'exception du Belge P.-H. Spaak et de Jean Monnet ; sur cette question, nous nous permettons de renvoyer à notre communication au colloque de Caen, « L'Europe et le christianisme », le 5 février 2005. Pour le texte de cette dernière, consacrée à « la portée de la Déclaration Schuman dans l'histoire de la construction européenne », voir theologie-caen.cef.fr

Les « Pères de l'Europe » adoptent une vision très haute de la construction de l'Europe : il s'agit de rapprocher les peuples européens, héritiers d'une riche histoire commune, en vue d'instaurer la paix sur le Vieux Continent. Or, pour parvenir à cette fin, ils ont privilégié une méthode pragmatique et concrète, plus respectueuse des susceptibilités nationales. Ce fut la « *méthode dite de l'intégration fonctionnelle* », selon laquelle il s'agit de rapprocher les économies nationales pour progressivement créer des solidarités indispensables rendant improbable la survenance d'un nouveau conflit militaire.

Les premières réalisations européennes furent, par voie de conséquence, économiques. Néanmoins, la prise en considération d'objectifs essentiellement économiques ne peut occulter le lien très étroit entre les enjeux économiques et les enjeux politiques. Ce lien est d'ailleurs en conformité avec l'esprit des traités. Robert Schuman avait vu dans la création de la Communauté européenne du charbon et de l'acier (CECA) une nouvelle manière de construire l'Europe. Selon Paul Reuter, les institutions du plan Schuman ont pour seule signification, « *celle d'une construction en attente dont le principal mérite serait de préparer l'avenir et donc de faire sortir l'Europe du domaine des rêves* »[10]. La formule traduit le pragmatisme des Pères fondateurs.

Les Pères fondateurs entendent construire l'Europe en utilisant une méthode de type « *fédéraliste* » et non « *confédéral* » à l'image de ce qui fut fait pour le Conseil de l'Europe en 1949. Celui-ci repose sur des institutions traditionnelles : le Comité des ministres représentant les gouvernements et l'Assemblée parlementaire qui est composée de délégués des parlements nationaux. Or, c'est par une référence négative à cette première méthode de construction de l'Europe, la méthode dite « *intergouvernementale* » ou « *interétatique* » très respectueuse de la souveraineté des États, que fut envisagée la « *méthode dite d'intégration fonctionnelle* ». Cette méthode fut au cœur des projets de Jean Monnet et de Robert Schuman. Ils partent du constat suivant lequel plutôt que de rechercher des coopérations larges entre un grand nombre d'États, il est préférable qu'un nombre limité de partenaires se concentre sur des matières bien délimitées. Cela permet de prendre des engagements précis. Telle est la première condition de la méthode dite « *d'intégration fonctionnelle* ». Dans un second temps, il convient d'établir des institutions nouvelles, revêtant un caractère supranational, c'est-à-dire dotées d'un pouvoir de décision leur permettant de passer outre au veto d'un État partie au traité en cause.

La troisième condition de cette approche fonctionnaliste est la « *méthode des petits pas* » en vertu de laquelle les États ne doivent avancer que très progressivement, matière par matière.

En conclusion, la méthode des Pères fondateurs se caractérise par trois éléments :

• un nombre limité d'États ;
• la mise en place d'institutions supranationales ;
• le choix d'avancer progressivement.

10. « La conception du pouvoir politique dans le Plan Schuman », *Revue française de Science politique*, juillet-septembre 1951, p. 276.

CHAPITRE 2 LA CRÉATION DES TROIS COMMUNAUTÉS

SECTION 1 – LA COMMUNAUTÉ EUROPÉENNE DU CHARBON ET DE L'ACIER (CECA)

À la suite de la Déclaration de Robert Schuman du 9 mai 1950, des négociations s'ouvrent, le 20 juin 1950, à Paris. Elles aboutissent à la signature du traité de Paris du 18 avril 1951, traité qui entre en vigueur le 25 juillet 1952 après avoir été ratifié par les six États ayant participé aux négociations : la France, la république fédérale d'Allemagne, l'Italie, la Belgique, les Pays-Bas et le Luxembourg. Ce Traité institue la Communauté européenne du charbon et de l'acier dont l'objectif est de réaliser un marché commun du charbon et de l'acier en contrôlant la concurrence. Cela implique la suppression des droits de douane et des restrictions quantitatives à la libre circulation des produits, l'interdiction des mesures discriminatoires et des subventions ou aides accordées par les États.

Sur le plan institutionnel, l'intention supranationale est clairement affirmée par l'institution de la Haute Autorité qui est dotée de pouvoirs directs de décision et de gestion. Ses décisions s'imposent aux États et s'appliquent directement sur leur territoire.

Composée de neuf membres, elle est indépendante des gouvernements nationaux et collabore avec le Conseil des ministres qui représente les gouvernements des États membres. Ce dernier donne son approbation à la Haute autorité pour les questions les plus importantes et statue, selon les cas, à l'unanimité ou à la majorité qualifiée. Une Assemblée, composée de représentants des parlements nationaux, est par ailleurs chargée de contrôler la Haute Autorité et une Cour de Justice veille au respect des règles du Traité.

Conclu pour une durée de cinquante ans, le traité CECA n'est plus en vigueur depuis le 25 juillet 2002.

SECTION 2 – LA COMMUNAUTÉ ÉCONOMIQUE EUROPÉENNE (CEE)

Après le rejet de la Communauté européenne de défense par le Parlement français, le 30 août 1954, une « *relance de l'idée européenne* », selon l'expression de P-H Spaak, ministre des Affaires étrangères de la Belgique, s'imposait. Celle-ci intervint lors de la Conférence de Messine qui réunit les ministres des Affaires étrangères des six États membres de la CECA du 1er au 3 juin 1955.

La CEE fut instituée par le traité de Rome du 25 mars 1957, traité entré en vigueur le 1er janvier 1958. La Communauté répond toujours aux exigences de la « *méthode fonctionnelle* », mais vise à des objectifs plus ambitieux : l'instauration d'un marché commun qui concernera l'ensemble de l'économie des États membres et non un seul secteur, aussi stratégique soit-il, comme dans le cadre de la CECA. Dans ces conditions, l'accent a davantage été mis sur la volonté concertée des États que sur l'autorité distincte des gouvernements dotés de pouvoirs de décision. Toutefois, une telle autorité existe et revêt le nom de

« Commission ». Cette dernière comprend neuf membres : deux ressortissants de chacun des trois grands pays (France, Italie, république fédérale d'Allemagne) et un de chacun des trois petits pays (Belgique, Luxembourg, Pays-Bas).

La différence principale avec la CECA réside dans le fait que, pour la CEE, c'est le Conseil des ministres, et non pas la Commission, qui adopte les décisions. Cette dernière ne fait que les exécuter. Elle dispose également d'un pouvoir de proposition.

Elle fut conclue pour une durée illimitée.

SECTION 3 – LA COMMUNAUTÉ EUROPÉENNE DE L'ÉNERGIE ATOMIQUE (CEEA OU COMMUNAUTÉ EURATOM)

Elle fut créée par un second traité de Rome du 25 mars 1957. Elle a pour objet la création et la croissance rapide des industries nucléaires.

Trois communautés distinctes étaient ainsi créées. Sur le plan institutionnel, des risques de double emploi pouvaient surgir. Une unification institutionnelle s'avérait nécessaire. Celle-ci fut entreprise dès la signature des deux traités de Rome du 25 mars 1957 avec la conclusion d'une autre convention de Rome du 25 mars 1957 relative à « *certaines institutions communes aux Communautés européennes* ». Elle fut complétée par le traité de Bruxelles du 8 avril 1965 « *portant fusion des exécutifs* ». Il ne subsistait qu'un Conseil des ministres et une Commission communs aux trois communautés. Celles-ci disposent par ailleurs d'une seule administration.

4. LECTURE. LA DÉCLARATION SCHUMAN DU 9 MAI 1950

« *La paix mondiale ne saurait être sauvegardée sans des efforts créateurs à la mesure des dangers qui la menacent.*

La contribution qu'une Europe organisée et vivante peut apporter à la civilisation est indispensable au maintien des relations pacifiques. En se faisant depuis plus de vingt ans le champion d'une Europe unie, la France a toujours eu pour objet essentiel de servir la paix. L'Europe n'a pas été faite, nous avons eu la guerre.

L'Europe ne se fera pas d'un coup, ni dans une construction d'ensemble : elle se fera par des réalisations concrètes - créant d'abord une solidarité de fait. Le rassemblement des nations européennes exige que l'opposition séculaire de la France et de l'Allemagne soit éliminée : l'action entreprise doit toucher au premier chef la France et l'Allemagne.

Dans ce but, le Gouvernement français propose de porter immédiatement l'action sur un point limité mais décisif :

Le Gouvernement français propose de placer l'ensemble de la production franco-allemande de charbon et d'acier, sous une Haute Autorité commune, dans une organisation ouverte à la participation des autres pays d'Europe.

La mise en commun des productions de charbon et d'acier assurera immédiatement l'établissement de bases communes de développement économique, première étape de la Fédération européenne, et changera le destin de ces régions longtemps vouées à la fabrication des armes de guerre dont elles ont été les plus constantes victimes.

La solidarité de production qui sera ainsi nouée manifestera que toute guerre entre la France et l'Allemagne devient non seulement impensable, mais matériellement impossible. L'établissement de cette unité puissante de production ouverte à tous les pays qui voudront y participer, aboutissant à fournir à tous les pays qu'elle rassemblera les éléments fondamentaux de la production industrielle aux mêmes conditions, jettera les fondements réels de leur unification économique.

Cette production sera offerte à l'ensemble du monde sans distinction ni exclusion, pour contribuer au relèvement du niveau de vie et au progrès des œuvres de paix. L'Europe pourra, avec des moyens accrus, poursuivre la réalisation de l'une de ses tâches essentielles : le développement du continent africain.

Ainsi sera réalisée simplement et rapidement la fusion d'intérêts indispensable à l'établissement d'une communauté économique et introduit le ferment d'une communauté plus large et plus profonde entre des pays longtemps opposés par des divisions sanglantes. »

FICHE 5 | DES TROIS COMMUNAUTÉS EUROPÉENNES À LA CRÉATION DE L'UNION EUROPÉENNE (TRAITÉ DE MAASTRICHT DU 7 FÉVRIER 1992)

1. RÉFÉRENCES

- Christophe-Tchakaloff M.-F., *Les Grandes étapes de la construction de l'Europe*, PUF, « Que sais-je ? », Paris, 1996.
- Cohen-Tanugi L., *Le Choix de l'Europe*, Fayard, Paris, 1985.
- Gelas H., « De la fécondité des crises. Le rôle des crises dans la construction européenne », *Droits*, 2007-45, pp. 34-45.
- Sur S., *Relations internationales*, Montchrestien, plusieurs éditions.
- Zorgbibe C., *Histoire de la construction européenne*, PUF, Paris, 1993.

2. REPÈRES

- **Effondrement de l'URSS** : celui-ci a des origines idéologiques (désenchantement à la suite du rapport Khrouchtchev au XXe congrès du PCUS en 1956 et les limites de la déstalinisation ; mouvement des dissidents et la dénonciation du Goulag), politiques (incapacité de l'URSS à enraciner le modèle soviétique dans les démocraties populaires et l'obligation de le maintenir par la force), économiques (les pays socialistes restent objectivement des pays sous-développés, surtout en comparaison avec le niveau économique des pays occidentaux : l'écart est aggravé avec la course aux armements Est-Ouest qui oblige l'URSS à conserver une économie de guerre et donc de « pénurie » en période de paix) et technologiques (retard dans le domaine de l'informatique, IDS de R. Reagan en 1983...). On assiste alors à l'échec de la politique réformiste de M. Gorbatchev, à la dislocation du camp socialiste (en Hongrie, en Pologne avec le succès de Solidarnosc, en Tchécoslovaquie, en RDA...) et enfin au démembrement de l'URSS provoqué par le coup d'État manqué de l'été 1991. Les États baltes proclament alors leur indépendance, suivis par l'Ukraine et la Biélorussie. L'URSS cesse d'exister le 31 décembre 1991. La Russie lui succède.
- **Plans Davignon** : le rapport Davignon, du nom du secrétaire général du ministère des Affaires étrangères belge, est adopté à Luxembourg, le 27 octobre 1970, par le Conseil des ministres (premier plan Davignon). Il s'agit d'un engagement des gouvernements à assurer, par une information et des consultations régulières, une meilleure compréhension mutuelle des grands problèmes politiques internationaux. Ils s'engagent à « *renforcer leur solidarité en favorisant une harmonisation des points de vue en matière de politique internationale* ». À cette fin, les ministres des Affaires étrangères se réunissent tous les six mois. Un comité politique, composé des directeurs des affaires politiques des ministres des Affaires étrangères, se réunit au moins quatre fois par an et prépare les réunions

ministérielles. Le second plan Davignon, prévu par le rapport de Luxembourg, fut adopté à Copenhague, le 23 juillet 1973. Ces deux rapports ont été complétés par celui de Londres, le 13 octobre 1981, qui vise à améliorer le fonctionnement de la coopération politique en introduisant davantage de souplesse et de pragmatisme. L'« *Europe politique* » doit être capable non seulement de réagir ponctuellement à des crises internationales, mais aussi de prendre des initiatives. À cet effet, des études prévisionnelles ont été prévues.

- **Plans Fouchet** (10 février 1961-17 avril 1962) : l'objectif du général De Gaulle est de relancer un projet d'union politique européenne fondé sur le principe de la coopération intergouvernementale. Il s'agit ainsi de donner un prolongement politique à la CEE, mais sans retenir une logique de supranationalité. Les six États fondateurs créèrent alors une commission présidée par un haut fonctionnaire français, Christian Fouchet. Dans le cadre de la Commission Fouchet, la France présenta, le 19 octobre 1961, un projet visant à établir une « *union d'États* », dit Plan Fouchet I. L'objectif est l'adoption d'une politique étrangère et de sécurité commune. Cette nouvelle union est dotée d'institutions que sont :
  - le Conseil, réunion tous les quatre mois au niveau des chefs d'État et de gouvernement, qui adopte les décisions à l'unanimité ;
  - l'Assemblée des communautés, qui dispose principalement d'un pouvoir de recommandations ;
  - une Commission politique permanente qui prépare le travail du Conseil et exécute ses décisions. Composée de hauts fonctionnaires des ministères des Affaires étrangères, elle siège à Paris.

- Devant les réserves de la Belgique et des Pays-Bas, un second plan Fouchet est avancé, le 4 décembre 1961. Celui-ci représente toujours la position française, mais néanmoins est amendé dans un sens plus « *atlantiste* » pour rassurer les partenaires de la France. Une troisième version du Plan Fouchet est proposée le 18 janvier 1962. Il se traduit également par un échec, dans la mesure où aucune des concessions attendues sur la référence à l'Alliance atlantique ou sur les garanties de sauvegarde des Communautés existantes n'y figure.

- **Réunification allemande** : trois dates essentielles sont à retenir : le 9 novembre 1989 : chute du mur de Berlin ; le 1er juillet 1990, l'union monétaire est réalisée entre les deux Allemagne ; le 3 octobre 1990, la réunification de l'Allemagne est réalisée sur le fondement du traité d'unification. La technique choisie fut celle de l'adhésion des cinq ex-Länder de l'Est à la république fédérale d'Allemagne. Ces derniers entraient, de ce seul fait, dans la Communauté économique européenne. Telle est la solution politique qui fut retenue. Juridiquement, les choses furent un peu plus complexes, car les Länder de la RDA furent intégrés dans la Communauté avant la réunification allemande du 3 octobre 1990. En application d'un règlement du Conseil du 29 juin 1990, la Commission adopta un règlement (1 795,90) précisant que la « *République démocratique allemande est considérée comme faisant partie de la Communauté à compter du 1er juillet 1990* ». Cette adhésion fut accompagnée de mesures provisoires (le temps que la réunification se réalise) qui prirent fin à compter de l'entrée en vigueur des dispositions transitoires en décembre 1990 (ce sont les dispositions spécifiques applicables au territoire de l'ex-RDA désormais partie intégrante de l'Allemagne réunifiée).

3. EXPLICATIONS

Plusieurs événements sont à mentionner :

CHAPITRE 1 L'INSTITUTION DE L'ASSOCIATION EUROPÉENNE DE LIBRE-ÉCHANGE (AELE)

Pour la Grande-Bretagne, le marché commun ne présente pas de réels avantages, car la balance commerciale britannique reste déficitaire sur le continent européen. Elle est donc à l'origine de la création de l'AELE. Cette association fut créée par la convention de Stockholm du 4 janvier 1960, entrée en vigueur le 3 mai 1960. Elle comprend huit pays : la Grande-Bretagne, la Suède, la Norvège, le Danemark, la Suisse, l'Autriche, la Finlande et le Portugal. Le traité prévoit l'élimination des droits de douane pour les produits industriels, mais non pour les produits agricoles ou les produits de la mer. Les décisions y sont prises à la majorité par un Conseil des ministres aidé par un petit secrétariat et des comités spécialisés.

La libéralisation des échanges s'est effectuée sans difficultés majeures et fut effective au 1er juillet 1967, soit un an avant celle de la CEE. Elle présenta l'avantage important d'accoutumer les huit États membres de l'Association à éliminer leur protection douanière et les prépara ainsi à envisager leur adhésion ou leur association à la CEE[1].

CHAPITRE 2 LES ANNÉES 1960 DOMINÉES PAR LA TRÈS FORTE PERSONNALITÉ DU GÉNÉRAL DE GAULLE

Président de la République française de 1959 à 1969, le général De Gaulle remet en cause deux fondements essentiels de l'Europe communautaire :

• le primat de la construction supranationale sur la coopération interétatique. Cela va déboucher sur la politique de la « *chaise vide* » en vertu de laquelle la France suspendit sa participation au fonctionnement des institutions européennes lors d'un désaccord avec la Commission. Cette politique conduisit au compromis de Luxembourg du 30 janvier 1966 selon lequel, lorsqu'un « *intérêt vital* » d'un État est en jeu, dans une matière pourtant régie à la majorité qualifiée, il existe une obligation de rechercher un « *accord unanime* » de tous les États. En cas de désaccord, à la question de savoir s'il est possible de passer à un vote à la majorité qualifiée, la France répond par la négative. Ce compromis, très respectueux de la souveraineté des États, se heurte à un double obstacle : d'une part, il n'est pas véritablement reconnu par les autres États qui acceptent le recours à un tel vote majoritaire et, d'autre part, il est très lié à la forte personnalité du général De Gaulle. Il n'est pas certain que ses successeurs acceptent d'y recourir très souvent ;

1. Actuellement, seules la Norvège et la Suisse ne sont pas membres de l'Union européenne. Les autres états y ont adhéré progressivement. Voir la fiche sur l'élargissement de l'Union européenne.

• l'Europe atlantique. C'est le retrait français de l'organisation militaire intégrée de l'Otan le 21 février 1966. La France ne se retire cependant pas de l'Alliance atlantique ou du traité de l'Atlantique Nord. En 1996, la France a par ailleurs réintégré le commandement militaire intégré de l'Otan.

Le général De Gaulle s'oppose à l'entrée de la Grande-Bretagne dans le Marché commun[2]. Cette opposition s'explique de deux manières :
• la Grande-Bretagne apparaissait au général De Gaulle comme le cheval de Troie des États-Unis en Europe ;
• elle demandait à bénéficier de très nombreuses dérogations aux règles régissant la CEE. Cette volonté d'un statut sur mesure irritait le président français.

La demande présentée par la Grande-Bretagne en 1961 fut donc rejetée du seul fait du veto français. Une nouvelle demande formulée par Harold Wilson, Premier Ministre anglais, le 11 mai 1967, se heurta également au refus du général De Gaulle, alors même que la Grande-Bretagne ne demandait plus les mêmes dérogations et acceptait d'adhérer à la Communauté économique européenne telle qu'elle était. Le veto français fut levé par Georges Pompidou et le Grande-Bretagne put enfin adhérer en 1973.

La politique européenne du général De Gaulle s'articula autour des trois points suivants[3] :

• l'application des trois traités communautaires originels. Cette application fut complétée par la mise en œuvre de la Politique agricole commune en 1962 et la signature du « traité de fusion des exécutifs », le 8 avril 1965. Ce dernier, entré en vigueur le 1er juillet 1967, établit un Conseil des ministres unique et une Commission unique. Cette dernière se substitue à la Haute Autorité de la CECA et aux commissions CEE et Euratom. Les trois communautés restent néanmoins juridiquement distinctes. Les administrations des trois communautés fusionnent et fonctionnent désormais avec un budget administratif unique. Par ailleurs, le Comité des représentants permanents devient une institution de la Communauté sur proposition du gouvernement français ;

• la recherche d'un prolongement politique à la CEE, par la voie intergouvernementale (thème de « *l'Europe des nations* », cher au général De Gaulle). Ce sont les Plans Fouchet (10 février 1961-17 avril 1962). Les six États de la CEE créent à cette fin une Commission présidée par Christian Fouchet, haut fonctionnaire français. Cette Commission, composée de représentants des gouvernements, est chargée de formuler des propositions. Dans le cadre de cette Commission, la France présenta, le 19 octobre 1961, un projet de traité établissant une « *union d'États* » sous la forme d'une organisation internationale. En vue de l'élaboration d'une telle politique extérieure et de sécurité commune, les États européens proposent des modifications. Un deuxième Plan Fouchet est alors proposé, mais il se heurte

2. Conférence de presse du général De Gaulle du 14 janvier 1963.
3. Sur cette question, voir la thèse d'E. Jouve, *De Gaulle et l'Europe,* Bibliothèque constitutionnelle et Science politique.

à l'opposition des Belges et des Néerlandais, notamment quant à l'attitude à adopter par les Européens vis-à-vis de l'Otan. Le troisième Plan Fouchet, présenté le 18 janvier 1962, fut également un échec ;

• le rapprochement franco-allemand avec la signature du traité de l'Elysée du 22 janvier 1963. Celui-ci organise une « *coopération limitée* » caractérisée par une volonté d'instaurer des relations de confiance et d'amitié. S'affiche ainsi une volonté de renforcer les procédures de consultation et d'information, notamment en matière de politique étrangère. Le Traité crée également l'Office franco-allemand de la jeunesse. Il est doté d'un Conseil d'administration autonome et financé par un fonds commun franco-allemand. Il a permis l'échange de centaines de milliers de jeunes et ainsi favorisé une meilleure compréhension entre les deux nations.

CHAPITRE 3 *LA POURSUITE DE L'ÉLARGISSEMENT DE L'EUROPE*

Le 22 janvier 1972, ont été conclus à Bruxelles les actes d'adhésion de quatre nouveaux États : le Danemark, l'Irlande, la Norvège et surtout la Grande-Bretagne.

Seuls trois d'entre eux vont effectivement adhérer au 1er janvier 1973 après le refus du peuple norvégien, consulté par référendum en 1972, d'autoriser une telle adhésion. S'agissant de la Grande-Bretagne, les États européens acceptent quelques concessions, mais ces dernières ne portent ni sur les stipulations des traités, ni sur les acquis communautaires en matière de réglementation. Elles concernent principalement des mesures transitoires et la durée de la période transitoire pour le désarmement tarifaire, l'adoption du tarif douanier extérieur commun et le rapprochement par étapes des prix agricoles communs. Elle obtient également un « *mécanisme correcteur* » pour sa participation au budget communautaire : le gouvernement a obtenu la promesse du remboursement d'une partie des versements de la TVA, si la balance des paiements britannique est déficitaire et si le PNB par habitant en Grande-Bretagne reste inférieur à 85 % du PNB moyen dans la Communauté.

Consultés par référendum, le 5 juin 1975, les Britanniques approuvent à 67 % des suffrages exprimés l'entrée de la Grande-Bretagne dans la CEE.

Sous la présidence de Georges Pompidou, puis sous celle de Valéry Giscard d'Estaing, surgissent les crises monétaires et énergétiques. En 1971, les États-Unis décident de suspendre la convertibilité du dollar en or pour le laisser fluctuer. Afin d'éviter que la fluctuation des monnaies soit néfaste au fonctionnement du marché commun, les six États membres de la CEE mettent en place le « *serpent monétaire européen* » en 1972. La coopération entre Helmut Schmidt et Valéry Giscard d'Estaing permet le lancement du « *système monétaire européen* », qui entre en vigueur le 13 mars 1979. Celui-ci intensifie la solidarité des États membres dans les marges de fluctuation : + ou – 2,25 % en règle normale ; + ou – 6 % pour l'Italie. Une unité monétaire européenne est créée, l'ECU, à laquelle chaque monnaie se trouve rattachée par un cours pivot. Il devient un instrument de référence et de devise entre les autorités monétaires. Trop bref, le SME n'apportera pas la stabilité monétaire attendue.

CHAPITRE 4 L'ENTRÉE DANS LA CEE DE LA GRÈCE PUIS DE L'ESPAGNE ET DU PORTUGAL

En juin 1985, le livre blanc de la Commission sur l'achèvement du marché intérieur en 1992 est publié. Le résultat en fut l'Acte unique européen, signé à Luxembourg et La Haye les 17 et 28 février 1986, qui vise à relancer le processus européen en reprenant un thème cher à Jean Monnet et à Robert Schuman, celui de l'effet d'entraînement. L'objectif est l'achèvement du marché intérieur européen en 1992[4]. à cette fin, il prévoit :

- un assouplissement de la procédure d'harmonisation des législations nationales (article 100 A et 100 B, article 95, nouvelle numérotation) ;
- le principe de la reconnaissance mutuelle parmi les méthodes possibles d'harmonisation ;
- une nouvelle portée à la politique économique et monétaire devant aboutir à la monnaie unique ;
- l'extension de la majorité qualifiée au Conseil des ministres pour la plupart des décisions concernant le marché intérieur.

Par ailleurs, l'Acte unique européen instaure une nouvelle procédure d'adoption des actes communautaires dans les domaines où le Conseil statue à la majorité qualifiée, la procédure de la coopération[5], et enrichit le traité de Rome de trois politiques nouvelles : la cohésion économique et sociale, l'environnement et le développement technologique.

Le bilan de l'Acte unique européen paraît très positif : le marché unique devient une réalité en 1993 et la plupart des obstacles à la liberté de circulation disparaissent.

Sur le plan politique, la capacité de l'Europe est moins marquée. La période se caractérise par de nombreux échecs de la diplomatie européenne, que ce soit pendant la guerre du Golfe ou la crise en Yougoslavie.

Une nouvelle phase s'avère alors nécessaire. Celle-ci réside dans le traité sur l'Union européenne (TUE) signé à Maastricht le 7 février 1992.

4. APPROFONDISSEMENT. LE « COMPROMIS DE LUXEMBOURG » DU 29 JANVIER 1966

Lorsque, dans le cas de décisions susceptibles d'être prises à la majorité sur proposition de la Commission, des intérêts très importants d'un ou de plusieurs partenaires sont en jeu, les membres du Conseil s'efforceront dans un délai raisonnable d'arriver à des solutions qui pourront être adoptées par tous les membres du Conseil dans le respect de leurs intérêts mutuels et de ceux de la Communauté, conformément à l'article 2 du Traité.

4. *JOICE*, n° L. 169 du 29 juin 1987. *L'Acte unique européen, Journées d'études de l'Institut d'études européennes*, Bruxelles, mars, 1986.
5. Voir la fiche sur le Parlement européen.

En ce qui concerne le paragraphe précédent, la Délégation française estime que, lorsqu'il s'agit d'intérêts très importants, la discussion devra se poursuivre jusqu'à ce que l'on soit parvenu à un accord unanime.

Les six délégations constatent qu'une divergence subsiste sur ce qui devrait être fait au cas où la conciliation n'aboutirait pas complètement.

Les six délégations estiment néanmoins que cette divergence n'empêche pas la reprise, selon la procédure normale, des travaux de la Communauté.

Le compromis de Luxembourg revêt, encore aujourd'hui, une valeur contraignante. Il relève de la doctrine officielle de la politique étrangère d'États comme la France, la Grande-Bretagne ou encore l'Espagne. Pour ce dernier pays, c'est la situation particulière de Gibraltar qui justifie le maintien du compromis de Luxembourg. Ainsi, lors des discussions diplomatiques, il suffit qu'un État invoque un tel compromis pour que la France respecte la position de ce dernier et admette que la décision ne puisse pas être adoptée[6]. La réunion des États favorables au maintien du compromis constitue une minorité de blocage rendant très délicate la suppression de dernier.

6. Entretien avec l'ancien conseiller juridique auprès de la représentation permanente de la France à Bruxelles, le 31 juillet 2007. Nous exprimons tous nos remerciements à Monsieur Thierry-Xavier Girardot pour son précieux éclairage sur cette question souvent controversée.

FICHE 6 | LA CRÉATION DE L'UNION EUROPÉENNE

1. RÉFÉRENCES

- Azoulay L., « La citoyenneté européenne, un statut d'intégration sociale », *Les chemins d'Europe, Mélanges en l'honneur de Jean-Paul Jacqué*, Dalloz,2010, pp. 1 et s.
- Boulouis J., « à propos des dispositions institutionnelles du traité de l'Union européenne », *Revue des affaires européennes*, 1992, n° 4, p. 5.
- Noël E., « Perspectives institutionnelles à la suite du traité de Maastricht sur l'Union européenne », *Recueil des cours de l'Académie de droit européen*, volume 3, livre 1, 1992, p. 1.
- Quermonne J.-L., « Trois lectures du traité de Maastricht du 7 février 1992 sur l'Union européenne. Essai d'analyse comparative », *Revue française de science politique*, 1992, p. 802.
- Rideau, « Le traité de Maastricht du 7 février 1992 sur l'Union européenne. Aspects institutionnels », *Revue des affaires européennes*, 1992, n° 2, p. 21.
- Stephanou C., *Réformes et mutations de l'Union européenne,* Bruxelles-Paris, Bruylant-LGDJ, 1997.

2. REPÈRES

- **Espace économique européen (EEE)** : l'EEE résulte de l'accord sur l'Espace économique européen signé le 2 mai 1992 à Porto et entré en vigueur le 1er janvier 1994. Il donne accès au marché intérieur communautaire aux cinq pays de l'AELE (le Royaume-Uni et le Danemark font déjà partie de l'UE). La Suisse ayant rejeté le texte, l'EEE regroupe aujourd'hui les vingt-cinq États membres de l'UE, l'Islande, la Norvège et le Liechtenstein (celui-ci l'ayant rejoint en 1995). Si l'accord exclut en principe l'agriculture et la pêche, la fiscalité indirecte, et s'il ne prévoit pas de politique extérieure commune, il reprend néanmoins 80 % des dispositions du marché unique. Une coopération existe également dans les domaines de l'éducation et de la recherche.
- **Jacques Delors (1925-)** : ministre de l'économie et des Finances (22 mai 1981-17 juillet 1984) de François Mitterrand, il procéda, en tant que ministre, à trois dévaluations du franc et assura le maintien de ce dernier dans le système monétaire européen. Il fut président de la Commission européenne de 1985 à 1995. À ses yeux, le seul moyen de relancer la construction européenne en 1985 est la réalisation d'un véritable marché unique. La Commission prend alors l'initiative d'un livre blanc qui recense tous les obstacles à écarter pour parvenir à une véritable libre circulation dans un « *marché intérieur, espace sans frontières* ». À cette fin, des recommandations sont formulées et une échéance avancée : le 31 décembre 1992. Le Conseil européen de Milan, en mai 1985, approuva le livre blanc rédigé par la Commission et décida de réviser les traités originaires. Ce sera l'Acte unique européen.

- **Situation juridique du Danemark :** à la suite du vote négatif au référendum du 2 juin 1992 (50,7 % pour le non) sur la ratification du traité de Maastricht, le Danemark, après le Conseil européen d'Edimbourg des 11 au 12 décembre 1992, a bénéficié d'un statut spécial reposant sur des exemptions accordées sur la citoyenneté, la monnaie unique, la défense, la coopération dans les domaines de la justice et des affaires intérieures... Le 18 mai 1993, les électeurs danois se prononçaient à 56,8 % pour le oui. Par un référendum du 28 septembre 2000, les Danois confirmaient leur volonté de rester en dehors de la zone euro conformément à la clause d'*opting-out* prévu par le Traité.

3. EXPLICATIONS

Le traité de Maastricht constitue un tournant essentiel dans l'histoire de la construction européenne. Signé le 7 février 1992, il crée l'Union européenne qui repose désormais sur trois piliers d'inégale importance (chapitre 1). Il comporte d'autres apports tout à fait symptomatiques de la volonté de l'Union européenne de ne pas se cantonner au seul domaine économique (chapitre 2), mais bien de reposer sur des valeurs fondamentales.

CHAPITRE 1 *LES TROIS PILIERS DE L'UNION EUROPÉENNE*

Le traité de Maastricht institue l'Union européenne. Cette dernière repose désormais sur trois piliers qui sont d'importance inégale.

SECTION 1 – LES COMMUNAUTÉS EUROPÉENNES

Le premier pilier de l'Union européenne se fonde sur les traités de Paris de 1951 et de Rome de 1957 modifiés par l'Acte unique européen de 1986 et le traité de Maastricht de 1992. La Communauté la plus importante, la CEE, devient la Communauté européenne. L'objectif est d'étendre les compétences de la Communauté européenne à des domaines non économiques comme la politique de l'éducation, la politique de la culture ou celle encore de la santé publique. Par ailleurs, les compétences communautaires dans le domaine économique sont développées et renforcées. Il en va ainsi de la protection du consommateur, de l'industrie, de la recherche, de l'environnement ou encore de la politique régionale...

Par ailleurs, le traité de Maastricht prévoit la création d'une monnaie unique qu'est l'euro.

SECTION 2 – LA POLITIQUE EXTÉRIEURE ET DE SÉCURITÉ COMMUNE

Le deuxième pilier est constitué par la « politique extérieure et de sécurité commune » et fonctionne sur une simple base intergouvernementale. Les objectifs de cette politique commune résident dans « *la sauvegarde des valeurs communes, des intérêts fondamentaux et de l'indépendance de l'Union, dans le maintien de la paix et de la sécurité internationale* ». L'Union instaure une coopération systématique entre les États membres et met en œuvre des actions communes dans les domaines où les États membres ont des intérêts importants en commun. Le Conseil peut alors définir une « *position commune* ».

Cependant, une telle politique relève toujours du domaine des relations intergouvernementales entre États membres, domaine régi par la règle de l'unanimité. Le veto d'un État empêche l'adoption de la décision. Une telle règle est évidemment source de blocage et de paralysie de l'action de l'Union européenne. Le traité d'Amsterdam prévoit la nomination d'un « *haut représentant pour la politique étrangère et de sécurité commune* ». Le poste est actuellement occupé par M. Javier Solana.

Avec le « *traité établissant une Constitution européenne* », des avancées ont été envisagées. Si la PESC conserve son caractère intergouvernemental, elle s'inscrit désormais dans le cadre des politiques communes prévues dans la partie III du traité établissant une constitution pour l'Europe. Ce dernier prévoit également la création d'un ministre des Affaires étrangères de l'Union. Celui-ci cumule les fonctions incombant à l'actuel haut représentant et celles relevant du commissaire européen aux Affaires extérieures de l'Union. Le ministre des Affaires étrangères de l'Union, selon les dispositions du traité, est nommé par le Conseil européen statuant à la majorité qualifiée. L'accord du président de la Commission est en outre requis. Du point de vue de la visibilité de l'Union européenne sur la scène internationale, la création de ce poste de ministre des Affaires étrangères constitue incontestablement un progrès. La diplomatie européenne a désormais un visage. Celui-ci dispose par ailleurs de moyens d'action incontestables, notamment avec la mise à sa disposition de l'administration de la Commission en charge des relations extérieures. Un tel progrès est néanmoins à nuancer, car il ne saurait dissimuler l'absence de véritable politique étrangère commune aux États membres de l'Union européenne. Quelle politique va-t-il défendre ? La seconde guerre du Golfe entre les États-Unis et l'Irak a cruellement mis en évidence les divisions de l'Europe en matière de détermination de la politique étrangère. Pour l'essentiel, l'Europe se scinde en deux camps selon l'attitude à adopter vis-à-vis des États-Unis. À un camp, conduit par la Grande-Bretagne, l'Italie et la Pologne, favorable à un partenariat renforcé avec les États-Unis caractérisé par un soutien diplomatique et militaire actif répond le camp conduit par la France qui se caractérise par une volonté de faire émerger une Europe « *européenne* » de la défense plus autonome vis-à-vis des États-Unis.

Dans le domaine de la défense, le traité établissant une Constitution pour l'Europe prévoit également la création d'une Agence européenne de l'armement, de la recherche et des capacités militaires (article III-212). Elle est ouverte à tous les États membres qui souhaitent y participer.

SECTION 3 – LA JUSTICE ET LES AFFAIRES INTÉRIEURES

Le troisième pilier organise la coopération dans les « domaines de la justice et des affaires intérieures » (article K). Il s'agit de la politique d'asile, du franchissement des frontières et de son contrôle, de la politique d'immigration, des conditions d'entrée et de circulation... L'objectif d'une telle politique de type intergouvernemental réside dans l'établissement d'un espace européen sans frontières intérieures.

Dans le domaine du troisième pilier, un changement s'est opéré avec la signature du traité d'Amsterdam en 1997. Celui-ci prévoit la communautarisation partielle du troisième pilier. Relèvent désormais du premier pilier et donc du droit communautaire les questions de visas, de droit d'asile et d'immigration. En revanche, la « *coopération policière et judiciaire dans le domaine pénal* » relève toujours du troisième pilier. Avec le « *traité établissant une Constitution européenne* », le troisième pilier était supprimé, et le vote à la majorité qualifiée, ainsi que la procédure de codécision, généralisés dans le domaine du contrôle des frontières, de la politique d'immigration et du droit d'asile.

CHAPITRE 2 *LES AUTRES APPORTS DU TRAITÉ DE MAASTRICHT*

Parmi les autres apports du traité de Maastricht figurent également la réalisation d'une Union économique et monétaire en trois étapes et la création d'une citoyenneté européenne.

SECTION 1 – L'UNION ÉCONOMIQUE ET MONÉTAIRE SE RÉALISE EN TROIS ÉTAPES

La première étape vise à instaurer la libre circulation des capitaux et à rapprocher les politiques économiques. Dans la deuxième étape, les États créent l'Institut monétaire européen (IME) chargé de coordonner les politiques monétaires et de promouvoir l'ECU. Des critères de convergence très stricts des politiques économiques sont fixés[1]. La troisième phase est intervenue le 1er janvier 1999 : désormais, les parités des monnaies sont irrévocablement fixées par rapport à l'ECU, avant l'instauration de la monnaie unique. L'IME est remplacé par la Banque centrale européenne qui gère la monnaie unique des pays participant à la monnaie unique en coopération avec les banques centrales devenues indépendantes de leurs gouvernements.

SECTION 2 – LA CITOYENNETÉ EUROPÉENNE IMPLIQUE DE NOMBREUX DROITS

Elle implique le droit de circuler et de séjourner librement sur le territoire des États membres de l'Union européenne, le droit de vote et d'éligibilité aux élections européennes et municipales pour les citoyens de l'Union résidant dans un État membre dont ils ne sont pas les ressortissants, le droit de pétition devant le Parlement européen, la faculté de saisir un médiateur nommé par le Parlement européen.

1. Les taux d'inflation ne doivent pas dépasser 1,5 % de la moyenne des trois pays ayant les taux d'inflation les plus bas, les déficits publics ne doivent pas dépasser 3 % du PIB et la dette publique ne peut excéder 60 % du PIB.

Le traité de Maastricht est entré en vigueur le 1er novembre 1993. Le processus de ratification a été retardé par le vote négatif des Danois le 22 juin 1992. Le Danemark bénéficie alors d'un statut spécial. Il approuve le texte à l'occasion d'un second référendum en juin 1993. Le président de la République, François Mitterrand, a ratifié, pour la France, le Traité après qu'un référendum l'a autorisé à le faire. Le référendum a eu lieu le 20 septembre 1992 et s'est traduit par un résultat très serré de 51 % des voix en faveur de la ratification.

La mise en œuvre d'une citoyenneté européenne rejoint une préoccupation plus globale, qui figurait déjà dans la déclaration sur l'identité européenne adoptée par la conférence des Chefs d'État et de gouvernement à Copenhague, le 14 décembre 1973, selon laquelle « *les États membres désireux d'assurer le respect des valeurs d'ordre juridique, politique et moral auxquelles ils sont attachés, soucieux de préserver la riche variété de leurs cultures nationales, partageant une même conception de la vie, fondée sur la volonté de bâtir une société conçue et réalisée au service des hommes* (...) *entendent sauvegarder les principes de la démocratie représentative, du règne de la loi, de la justice sociale, finalité du progrès économique, et du respect des droits de l'homme, qui constituent des éléments fondamentaux de l'identité européenne* ». Le professeur Jean-Paul Jacqué, qui fut directeur général au Conseil de l'Union européenne, en déduit très logiquement que cinq valeurs essentielles sont mises en évidence dans ce document : le respect de la diversité culturelle, le règne de la loi, la justice sociale, le respect des droits de l'homme et le principe de démocratie[2]. L'Union européenne promeut un modèle particulier d'organisation juridique, politique et sociale qui accorde le primat au respect de la personne humaine.

4. APPROFONDISSEMENT

CHAPITRE 1 *LA MISE EN ŒUVRE DE LA POLITIQUE ÉTRANGÈRE ET DE SÉCURITÉ COMMUNE*

Inaugurée avec le traité de Maastricht, la PESC a pris un nouvel essor avec le traité de Lisbonne, malgré les limites très réelles rencontrées.

En supprimant la structure en trois piliers de l'UE, le traité de Lisbonne a également fait disparaître les différentes catégories d'actes unilatéraux propres à la PESC et n'a laissé, par voie de conséquence, que les instruments juridiques généraux (règlements, directives, recommandations, avis) qui sont dorénavant applicables à l'ensemble des politiques prévues par le Traité et donc par la PESC. On relèvera néanmoins que le traité de Lisbonne maintient certains actes propres à la PESC, comme les « *orientations générales* » (article 25 a) ou les « *approches communes* » (article 32 TUE). La mention « PESC » ou « PESD » devra en outre être indiquée après toute décision prise en ce domaine.

2. Jean-Paul Jacqué, *Droit institutionnel de l'Union européenne*, Paris, 7e édition, Dalloz, 2012, pp. 54-55.

CHAPITRE 2 OÙ EN EST ACTUELLEMENT LA PESC ?

La politique étrangère et de sécurité commune illustre incontestablement les difficultés que rencontre l'Union européenne pour passer du stade de « *communauté économique* » à celui de « *communauté politique* ». Malgré les précisions et les procédures imaginées par les rédacteurs des traités européens, force est de constater que les résultats restent souvent bien maigres sur le terrain diplomatique. Confrontée à des crises internationales d'ampleur, que ce soit en Afrique, au Moyen-Orient ou encore dans la Caucase, l'Union semble se caractériser au premier plan par son caractère pusillanime et ses divisions nombreuses. En veut-on un témoignage qu'il suffit de songer au combat unilatéral des armées françaises au Sahel contre l'émergence de mouvements terroristes radicaux. Les États-membres de l'Union, par delà des formules générales qui dissimulent souvent la grande difficulté de trouver un point d'accord, s'en tiennent ainsi, même avec le traité de Lisbonne, au vote à l'unanimité dans la plupart des domaines relevant de la PESC (article 31, par 1, TUE). Le vote à la majorité qualifiée n'intervient que dans un nombre restreint de cas et comporte en outre des garanties pour les États minoritaires (article 31, par 2) :

• pour la décision qui définit une action ou une position de l'Union européenne sur la base d'une décision du Conseil européen portant sur les intérêts et objectifs stratégiques de l'Union ;

• pour la décision qui définit une action ou une position de l'Union sur proposition du Haut-représentant de l'Union pour les affaires étrangères et la politique de sécurité présentée à la suite d'une demande spécifique que le Conseil européen lui a adressée de sa propre initiative ou à celle du Haut représentant ;

• lorsqu'il adopte une décision mettant en œuvre une décision qui définit une action ou une position de l'Union ;

• lorsqu'il nomme un Représentant spécial. Ce dernier assure, pendant une période déterminée, la représentation diplomatique de l'Union européenne dans certains pays ou régions dans lesquels se déroulent des conflits (Arménie, Caucase du Sud, Somalie, Bosnie, Kosovo...). Il est directement placé sous l'autorité du Haut représentant de l'Union pour les affaires étrangères et a sécurité commune.

En présence de telles décisions, le principe est celui du vote à la majorité qualifiée, sauf dans l'hypothèse où un État membre du Conseil invoque des raisons vitales. Dans ces conditions, il ne sera pas procédé au vote. Le Haut représentant devra, dans ces conditions, rechercher, en étroite consultation avec cet État, une solution acceptation pour celui-ci. En l'absence de résultat, le Conseil, toujours à la majorité qualifiée, pourra demander que le Conseil européen soit saisi de ce sujet, en vue d'une décision à l'unanimité (article 31, par. 2, alinéa 2 TUE).

Avec le traité de Lisbonne, l'Union s'est également dotée d'un Haut représentant pour les affaires étrangères et la politique de sécurité dont le statut et les compétences sont régis par les articles 18 et 27 du TUE[3]. Il accomplit les fonctions qu'exerçaient auparavant le Haut représentant pour la PESC et le commissaire aux relations extérieures. Le Haut représentant est nommé par le Conseil européen à la majorité qualifiée, avec l'accord du président de la Commission et pourra être révoqué selon la même procédure aux termes de l'article 18, par. 1 du TUE. Contribuant à la définition de la PESC de l'Union, il assure également la représentation de l'Union vis-à-vis des États tiers et exprime la position de l'Union dans les organisations internationales, et au sein des conférences internationales (article 27, par. 2 TUE). Dans l'exercice de sa mission, il est tenu de consulter régulièrement le Parlement européen sur les orientations fondamentales de la PESC et doit, par la suite, prendre en considération les avis du parlement européen, dont nous avons ici un nouveau témoignage du rôle croissant dans la détermination de la politique de l'Union[4].

Pour accomplir ses missions, le Haut représentant dispose d'un service diplomatique : le service européen pour l'action extérieure (le SEAE ; article 27, par. 3 TUE), composé de fonctionnaires des services compétents du secrétariat général du Conseil et de la Commission, ainsi que du personnel détaché des services diplomatiques nationaux (articles 27 par. 3 TUE).

Dans le traité de Lisbonne, la PESC et la politique européenne de défense et de sécurité (PESD) sont régies au titre V du TUE qui devient désormais : « *Dispositions générales relatives à l'action extérieure de l'Union et dispositions spécifiques concernant la politique étrangère et de sécurité commune* ».

3. La fonction est exercée, depuis le 1er décembre 2009, par Madame Catherine Ashton.

4. De son côté, le Parlement européen peut lui adresser - ainsi d'ailleurs qu'au Conseil - des questions ou formuler des recommandations. Le parlement procède, de surcroît, deux fois par an à un débat sur les progrès réalisés dans la mise en œuvre de la PESC, y compris la politique de sécurité et de défense commune (article 36 TUE).

FICHE 7 | LE TRAITÉ D'AMSTERDAM ET LE TRAITÉ DE NICE

1. RÉFÉRENCES

- Blumann C., « Le Traité d'Amsterdam. Aspects institutionnels », *Revue trimestrielle de droit européen*, 1997, p. 721.
- Constantinesco V., *Le traité de Nice : premières analyses*, Presses universitaires de Strasbourg, 2001.
- Favret J.-M., « Le Traité d'Amsterdam : une révision *a minima* de la "Charte constitutionnelle" de l'Union européenne. De l'interprétation à l'incantation », *Cahiers de droit européen*, 1997, p. 566.
- Favret J.-M., « Le traité de Nice du 26 février 2001. Vers un affaiblissement irréversible de la capacité d'action de l'Union européenne ? », *Revue trimestrielle de droit européen*, 2001, p. 271.
- Jacque J.-P., « Le Traité d'Amsterdam. La simplification et la consolidation des traités », *Revue trimestrielle de droit européen*, 1997, p. 903.
- Maus D., Passelecq O. (dir.), *Le Traité d'Amsterdam face aux Constitutions nationales*, La Documentation française, Paris, 1998.
- Numéro spécial de la *Revue des affaires européennes*, 2000, n° 4.
- Telo M., Magnette P., *De Maastricht à Amsterdam. L'Europe et son nouveau Traité*, éditions Complexe, études européennes, Bruxelles, 1998.

2. REPÈRES

- **Coopérations renforcées :** trois étapes sont à noter au sujet d'une technique juridique prévue par les traités qui autorise, sous certaines conditions, un groupe d'États, et non pas tous les États membres, à aller de l'avant dans la construction européenne (notion de « groupe pionnier ») :
  - avant le traité d'Amsterdam, des propositions ont vu le jour : le document Lamers-Schäuble sur un « *noyau central* », la proposition Balladur sur les cercles de coopération variables selon les secteurs, la lettre Kohl-Chirac sur une flexibilité par le jeu des coopérations renforcées ;
  - le traité d'Amsterdam comporte une clause générale de coopération renforcée (articles 43-45 traité UE), une clause spécifique à la Communauté européenne et une clause spécifique à la coopération policière et de justice pénale ;
  - le traité de Nice comporte un assouplissement des conditions procédurales de mise en œuvre d'une coopération renforcée, laquelle peut désormais s'appliquer dans les domaines de la PESC.

- Aux termes de cette évolution, les conditions relatives à la clause générale de coopération renforcée sont les suivantes :
  - la coopération renforcée ne peut pas porter sur les domaines de compétence exclusive de la Communauté, mais doit contribuer à la réalisation de l'Union dans le respect de son cadre institutionnel et de l'acquis communautaire. Elle ne peut qu'accroître le processus d'intégration, sans affecter le marché intérieur, ni le régime des changes, ni la cohésion économique et sociale ;
  - le nombre minimum d'États est fixé à huit par le traité de Nice.
- S'agissant de la clause spécifique à la Communauté européenne, les États formulent une demande à la Commission qui saisit le Conseil qui doit les autoriser à la majorité qualifiée après avis du Parlement européen (avis conforme si la matière est régie par la codécision[1]). De telles dispositions sont très compliquées à mettre en œuvre. C'est la raison pour laquelle les États vont être tentés d'avancer de plus en plus, à quelques-uns sur certains sujets, mais dans un cadre plutôt intergouvernemental. Tel est le cas du traité de Prüm signé le 27 mai 2005 entre sept pays : l'Allemagne, l'Autriche, la Belgique, l'Espagne, la France, le Luxembourg et les Pays-Bas. Ce traité a pour objectif le renforcement de la coopération transfrontalière dans la lutte contre le terrorisme, la grande criminalité et l'immigration illégale. Peu à peu se dessine une Union différenciée dans laquelle les cercles de coopération pourraient devenir de plus en plus spécialisés : Schengen, l'Euro, Prüm... Leur nombre pourrait s'accroître : Charte des droits fondamentaux (qui ne lie pas la Grande-Bretagne), coopération judiciaire et policière...

3. EXPLICATIONS

Modifiant le traité sur l'Union européenne de 1992, les traités d'Amsterdam (chapitre 1) et de Nice (chapitre 2), tout en apportant certains infléchissements notables, n'introduisent néanmoins aucune rupture fondamentale. Souvent présentés comme constituant des « *demi-échecs* », ils sont à l'origine du choix d'adopter la méthode conventionnelle pour rédiger le traité établissant une Constitution pour l'Europe. Ils traduiraient ainsi les limites de la négociation diplomatique et des conférences intergouvernementales classiques. L'improbable entrée en vigueur du traité de Rome de 2004 implique néanmoins que l'Union soit régie, pour de longues années encore, par le traité de Nice.

CHAPITRE 1 *LES APPORTS DU TRAITÉ D'AMSTERDAM*

Face à la complexité du traité de Maastricht, le traité d'Amsterdam tend à opérer un effort de clarté et de simplification qui se traduit par de nombreuses retouches formelles au traité de 1992. Le nouveau traité sur l'Union européenne comporte 314 articles.

1. Pour une présentation des coopérations renforcées dans le cadre du deuxième et du troisième pilier, voir J.-L. Clergerie, A. Gruber et P. Rambaud, *L'Union européenne*, 4e édition, 2002, n° 858 et 865.

Sur le fond, tout en reprenant les grands axes du traité de 1992, il comporte certains infléchissements :

• une volonté de placer la politique de l'emploi au cœur des priorités de l'Union européenne et du premier pilier. Un nouveau Titre VIII est consacré à l'emploi (articles 125 à 130 du traité CE). Il prévoit quatre moyens au service de cette nouvelle politique commune : les conclusions, les lignes directrices annuelles, les recommandations et les actions d'encouragement. Un nouveau Comité de l'emploi à caractère consultatif est par ailleurs créé (article 130) ;

• une volonté de renforcer la protection des droits de l'homme et du citoyen. L'article 6 du Traité rappelle que « *l'Union est fondée sur les principes de la liberté, de la démocratie, du respect des droits de l'homme et des libertés fondamentales, ainsi que de l'État de droit, principes qui sont communs aux États membres* ». Une procédure de sanction contre un État membre en cas de violation de ces principes est prévue[2]. Par ailleurs, le traité d'Amsterdam procède à un accroissement du champ matériel de la compétence de la CJCE en matière de garantie juridictionnelle des droits fondamentaux, puisque l'article 6 paragraphe 2 qui reprend l'article F du traité de Maastricht est désormais justiciable[3]. La CJCE n'était pas compétente pour statuer sur l'article F du traité de Maastricht ;

• une communautarisation massive de la plus grande partie de la libre circulation des personnes qui relevait du troisième pilier. Tel est l'objet du nouveau Titre IV du Traité communautaire (articles 61 à 69 du traité CE) : franchissement des frontières extérieures et intérieures de l'Union et de la politique des visas (article 62), les politiques d'asile (article 63), les politiques d'immigration...

Dans une décision du 31 décembre 1997[4], le Conseil constitutionnel a considéré que la possibilité d'adoption à la majorité, sur décision unanime du Conseil des ministres, au terme d'une période de cinq ans des mesures relatives au franchissement des frontières intérieures et extérieures des États membres, pouvait affecter les conditions essentielles d'exercice de la souveraineté nationale. La Constitution fut révisée par la loi constitutionnelle du 25 janvier 1999[5]. Celle-ci ajoute :

• un nouvel alinéa à l'article 88-2 : « *Sous la même réserve et selon les modalités prévues par le traité instituant la Communauté européenne, dans sa rédaction résultant du traité signé le 2 octobre 1997, peuvent être consentis les transferts de compétences nécessaires à la détermination des règles relatives à la libre circulation des personnes et aux domaines qui lui sont liés* » ;

• une modification de l'article 88-4 qui est désormais rédigé de la manière suivante : « *Le gouvernement soumet à l'Assemblée nationale et au Sénat, dès leur transmission au Conseil de l'Union européenne, les projets ou propositions d'actes des Communautés européennes et de l'Union européenne comportant des dispositions de nature législative.* »

---

2. Voir infra la fiche sur la Charte européenne des droits fondamentaux.

3. « *L'Union respecte les droits fondamentaux, tels qu'ils sont garantis par la Convention européenne de sauvegarde des droits de l'homme... et tels qu'ils résultent des traditions constitutionnelles communes aux États membres, en tant que principes généraux du droit communautaire* ».

4. DC n° 97.394.

5. *JORF* du 26 janvier 1999, p. 1343. Pour une analyse, voir infra la fiche sur les bases constitutionnelles de l'appartenance de la République française à l'Union européenne.

Les instruments de ratification ont été déposés le 30 mars 1999.
Le traité d'Amsterdam est entré en vigueur internationalement le 1er mai 1999.

CHAPITRE 2 LES APPORTS DU TRAITÉ DE NICE

La Conférence intergouvernementale, qui s'est ouverte le 14 février 2000, avait pour objectif de régler les questions laissées en suspens lors de la conclusion du traité d'Amsterdam : ce sont les « *reliquats d'Amsterdam* » :
- la composition de la Commission ;
- la pondération des voix au sein du Conseil des ministres ;
- l'extension des cas de vote à la majorité qualifiée.

Les travaux de la conférence ont été clôturés lors du sommet européen de Nice qui s'est tenu sous présidence française du 7 au 11 décembre 2000. Les États sont parvenus à un accord, mais celui-ci fut quelque peu contesté. Si le président de la République, Jacques Chirac, a évoqué un « *accord convenable, un bon accord* », l'expression la plus souvent utilisée fut celle d'« *accord minimal* ».

Le Traité a été signé à Nice le 26 février 2001 pour une durée illimitée (article 11). C'est actuellement le Traité qui régit le fonctionnement des institutions communautaires.

Le texte de Nice se compose de deux parties :
- la première partie traite des modifications de fond et comporte six articles :

- article 1er. Modifications du traité UE ;
- article 2. Modifications du traité CE ;
- article 3. Modifications du traité CEEA ;
- article 4. Modifications du traité CECA ;
- article 5. Sur le Système européen de banques centrales et Banque centrale européenne ;
- article 6. Sur les privilèges et immunités des Banques centrales européennes ;

- la deuxième partie traite des privilèges et des immunités des Communautés européennes. À ces deux parties s'ajoutent quatre protocoles et vingt-quatre déclarations.

Il comporte certains apports qui ne peuvent pas occulter les nombreuses questions qui restent en suspens.

Quels sont les apports essentiels du traité de Nice ?

• **La taille de la Commission.** Dans un premier temps, à compter du 1er janvier 2005, la Commission européenne comprend un membre par État. Les cinq États les plus peuplés renoncent ainsi à leur second commissaire. Dans un second temps, à partir de l'adhésion du 27e État membre, le nombre des commissaires est arrêté par le Conseil statuant à l'unanimité. Une rotation égalitaire est instituée.

• **La pondération des voix au sein du Conseil des ministres.** Dans les matières régies à la majorité qualifiée, chaque État dispose, en fonction de son poids démographique, d'un certain nombre de voix. Désormais, avec le traité de Nice, la majorité qualifiée est fixée à 169 voix et la minorité de blocage à 69 voix. Par ailleurs, le double souci de légitimité démocratique et étatique introduit deux exigences nouvelles, pour qu'une délibération soit adoptée à la majorité qualifiée. D'une part, elle doit être adoptée par une majorité d'États si elle est prise sur proposition de la Commission européenne ou, par au moins deux tiers des États, dans toutes les autres hypothèses. D'autre part, un « *filet démocratique* » impose que cette majorité d'États représente au moins 62 % de la population totale de l'Union.

• **L'extension des cas de vote à la majorité qualifiée** : la coopération judiciaire dans les matières civiles ayant une incidence transfrontalière, l'approbation du statut des députés européens et des règlements de procédure de la CJCE, du TPI et de la Cour des comptes... La procédure de codécision devient désormais la procédure de droit commun d'adoption des actes communautaires[6].

• **L'assouplissement du dispositif des coopérations renforcées** et son extension au domaine de la PESC.

• **La réforme du système judiciaire.** Désormais, une organisation juridictionnelle à trois niveaux est instituée :

- la création de « *chambres juridictionnelles adjointes au TPI* » sur le fondement de l'article 220 CE. La première Chambre, qui fut créée, est compétente pour statuer sur le contentieux de la fonction publique ;
- le Tribunal de première instance des Communautés européennes ;
- la Cour de Justice des Communautés européennes.

• L'Extension du rôle du Parlement européen[7].

• Le renforcement des prérogatives de la Cour des comptes qui peut dorénavant créer des chambres en son sein.

Lors du sommet de Nice est également proclamée la Charte européenne des droits fondamentaux.

La ratification du traité de Nice a été opérée en 2001 par la voie de l'autorisation parlementaire. Le Conseil constitutionnel n'a pas été saisi. L'instrument de ratification a été déposé le 29 janvier 2002.

6. Voir la fiche sur le Parlement européen.

7. Voir infra, la fiche sur le Parlement européen.

4. APPROFONDISSEMENT

CHAPITRE 1 *LE MANDAT D'ARRÊT EUROPÉEN*

Le mandat d'arrêt européen a été institué, dans le cadre de la création d'un espace judiciaire européen, par une décision-cadre du Conseil de l'Union européenne du 3 juin 2002. Il a été transposé en droit interne par la loi Perben II du 9 mars 2004 après que la Constitution a été modifiée par la loi constitutionnelle du 25 mars 2003 : « *la loi fixe les règles relatives au mandat d'arrêt européen en application des actes pris sur le fondement du traité de l'Union européenne* ». L'article 695-11 du Code de procédure pénale le définit comme une « *décision judiciaire émise par un État membre de l'UE, appelé État membre d'émission, en vue de l'arrestation et de la remise par un autre État membre, appelé État membre d'exécution, d'une personne recherchée pour l'exercice de poursuites pénales ou pour l'exécution d'une peine ou d'une mesure de sûreté privative de liberté* ». Entre les États membres concernés, il se substitue à la procédure d'extradition.

CHAPITRE 2 *LE PRINCIPE DE SUBSIDIARITÉ*

Le principe de subsidiarité, qui, en droit communautaire, signifie que la Communauté européenne ne doit s'occuper que de ce qui peut être fait plus efficacement à son niveau qu'au niveau national ou régional, trouve sa première expression dans la doctrine sociale de l'Église. Il est formulé officiellement pour la première fois par le pape Pie XI dans son encyclique *Quadragesimo anno* de 1931, bien que ses origines remontent à saint Thomas d'Aquin et qu'il se trouve en ligne de fond de la pensée catholique de la seconde moitié du XIXe siècle.

La lettre, si ce n'est l'esprit, en a été reprise tout d'abord par la république fédérale d'Allemagne comme principe de répartition des compétences entre la Fédération et les États fédérés. C'est sous cette forme qu'elle imprègne l'intégration européenne jusqu'à son inscription formelle et explicite dans le Traité (évoqué à l'article 2 TUE et défini à l'article 5 CE), après une première énonciation dans l'Acte unique (article 174 CE). Cette inscription a résulté d'une inquiétude des parlements nationaux, et des Länder allemands, face à l'activité normative croissante des Communautés. L'article 5 du traité CE stipule que « *dans les domaines qui ne sont pas de sa compétence exclusive, la Communauté n'intervient, conformément au principe de subsidiarité, que si et dans la mesure où les objectifs de l'action envisagée ne peuvent pas être réalisés de manière suffisante par les États membres et peuvent donc, en raison des dimensions ou des effets de l'action envisagée, être mieux réalisé par l'Union* ».

Le principe de subsidiarité a été lié dans un premier temps par la CJCE, puis par les traités, au principe de proportionnalité qui veut que les mesures soient aptes et nécessaires pour atteindre les objectifs visés.

Son application a été anticipée par la Commission au début des années 1990 puis a été précisée par le protocole 7 annexé au traité d'Amsterdam. La CJCE contrôle son respect, mais avec précaution pour éviter de basculer dans l'appréciation d'opportunité.

Le traité établissant une Constitution pour l'Europe reprenait et précisait les principes de subsidiarité et de proportionnalité. Il stipule à l'article I-11 (Principes fondamentaux) que « *le principe d'attribution régit la délimitation des compétences de l'Union. Les principes de subsidiarité et de proportionnalité régissent l'exercice de ces compétences* ». « *En vertu du principe de subsidiarité, dans les domaines qui ne relèvent pas de sa compétence exclusive, l'Union intervient seulement si, et dans la mesure où, les objectifs de l'action envisagée ne peuvent pas être atteints de manière suffisante par les états membres, tant au niveau central qu'au niveau régional et local, mais peuvent l'être mieux, en raison des dimensions ou des effets de l'action envisagée, au niveau de l'Union.* »

Par ailleurs, le protocole sur l'application des principes de subsidiarité et de proportionnalité fait intervenir les parlements nationaux dans le contrôle du principe de subsidiarité grâce à deux mécanismes :

• les parlements, dont l'information est améliorée par le traité constitutionnel, peuvent émettre un avis sur un projet d'acte législatif s'ils jugent celui-ci contraire au principe de subsidiarité. Si un tiers des parlements nationaux adresse une telle démarche, le projet doit être réexaminé ;

• les parlements, par l'intermédiaire des États, peuvent saisir la CJCE, après l'adoption d'un acte, pour le contester sur le fondement du principe de subsidiarité.

Concernant le premier point, en 2011, les chambres des parlements nationaux ont adressé à la Commission 698 avis motivés entrant dans le cadre de la procédure de contrôle de la subsidiarité. En aucun cas, la majorité requise pour imposer un réexamen n'a été atteinte. Ce n'est qu'en 2012 que, pour la première fois, douze parlements et chambres de parlements nationaux ont adressé à la Commission des avis motivés au sujet de règlements relatifs à l'exercice du droit de mener des actions collectives dans le contexte de la liberté d'établissement et de la libre prestation des services actionnant ainsi le mécanisme prévu au protocole.

FICHE 8 | LA CHARTE EUROPÉENNE DES DROITS FONDAMENTAUX

1. RÉFÉRENCES

- Blumann C., « Vers une charte européenne des droits fondamentaux de l'Union européenne », *in Territoires et liberté, Mélanges Madiot*, Bruylant, 2000, p. 199.
- Burgorgue-Larsen L., « La fabuleuse histoire de la charte des droits fondamentaux de l'Union européenne », *in Mélanges P. Pactet*, Dalloz, 2003, p. 77.
- Cohen-Jonathan G., Dutheil de la Rochère J. (dir.), *Constitution européenne, démocratie et droits de l'homme*, Bruylant, 2003.
- Dutheil de la Rochère J., « La convention sur la Charte des droits fondamentaux et le processus de construction européenne », *Revue du marché commun et de l'Union européenne*, 2000, n° 437, p. 223.
- Dutheil de la Rochère J., « La charte des droits fondamentaux de l'Union européenne : quel apport à la protection des droits ? », *in Mélanges en l'honneur de Benoît Jeanneau, Les mutations contemporaines du droit public*, Dalloz, 2002, p. 91.
- Monjal P.-Y., « Le Traité d'Amsterdam et la procédure de constatation politique de manquement aux principes de l'Union », *Revue du marché unique européen*, 3/1998, p. 69.
- Rambaud T., « Concept et mise en œuvre de l'État de droit en France en 2007 », *Séoul, Revue de l'Association coréenne de droit public*, pp. 91-105.
- Sudre F., Labayle H. (dir.), *Réalité et perspectives du droit communautaire des droits fondamentaux*, Bruylant, Bruxelles, 2000.

2. EXPLICATIONS

CHAPITRE 1 *LA PROTECTION TRADITIONNELLE DES LIBERTÉS FONDAMENTALES EN DROIT COMMUNAUTAIRE*

À l'origine, les Communautés répondent principalement à un objectif économique et ne se préoccupent guère de la protection des libertés fondamentales. Certes, le traité CEE garantit certaines libertés économiques comme la liberté d'établissement, la liberté de circulation, qui englobe la liberté professionnelle et le droit de séjour, ou encore le principe de non-discrimination. Or, il est apparu que, par son action, la CEE pouvait porter atteinte à certains droits ou libertés des personnes. Son action n'était de ce point de vue pas « *neutre* ». Les traités originaires ne disant rien sur la question[1], c'est la Cour de Justice

1. C. Blumann, « Vers une charte des droits fondamentaux de l'Union européenne », *in Territoires et liberté, Mélanges Madiot*, Bruylant, 2000, p. 199.

des Communautés européennes qui est intervenue pour garantir aux ressortissants des États membres des libertés dans le cadre de la mise en œuvre du droit communautaire. Cette protection de la Cour de Justice couvre ainsi non seulement l'action des institutions communautaires, mais également celle des États membres lorsqu'ils appliquent le droit communautaire. En l'absence de source écrite textuelle, il n'y avait que très peu de précisions dans les traités communautaires, le juge s'est tourné vers une source non écrite : les principes généraux du droit communautaire.

Dans l'arrêt *Internationale Handelsgesellschaft* du 17 décembre 1970, la cour de justice déclare que le « *respect des droits fondamentaux fait partie intégrante des principes généraux du droit dont la Cour assure le respect* ». Par le biais de cette technique juridique, elle s'est érigée en protecteur des libertés fondamentales. Sa jurisprudence s'est élaborée progressivement. Pour dégager de tels principes généraux du droit, la Cour de Justice des Communautés européennes a utilisé deux sources matérielles : la Convention européenne des droits de l'homme et les traditions constitutionnelles communes aux États membres. Ces deux sources ont constitué les sources d'inspiration au sein desquelles il a puisé pour dégager des principes généraux du droit. S'agissant de ce dernier instrument, on notera que la CJCE hésite de moins en moins à citer directement la Convention européenne des droits de l'homme, comme dans l'arrêt du 17 décembre 1998 *Baustahlgewebe*, ou des extraits directs d'arrêts de la Cour de Strasbourg[2]. La technique jurisprudentielle, pour audacieuse qu'elle soit, manque cependant quelque peu de clarté sur le plan de la sécurité juridique. De tels principes ne sont-ils pas opaques pour les citoyens ? Par ailleurs, la souplesse, la malléabilité même des principes peuvent conduire le juge à les interpréter ou à les adapter dans un sens qui n'est pas nécessairement le plus favorable pour les justiciables.

Dans ces conditions se posait la question de l'adhésion de la Communauté européenne à la Convention européenne de sauvegarde des droits de l'homme et des libertés fondamentales. C'était une revendication constante du Parlement européen comme en témoigne le projet *Spinelli* du 14 février 1984. En 1990, la Commission présente une communication invitant le Conseil à lui donner, conformément à l'article 300 (ex-228) du traité CE, un mandat pour ouvrir des négociations avec le Conseil de l'Europe en vue d'une éventuelle adhésion. Cependant, consultée, la CJCE rend un avis négatif le 28 mars 1996[3]. La Cour s'interroge sur la compétence de la Communauté pour adhérer à un tel accord international. Elle estime que la Communauté, qui ne dispose que d'une compétence d'attribution, n'a pas « *de compétence en cette matière* ». De surcroît, elle constate que l'article 308 (ex-235) qui permet de combler les carences du Traité lorsqu'une action s'avère nécessaire n'est pas applicable en l'espèce, car la protection des droits de l'homme ne correspond pas à un objet de la Communauté, c'est-à-dire à un objectif au sens des articles 2 et 3 du traité CE. La Cour relève, en outre, qu'une telle adhésion entraînerait de véritables bouleversements au Traité et qu'elle nécessite une « *révision formelle* » des traités.

Entre-temps, la jurisprudence de la CJCE a été codifiée par l'article F paragraphe 2 du traité de Maastricht. Cet article n'était cependant pas justiciable de la CJCE sur le fonde-

2. CJCE, 17 février 1998, *Grant/South-West Trains LtD*, aff. C-249/96, *Rec. CJCE*, I, p. 621.
3. Avis 2/94, *Rec. P.* I-763.

ment de l'article L du traité de Maastricht. Le traité d'Amsterdam codifie également la jurisprudence de la Cour, mais engage une étape supplémentaire. En effet, l'article 6 du Traité consacre les valeurs fondamentales de l'Union européenne : « *Liberté, démocratie, respect des droits de l'homme et des libertés fondamentales, État de droit* ». L'article 6 paragraphe 2 reprend le contenu de l'article F paragraphe 2 du traité de Maastricht, mais désormais la Cour de Justice des Communautés européennes est compétente. Par ailleurs, le traité d'Amsterdam étend le champ d'application du principe de non-discrimination qui ne se limite plus à la simple nationalité, mais englobe toutes les discriminations de quelque nature qu'elles soient. C'est une conception exigeante de l'égalité des sexes qui est ainsi envisagée.

L'article 7 du traité d'Amsterdam prévoit une sanction de type politique à l'encontre des États qui violeraient gravement les libertés fondamentales. Les sanctions sont prononcées au terme d'une procédure très lourde qui se décompose en deux temps.

D'abord, le Conseil réuni au niveau des chefs d'État et de gouvernement, sur proposition de la Commission ou d'un tiers des États membres et après avis conforme du Parlement européen, statue à l'unanimité, moins bien sûr l'État fautif, sur le principe de la condamnation.

Ensuite, la prise des sanctions relève du seul Conseil, en formation ordinaire, statuant à la majorité qualifiée, le décompte des voix devant être établi sans tenir compte de l'État fautif.

Le dispositif est particulièrement lourd. Il n'a d'ailleurs pas été appliqué à l'Autriche lors de l'arrivée au pouvoir d'une coalition où figurait l'extrême droite. Le traité de Nice a alors modifié l'article 7 du traité d'Amsterdam pour répondre aux éventuelles menaces, alors même qu'aucune « *infraction* » n'avait été spécifiquement établie. Le dispositif aménagé est allégé : en cas de *« risque clair de violation grave par un État membre de principes énoncés à l'article 6 »*, des recommandations peuvent être adressées à l'État. Celles-ci peuvent être accompagnées de la constitution d'une commission d'experts chargée de remettre un rapport. Il s'agit d'une reprise de la méthode utilisée lors du précédent autrichien.

CHAPITRE 2 LA CHARTE EUROPÉENNE DES DROITS FONDAMENTAUX

Lors des Conseils européens de Cologne en juin 1999 et de Tampere en décembre 1999, les chefs d'État et de gouvernement des États membres décidèrent de la mise en œuvre d'enceinte qui, par la suite, s'autobaptisera « *Convention* ». Cette convention, dont le mandat était d'adopter une Charte européenne des droits fondamentaux, était composée de quinze représentants des chefs d'État et de gouvernement, d'un représentant de la Commission, de seize membres du Parlement européen, de trente membres représentants les parlements nationaux. Le résultat des travaux ainsi engagé fut la rédaction d'une Charte, la Charte européenne des droits fondamentaux qui fut adoptée par le Conseil européen de Nice, le 7 décembre 2000.

SECTION 1 – LE CONTENU DE LA CHARTE

La Charte se compose de 54 articles répartis en six chapitres :

• dignité : interdiction des pratiques eugéniques, interdiction du commerce sur le corps humain, interdiction du clonage des êtres humains ;

• liberté : le respect de la vie privée et familiale, la liberté d'entreprise, la liberté professionnelle ;

• égalité : le principe de non-discrimination, le respect des différences, l'égalité hommes-femmes ;

• solidarité : le droit à la négociation collective, le droit à l'information dans le cadre de l'entreprise, la protection des consommateurs ;

• citoyenneté : ce chapitre recouvre tant les droits réservés aux citoyens européens comme le droit de vote et celui d'éligibilité que ceux étendus à toute personne physique ou morale comme le droit de pétition ou le recours au médiateur ;

• justice : la présomption d'innocence, le principe de légalité et de proportionnalité des délits et des peines, le droit à un recours effectif et à un tribunal impartial.

Un septième chapitre concernant les dispositions de caractère général précise le champ d'application et la portée des droits et interdit les interprétations pouvant aboutir à leur limitation ou à leur destruction.

Quel regard peut-on porter sur cette Charte européenne des droits fondamentaux ? Sur le plan politique, son adoption traduit incontestablement une volonté affichée de promouvoir l'idée de l'Union européenne comme « *Communauté de droit* ». En se dotant de son propre catalogue de droits fondamentaux, l'Union européenne entend ne pas s'en tenir à sa seule dimension économique, pour affirmer sa vocation plus globale de Communauté politique fondée sur des valeurs. Sur un plan matériel, la Charte constitue incontestablement une étape importante de la constitutionnalisation de l'Union européenne.

Du point de vue de la théorie générale des libertés fondamentales, il est important de noter que cette Charte énumère des droits de la première, de la deuxième et de la troisième génération. Aux droits classiques de liberté de la première génération s'ajoutent désormais des droits à caractère économique et social de la deuxième génération et des droits nouveaux de la troisième génération, dits « *droits de solidarité* ». En ce sens, la Charte va bien au-delà de la Convention européenne des droits de l'homme qui s'en tient à des droits à caractère civil et politique. Certes, l'interprétation dynamique de la Cour européenne des droits de l'homme a permis, notamment en matière d'environnement, de dégager de nouveaux droits, mais pour l'essentiel il s'agit de droits classiques, ceux de la première génération. Cette volonté d'actualiser le contenu des droits proclamés se retrouve dans la reconnaissance des nouveaux droits liés aux progrès de la médecine et de la biologie comme l'interdiction des pratiques eugéniques, l'interdiction du commerce sur le corps humain ou encore l'interdiction du clonage des êtres humains.

Cette volonté d'actualiser le contenu des droits rencontre cependant certaines limites. Le caractère novateur de la méthode choisie pour élaborer la Charte n'a pu empêcher les revendications nationales d'intervenir assez largement. L'aspect relativement décevant des droits énumérés dans le chapitre « *Solidarité* » se justifie sans doute par l'attitude de la Grande-Bretagne. On n'y trouve en effet qu'une codification des droits du salarié dans l'entreprise (droit de négociation collective, protection en cas de licenciement, droit à l'information dans l'entreprise...). Par ailleurs, le chapitre « *Citoyenneté* » introduit une confusion dans la mesure où, comme on l'a mentionné, il implique des droits qui ne sont pas liés à la qualité de citoyens de l'Union européenne comme le droit de pétition. Celui-ci bénéficie à une personne physique ne possédant pas la nationalité d'un des États membres de l'Union européenne, mais résidant sur le territoire de l'Union européenne. Enfin, il est des droits reconnus dont la normativité laisse à désirer.

SECTION 2 – LE CHAMP D'APPLICATION DE LA CHARTE EUROPÉENNE DES DROITS FONDAMENTAUX

La Charte ne s'applique qu'aux activités des institutions et des organes communautaires ainsi qu'aux mesures prises par les États membres dans leur fonction de mise en œuvre du droit communautaire et, notamment, de transposition d'une directive[4]. Elle ne peut en aucune manière servir de fondement à une modification ou à une extension des compétences communautaires existantes (clause de *standshill* à l'article 51 de la Charte).

De la même manière, la Charte ne s'applique pas en dehors du cadre couvert par la préemption. La notion de mise en œuvre du droit de l'Union ne concerne pas seulement les États membres, mais s'étend également aux partenaires sociaux lorsqu'une directive permet à ceux-ci de mettre en œuvre ses dispositions[5]. En revanche, la question des effets que peut produire la Charte dans les rapports entre particuliers n'est, semble-t-il, pas encore véritablement tranchée. Le professeur Jean-Paul Jacqué estime néanmoins que, « *s'agissant de droits fondamentaux qui présenteraient un caractère clair, précis et inconditionnel, il serait peu logique de refuser de reconnaître à ces droits un effet direct alors qu'il est admis pour d'autres règles du traité* ».

La question la plus difficile qui se pose est celle de la conciliation entre les droits reconnus par la Charte et ceux découlant d'autres textes de même nature comme la Convention européenne des droits de l'homme. Deux principes posés par la Charte sont à cet égard à mentionner :

• le principe de niveau de protection minimum : la Charte s'efface lorsque les garanties imposées par un autre texte, de droit interne ou de droit international, sont plus protectrices. Dans l'hypothèse inverse, elle s'applique ;

• le principe de l'interprétation conforme ; en particulier avec les textes ou traditions constitutionnels nationaux et surtout avec la Convention européenne des droits de l'homme.

4. CJUE, 24 novembre 2011, C-468/10, *Asociación nacional de establecimientos financieros de Crédito* (ASNEF).
5. CJUE 8 septembre 2011, affaires jointes C-297/10 et C-298/10, *Sabine Hennigs c. Eisenbahn-Bundesamt, Land Berlin et Alexander Mai.*

SECTION 3 – LA VALEUR JURIDIQUE DE LA CHARTE EUROPÉENNE DES DROITS FONDAMENTAUX

Proclamée par le Conseil européen de Nice, la Charte était à l'origine dépourvue de toute valeur juridique. Cependant, le Conseil de l'Union, la Commission et le Parlement européen décidèrent de reprendre son contenu dans un accord interinstitutionnel publié le 18 décembre 2000[6]. La valeur de tels accords reste cependant problématique en droit communautaire. Ils ne lient pas, par ailleurs, les États. Quelle fut alors l'attitude de la juridiction communautaire ? Si le Tribunal de première instance a appliqué *expressis verbis* les dispositions de la Charte[7], la Cour de Justice des Communautés européennes a refusé de le suivre[8]. Cette position est également celle des juridictions internes françaises qui ne confèrent pas à la Charte de valeur juridique obligatoire[9].

Un changement notable est envisagé avec le traité simplifié adopté lors du sommet européen de juillet 2007 qui prévoit de conférer une valeur juridique à la Charte. L'article 6 du TUE accorde à la Charte des droits fondamentaux « *la même valeur juridique que les traités* ». Elle est ainsi intégrée dans le droit primaire de l'Union et constitue l'instrument fondamental de protection des droits fondamentaux dans l'Union. Cependant, l'article maintient la disposition ancienne selon laquelle « *les droits fondamentaux tels qu'ils sont garantis par la Convention européenne des droits de l'homme* (...) *et tels qu'ils résultent des traditions constitutionnelles des États membres, font partie du droit de l'Union en tant que principes généraux* ». Les principes généraux du droit constituent une technique opérante afin de compléter, le cas échéant, la protection offerte par la Charte. Deux États membres ont exprimé une réserve par rapport à la Charte, le Royaume-Uni et la Pologne.

Le Royaume-Uni a demandé à ne pas être lié par cette partie du traité simplifié, en raison de sa méfiance à l'encontre des droits sociaux qui sont potentiellement perçus comme pouvant porter atteinte à sa compétitivité économique. De telles craintes ne paraissent néanmoins pas véritablement justifiées, dans la mesure où la grande majorité des droits sociaux garantis par la Charte s'exercent dans les conditions prévues par le droit de l'Union et les lois nationales.

Pour ces deux États, un protocole sur l'application de la Charte européenne des droits fondamentaux à la Pologne et au Royaume-Uni a été adopté et suit le traité de Lisbonne. En réalité, l'objet principal du protocole est de limiter le recours aux droits sociaux, puisqu'il est expressément interdit au juge national ou communautaire d'apprécier une mesure nationale au regard du chapitre IV de la Charte, qui constitue le chapitre « *Solidarité* », dès lors que le droit invoqué n'est pas consacré par le droit national.

6. *JOCE*, n° C 364, 18 décembre 2000.
7. TPICE, 3 mai 2002, *Jégo-Quéré*, aff. T-177/01, *Rec.* II-2365.
8. CJCE, 22 juillet 2002, *UPA*, aff. C-50/00, *Rec. CJCE*, I, p. 6677.
9. CE, 5 janvier 2005, *Deprez, Baillard* ; Cass., Civ., 1re, 13 mars 2007.

La CJUE a précisé la portée de la Charte : « *le protocole n° 30 ne remet pas en cause l'application de la Charte au Royaume-Uni et à la Pologne, ce qui est conforté par les dispositions du présent protocole. Ainsi, selon le troisième considérant dudit protocole, l'article 6 dispose que la charte doit être appliquée et interprétée par les juridictions du Royaume-Uni et de Pologne en stricte conformité avec les explications visées à cet article* »[10].

10. CJUE, 21 décembre 2001, C-411/10, NS.

FICHE 9 | DU « TRAITÉ ÉTABLISSANT UNE CONSTITUTION EUROPÉENNE » AU NOUVEAU TRAITÉ DE LISBONNE

1. RÉFÉRENCES

- Beaud O., Lechevalier A., Pernice I., Strudel S. (dir.), *L'Europe en voie de Constitution. Pour un bilan critique des travaux de la Convention*, Bruylant, 2004.
- Blumann C., « Essai sur le processus de constitutionnalisation de l'Union européenne », *in Mélanges Benoît Jeanneau*, Dalloz, Paris, 2002, pp. 67 et s.
- Constantinesco V., Gautier Y., Michel V., *Le Traité établissant une Constitution pour l'Europe : commentaires et analyses*, Presse universitaire de Strasbourg, 2005.
- Gohin O., Pecheul A., *La Nouvelle Union européenne. Approches critiques de la Constitution européenne*, F-X. de Guibert, 2005.
- Lamassoure A., *Histoire secrète de la Convention européenne*, Albin Michel, Paris, 2003.
- Magnette P., *La Constitution de l'Europe*, éditions de l'Université de Bruxelles, collection « études européennes », 2e édition, Bruxelles, 2002.
- Maulin E., « Le pouvoir constituant dans l'Union européenne », *Droits*, 2007-45, pp. 73-88.

2. EXPLICATIONS

Bien que le traité établissant une Constitution pour l'Europe ne soit pas entré en vigueur à la suite du référendum négatif de 2005 en France, les développements qui suivent paraissent justifiés par l'originalité de son mode d'élaboration et la richesse de son contenu.

CHAPITRE 1 *L'ÉLABORATION DU TRAITÉ ÉTABLISSANT UNE CONSTITUTION POUR L'EUROPE*

La méthode retenue pour l'élaboration du traité établissant une Constitution pour l'Europe est celle de la Convention. Ce fut déjà la méthode privilégiée pour l'élaboration de la Charte européenne des droits fondamentaux.

Celle-ci traduit le choix délibéré d'écarter la méthode de la conférence intergouvernementale qui a conduit aux résultats décevants du traité de Nice de 2001.

Le 25 octobre 2000, le Parlement européen adoptait le rapport d'Olivier Duhamel sur la nécessaire constitutionnalisation des traités communautaires : il proposait « *au vu des travaux collégiaux, transparents et fructueux qui y sont menés que le modèle de "Convention", dans le cadre duquel a été élaboré le projet de Charte des droits fondamentaux, soit repris pour élaborer la future Constitution de l'Europe* ». Un tel choix n'est pas non plus sans rappeler la convention de Philadelphie qui a élaboré la Constitution américaine de 1787[1] Une telle comparaison est néanmoins à nuancer au regard du mandat confié à la « *convention pour l'avenir de l'Europe* » qui se révèle moins précis et moins directif que celui de la Convention américaine. La rédaction d'une Constitution pour l'Europe n'était qu'une possibilité ouverte aux conventionnels. Ces derniers pouvaient toutefois se contenter d'un travail de simplification et de clarification des traités communautaires.

Le Conseil européen de Laeken convoque, les 14 et 15 décembre 2001, une « *convention pour l'avenir de l'Europe* ». Celle-ci se compose de 105 membres titulaires et d'autant de suppléants : 16 membres du Parlement européen, 2 représentants de la Commission, 1 représentant des chefs d'État et de gouvernement des États membres de l'Union et des pays candidats à celle-ci (15 + 13) et 2 membres représentants de chaque Parlement national (30 + 26). S'y ajoutent le président de la Convention, Monsieur V. Giscard d'Estaing et deux vice-présidents, MM. Amato et Dehaene. Ces trois membres forment avec neuf autres membres de la Convention le Présidium. Aux 105 conventionnels s'ajoutent des observateurs comme le médiateur européen ou le président de la Cour de Justice des Communautés européennes.

Les travaux de la Convention se déroulent de mars 2002 à juin 2003 et aboutissent à un projet de Constitution qui est remis au Conseil européen. Une conférence intergouvernementale, dont la mission est de transformer le texte de la Convention en traité international, est alors ouverte. Ce sont donc les États qui constituent les véritables destinataires du texte de la Convention.

Le 13 décembre 2003 à Bruxelles, les États constatent leur désaccord dans un premier temps. En revanche, un accord est obtenu lors du Conseil européen du 18 juin 2004 à Thessalonique (Grèce). Cet accord débouche sur le traité de Rome du 29 octobre 2004 qui constitue l'actuel traité établissant une Constitution pour l'Europe. Selon le président de la Convention, M. Giscard d'Estaing, la Conférence intergouvernementale a repris à 90 % le texte de la Convention. Quoi qu'il en soit, il importe de bien noter que le Traité ne constitue pas une refondation de l'ensemble de l'Union européenne, mais plutôt une « *réforme pragmatique des institutions existantes* » placée sous le signe de la « *rationalisation et de la simplification* ».

Comment expliquer dans ces conditions le décalage observé entre la méthode révolutionnaire utilisée et le résultat assez limité obtenu ? Selon Paul Magnette, professeur de science politique à Bruxelles, ce décalage peut s'expliquer par la substitution à la logique de la délibération constitutionnelle de celle de la négociation diplomatique qui traduit des compromis entre les États. Le Traité serait ainsi le résultat de deux compromis : un compromis entre les États et un compromis entre deux conceptions de l'Europe. S'agissant du compromis entre les États, sans doute serait-il préférable d'évoquer une pluralité de compromis. La France a concédé à l'Allemagne l'idée d'un ministre européen des Affaires

1. La comparaison est jugée « *cruelle* » par G. Hermet, selon lequel il manque à la convention de Laeken la « *grandeur* » qui a animé la première.

étrangères, poste qui paraît taillé sur mesure pour l'actuel ministre allemand des Affaires étrangères, Monsieur Joschka Fischer, et l'Allemagne, de son côté, a soutenu les initiatives de la France dans ses revendications en faveur de l'exception culturelle. Le compromis principal entre États reste cependant celui entre les « *grands* » et les « *petits États* ». Celui-ci se manifeste avec une acuité particulière dans les discussions lors de la composition de la Commission européenne ou encore lors de la pondération des voix au sein du Conseil des ministres.

S'agissant des conceptions divergentes de la construction de l'Europe, le Traité traduit également un compromis entre les fédéralistes et les gouvernementalistes. Les premiers, partisans de l'intégration communautaire, défendent les institutions promouvant l'intérêt général communautaire, comme la Commission, mais aussi, à un degré moindre, le Parlement européen. Les seconds, plus favorables à une coopération entre les États, plaident pour le Conseil de l'Union européenne et le maintien, dans le plus grand nombre de matières, de la règle de l'unanimité.

Malgré l'originalité de la méthode adoptée, il est juridiquement impossible d'évoquer l'idée d'un pouvoir constituant européen. La Convention a élaboré un texte qui ne constitue qu'un projet pour la Conférence intergouvernementale qui représente les intérêts des États. Celle-ci, selon le président Giscard d'Estaing, reprend 90 % du projet initial. Les véritables maîtres du Traité sont les États qui disposent ainsi du pouvoir constituant. En aucune manière, il ne peut s'agir d'imputer le texte à un peuple européen. Il n'existe pas en droit de peuple européen.

Le texte fut élaboré par la Convention « *au nom des citoyennes et des citoyens de l'Union* ». Or, il importe de ne pas confondre la notion de « citoyenneté européenne » avec celle de peuple européen. Du point de vue du constitutionalisme libéral, cette absence de peuple européen s'avère problématique, car une Constitution est la « *loi suprême et fondamentale dont se dote un peuple libre*[2] ». Le professeur E. Maulin propose de tempérer cette analyse en considérant que « *c'est la convergence des divers pouvoirs constituants nationaux qui conduit à l'existence d'un pouvoir constituant européen*[3] ».

2. E. Zoller, *Droit constitutionnel*, PUF, 2e édition, p. 31.

3. « Révision d'un traité ou émergence d'un pouvoir constituant ?, La procédure d'adoption de la Constitution européenne », *in L'Europe en voie de constitution. Pour un bilan critique des travaux de la Convention*, sous la direction d'O. Beaud, A. Lechevalier, I. Pernice, S. Strudel, Bruylant, 2004, pp. 289 et s.

CHAPITRE 2 LE CONTENU DU TRAITÉ ÉTABLISSANT UNE CONSTITUTION POUR L'EUROPE

Ce Traité, qui a été signé le 29 octobre 2004 à Rome, comprend un préambule, quatre parties, des protocoles et des déclarations annexes[4].

Le Traité s'ouvre sur un préambule qui mentionne « *Les héritages culturels, religieux et humanistes de l'Europe, dont les valeurs, toujours présentes dans son patrimoine, ont ancré dans la vie de la société le rôle central de la personne humaine* ». Le préambule reprend la devise de l'Europe « *unie dans la diversité* » et invite les États à se « *forger leur destin commun* ».

Il comprend quatre parties.

SECTION 1 – PARTIE I

Elle n'a pas de titre, mais renvoie aux valeurs et à l'architecture institutionnelle de l'Europe. Elle énonce les principes de base de l'Union, principes que l'on se propose de regrouper en trois sous-ensembles.

1. Les valeurs de l'Union européenne

• L'Union européenne se définit, non pas d'un point de vue géographique et territorial, mais par référence à un système de valeurs.

L'article I-1 stipule que « *l'Union est ouverte à tous les États européens qui respectent les valeurs visées à l'article I-2* » : « *l'Union est fondée sur les valeurs de respect de la dignité humaine, de liberté, de démocratie, d'égalité, d'État de droit, ainsi que de respect des droits de l'homme, y compris des droits des personnes appartenant à des minorités. Ces valeurs sont communes aux États dans une société caractérisée par le pluralisme, la non-discrimination, la tolérance, la justice, la solidarité et l'égalité entre les femmes et les hommes.* »

Le traité de 2004 ne définit pas les frontières de l'Union européenne, mais renvoie à un système de valeurs fondant le projet européen. La limite en est que ces valeurs, pour fondamentales qu'elles soient dans le cadre de la construction d'un « *État de droit européen* », ne sont pas en elles-mêmes spécifiques à l'Union européenne et ne permettent pas de spécifier en tant que telles une réelle « *Communauté politique européenne* ».

• Le Traité vise à concilier progrès de la construction européenne et sauvegarde des régimes constitutionnels et politiques nationaux.

4. Le Traité a fait l'objet de nombreux et parfois remarquables commentaires (voir la bibliographie). Dans le cadre de ce manuel d'introduction au droit européen, nous souhaitons ne retenir que les aspects essentiels du texte ouvert aux ratifications des vingt-cinq états. Chaque fiche fait également le point sur les apports du Traité.

Voir aussi l'article I-5 de sauvegarde : « *L'Union respecte l'égalité des États membres devant la Constitution, ainsi que leur identité nationale, inhérente à leurs structures fondamentales politiques et constitutionnelles, y compris en ce qui concerne l'autonomie locale et régionale. Elle respecte les fonctions essentielles de l'État, notamment celles qui ont pour objet d'assurer son intégrité territoriale, de maintenir l'ordre public et la sauvegarde de la sécurité nationale.* »

Le traité de 2004 respecte les principes constitutionnels fondamentaux de chaque État membre. À titre d'exemple, il ne porte pas atteinte à la forme de l'État (unitaire, fédéral), au type de régime politique (parlementaire) ou encore au système de relations entre les cultes et l'État (laïcité, Églises d'État, séparation avec concordat).

2. Une simplification et à une clarification des fondements juridiques et des instruments de l'Union

• L'Union européenne et les Communautés européennes fusionnent. Désormais, il n'existe plus que l'Union européenne dotée de la personnalité morale (article I-7). La structuration de l'Union en trois piliers est supprimée. Le traité Euratom subsiste en tant que traité spécifique, mais un protocole additionnel prévoit le remplacement du terme « *communauté* » par celui d'« *union* ».

• Un changement terminologique s'opère : les anciens règlements communautaires prennent le nom de lois européennes ; les anciennes directives deviennent des lois-cadres européennes ; les actes d'exécution sont désormais des règlements, recommandations ou avis européen.

• La procédure législative ordinaire est la « *codécision* ».

• La généralisation des cas de vote à la majorité qualifiée : il reste toutefois des cas d'unanimité, comme dans le domaine de la politique fiscale, de la PESC, de la politique sociale. Cependant, le Conseil européen peut étendre le champ d'application de la majorité qualifiée par une décision à l'unanimité (mécanisme de la « clause-passerelle » prévu comme mode simplifié de révision du traité établissant une Constitution pour l'Europe).

• La modification des règles de vote à la majorité qualifiée : au système complexe prévu par le traité de Nice se substitue, à compter du 1er novembre 2009, un système selon lequel la majorité qualifiée est atteinte par un vote de 55 % des États membres comprenant 65 % de la population de l'Union. La précision que ces 55 % doivent inclure au moins quinze États est en réalité un complément transitoire. En effet 15 représente 60 % de 25, mais à partir de 26 États membres la majorité de 55 % sera mathématiquement de 15 États ou plus.

• De nouvelles compétences sont transférées au profit de l'Union : énergie, sport, propriété intellectuelle. Une clarification des compétences est également opérée entre les compétences exclusives de l'Union (par exemple, la politique commerciale), les compétences partagées avec les États membres (agriculture, transports, environnement, politique sociale...) et les compétences d'appui, de coordination ou de complément à l'action des États membres (comme la culture).

3. Une nouvelle architecture institutionnelle pour l'Union européenne

• Le **Conseil européen** devient une institution de l'Union européenne qui réunit au moins une fois par trimestre les chefs d'État et de gouvernement. Il élit pour deux ans et demi, renouvelable une fois, un président du Conseil européen. Celui-ci assure une présidence de type procédural. Cela soulève la question des liens à venir entre la présidence du Conseil européen et la présidence de la Commission européenne.

• Le **Conseil des ministres** « *exerce, conjointement avec le Parlement européen, les fonctions législative et budgétaire, ainsi que des fonctions de définition de politiques et de coordination dans les conditions fixées par la Constitution* ». Le traité de 2004 apporte des modifications quant à la présidence, à la réforme du mode de fonctionnement du Conseil et à la pondération des votes[5].

• Le **Parlement européen**, qui « *représente directement les citoyens au niveau de l'Union* » (article I-46, paragraphe 2, alinéa 1er)[6], voit ses pouvoirs étendus, notamment avec la généralisation de la procédure de codécision pour l'adoption des lois et des lois-cadres. Son pouvoir budgétaire est également accru.

• La **Commission européenne**. Sa composition est modifiée à compter du 1er novembre 2009 : le collège des commissaires est composé du président de la Commission européenne, du ministre des Affaires étrangères de l'Union européenne, qui est également vice-président de la Commission européenne, et de treize commissaires européens. Une rotation est ainsi mise en place entre les États membres pour la désignation des commissaires disposant d'un droit de vote. Le président de la Commission européenne désigne aussi des commissaires sans droit de vote, émanant des autres États membres.

Le président de la Commission est élu par le Parlement européen à la majorité des membres qui le composent et sur proposition du Conseil européen statuant à la majorité qualifiée et « *tenant compte du résultat des élections au Parlement européen* ». Le président de la Commission voit ses pouvoirs renforcés : il nomme des vice-présidents et peut demander à un commissaire de démissionner.

---

5. Voir la fiche sur le Conseil des ministres de l'Union européenne.

6. La formule actuelle du traité CE est : « *Les parlementaires européens sont les représentants des peuples des états réunis dans la Communauté.* » La formule proposée par le traité de 2004 se révèle plus favorable à l'idée d'une représentation directe des citoyens sans passer par le prisme des États. En droit, cependant, les élections européennes continueront à s'opérer dans le cadre et selon la législation nationale de chaque État.

SECTION 2 – PARTIE II : LA CHARTE EUROPÉENNE DES DROITS FONDAMENTAUX (54 ARTICLES[7])

Elle s'ouvre par un préambule : « *Consciente de son patrimoine spirituel et moral, l'Union se fonde sur les valeurs indivisibles et universelles de dignité humaine, de liberté, d'égalité et de solidarité ; elle repose sur le principe de l'État de droit et de la démocratie.* » L'apport majeur du traité de 2004 est de lui conférer une pleine valeur juridique. Sur le fond, la Conférence intergouvernementale n'apporte que des modifications mineures au contenu même de la Charte proclamée lors du sommet de Nice en 2000. Celles-ci concernent les dispositions « *régissant l'interprétation et l'application de la Charte* » en vue d'éviter que l'incorporation de la Charte dans le Traité modifie radicalement la répartition des compétences entre l'Union et les État[8].

Le Traité invite également l'Union à adhérer dans le futur à la Convention européenne des droits de l'homme (I-9, paragraphe 2). Par ailleurs, le rôle des principes généraux du droit communautaire comme source prétorienne des libertés fondamentales est confirmé (I-9, paragraphe 3).

SECTION 3 – PARTIE III : LES POLITIQUES DE L'UNION

La partie III du Traité concerne les politiques de l'Union et non directement les institutions européennes. Notons simplement que l'insertion des politiques de l'Union dans le traité établissant une Constitution pour l'Europe n'est pas sans soulever certaines questions. Pourquoi avoir « constitutionnalisé » les politiques de l'Union ? Est-ce véritablement le rôle d'une Constitution que de décrire le contenu et le fonctionnement des politiques communautaires ? N'existe-t-il pas un risque de rigidifier de manière excessive ces derniers ? Sur ce dernier point, le traité de 2004 prévoit une procédure simplifiée de révision à l'article IV-445 qui vise à permettre la modification du titre III de la partie III, relatif aux politiques internes de l'Union, sans passer par la procédure formelle de révision prévue à l'article IV-443 qui prévoit la nécessité de convoquer une Convention et de faire ratifier le texte à l'unanimité par tous les États membres.

S'agissant de « *l'espace de liberté, de sécurité et de justice* », la politique d'asile et d'immigration est soumise au vote à la majorité qualifiée et à la procédure législative ordinaire. La coopération judiciaire en matière pénale repose sur le principe de reconnaissance mutuelle des jugements et des décisions judiciaires. Le Traité envisage la mise en place d'un parquet européen destiné à « *rechercher, poursuivre et renvoyer en jugement, le cas échéant en liaison avec Europol, les auteurs et complices de crimes graves affectant plusieurs États membres ainsi que d'infractions portant atteinte aux intérêts financiers de l'Union* ».

7. Voir la fiche sur la Charte européenne des droits fondamentaux.
8. Article II-111.

SECTION 4 – PARTIE IV : DISPOSITIONS GÉNÉRALES ET FINALES (10 ARTICLES)

La partie IV établit les conditions d'entrée en vigueur et de révision des traités.

L'entrée en vigueur nécessite la ratification par tous les États membres. L'opposition d'un seul État peut bloquer l'entrée en vigueur du Traité. La solution retenue est quelque peu contraignante et il aurait été sans aucun doute préférable d'adopter la méthode choisie par la Constitution fédérale américaine de 1787 selon laquelle la Constitution entrait en vigueur lorsque neuf États sur treize l'avaient ratifiée. Cette solution, également respectueuse de la souveraineté des États, permet de contourner l'opposition d'un seul État à l'entrée en vigueur du Traité.

Par ailleurs, la Déclaration n° 30 annexée au Traité prévoit que « *si à l'issu d'un délai de deux ans à compter de la signature du présent traité établissant une Constitution pour l'Europe, les 4/5 des États membres ont ratifié le présent traité et qu'un ou plusieurs États membres ont rencontré des difficultés pour procéder à la dite ratification, le Conseil européen se saisit de la question* ». La Déclaration ne donne cependant aucune consigne particulière au Conseil européen sur la méthode à adopter si une telle hypothèse se réalisait.

La révision est régie par l'article 443 paragraphe 2. Ce dernier prévoit la convocation d'une Convention avant la tenue de la Conférence intergouvernementale. L'amendement au traité devra être ratifié par tous les États, selon leurs procédures constitutionnelles internes respectives. Telle est la procédure de révision ordinaire.

Deux procédures de révision simplifiée sont prévues aux articles IV-444 et IV-445 du Traité :

- la première permet soit de transformer une procédure législative spéciale en procédure législative ordinaire au sein de la Constitution, soit de passer du vote à l'unanimité au vote à la majorité qualifiée, sans nécessiter l'approbation de tels changements par tous les États. Elle consiste en une décision du Conseil européen à l'unanimité après approbation du Parlement européen qui doit s'exprimer à la majorité des membres qui le composent. Le législateur national peut s'opposer à une telle modification ;
- la seconde, énoncée à l'article IV-445, concerne la révision du titre III de la partie III relatif aux politiques de l'Union.

Cinq protocoles complètent le Traité. Parmi ceux-ci, soulignons le protocole qui reconnaît le rôle des parlements nationaux dans la mise en œuvre du principe de subsidiarité. Un système d'alerte précoce est organisé. Il vise à informer les parlements nationaux de toutes les propositions législatives de la Commission. Ces derniers disposent d'un délai de six semaines pour en dénier le bien-fondé au regard du principe de subsidiarité. Ce sont des avis motivés dont les institutions communautaires doivent tenir compte. Si un tiers des parlements nationaux s'opposent à la proposition de la Commission, alors cette dernière doit la réexaminer. Au terme de la procédure, la Commission peut maintenir sa proposition, la retirer ou la modifier.

Ce texte fait l'objet d'un long processus de ratification qui s'étale jusqu'en 2006. Dix pays ont opté pour le référendum : l'Espagne (20 février 2005, 77 % de oui, mais fort taux d'abstention), le Portugal, les Pays-Bas, la France (loi constitutionnelle du 1er mars 2005 pour autoriser la tenue du référendum du 29 mai 2005), le Luxembourg (juillet 2005), la Pologne, la Grande-Bretagne (mars 2006), la Tchéquie (juin 2006), le Danemark et l'Irlande. Dans deux États fondateurs de la construction européenne, le référendum s'est soldé par un résultat négatif : 55 % de non en France lors du référendum du 29 mai et 63 % de non aux Pays-Bas, le 1er juin.

Les motivations des électeurs des deux pays ne sont, d'après les premières analyses politiques publiées, pas totalement identiques.

En France, le résultat s'explique par des facteurs internes et des facteurs externes. Sur le plan interne, il ne fait guère de doute qu'une large partie de l'électorat a sanctionné le gouvernement Raffarin III. Après les mauvais résultats obtenus par la majorité aux élections régionales de mars 2004 et européennes de juin 2004, les électeurs ont à nouveau sanctionné la politique gouvernementale. Ce facteur est néanmoins loin d'être le seul. En effet, d'un point de vue externe, les Français ont exprimé leur opposition à un traité qui leur paraît très obscur et insuffisamment protecteur des identités nationales (qu'il s'agisse de la souveraineté de l'État à droite ou de la garantie du « *modèle social français* » à gauche).

Plus que les deux premières parties, plutôt consensuelles, relatives à l'architecture institutionnelle de l'Union et à la Charte européenne des droits fondamentaux, c'est incontestablement la partie III sur l'action et les politiques de l'Union qui a soulevé des résistances et des oppositions. Lors du Conseil européen de Bruxelles des 17-18 juin 2004 s'est posée la question de poursuivre ou non le processus de ratification. Certains États, comme la Grande-Bretagne, ont annoncé leur décision d'ajourner l'organisation du référendum. Le président du Conseil européen en exercice, le Luxembourgeois Jean-Claude Juncker, a plaidé pour la poursuite des ratifications nationales et a annoncé que le Luxembourg organiserait bien un référendum le 10 juillet. Malgré cette volonté du président en exercice, soutenu par le président Jacques Chirac et le chancelier allemand G. Schröder, le Conseil européen s'est soldé par un constat évident d'échec. La raison en tient d'ailleurs plus au financement du budget de l'Union européenne pour la période 2007-2013 qu'aux conséquences des résultats négatifs des référendums.

Tous les autres pays ratifient par voie parlementaire ; certains États ont déjà ratifié : la Hongrie, la Lituanie, la Grèce, la Slovénie et l'Allemagne en mai 2005. Pour la première fois depuis l'échec de la Communauté européenne de défense en 1954, l'Allemagne et la France ne votent pas dans le même sens s'agissant d'une décision communautaire essentielle.

CHAPITRE 3 LA RÉDACTION D'UN TRAITÉ MODIFICATIF

Il revient à la Présidence portugaise de l'Union d'ouvrir la Conférence intergouvernementale sur le nouveau traité modificatif lors de la réunion des ministres des Affaires étrangères des 23 et 24 juillet 2007. La Commission a rendu un avis favorable, le mardi 10 juillet 2007, en promettant de tout faire pour permettre un accord dès le Conseil européen informel des 18 et 19 octobre 2007 et une ratification avant les élections européennes de juin 2009[9]. La Conférence intergouvernementale doit finaliser avant la fin de l'année le texte d'un traité modification du traité sur l'Union européenne (TUE) et du traité sur la Communauté européenne (TCE), qui devient le traité sur le fonctionnement de l'Union (TFU), en vue de formaliser l'accord politique auquel il a abouti.

Les principaux axes des conclusions du Conseil sont :

• l'abandon des symboles de l'Union comme le drapeau, l'hymne, la devise, abandon voulu et obtenu par les Polonais et les Tchèques qui y voyaient un signe à terme de l'apparition d'un État européen compris comme indésirable ;

• l'adoption de l'essentiel des réformes institutionnelles contenues dans le Traité établissant une Constitution pour l'Europe.

Le traité modificatif reprend un certain nombre d'institutions mises en place par le TECE :

• un Président du Conseil désigné pour deux ans et demi, renouvelable une fois ;

• le Conseil européen devient une « *institution de l'Union* » ;

• un Haut représentant pour les Affaires étrangères et la Politique de sécurité, qui disposera des prérogatives du ministre des Affaires étrangères et sera vice-président de la Commission européenne ;

• la double majorité (55 % des États représentant au moins 65 % de la population) pour les décisions du Conseil des ministres à partir de 2014. En outre, jusqu'en 2017, 75 % des États membres ou des États membres représentant 75 % de la population de l'Union peuvent « *invoquer le compromis d'Ioannina, c'est-à-dire saisir le Conseil qui fait tout ce qui est en son pouvoir... pour répondre aux préoccupations soulevées...* » Après 2017, ce compromis demeure en vigueur avec des pourcentages d'États et de populations abaissés à 55 % ;

• la réduction de 27 à 18 du nombre de commissaires européens à partir de 2014 ;

• l'accroissement des pouvoirs du parlement européen grâce à l'introduction de la procédure générale de codécision en matière législative ;

• le contrôle renforcé de la subsidiarité par les parlements nationaux qui interviendront désormais dans la procédure législative européenne ;

• le caractère contraignant de la Charte des droits fondamentaux dans tous les États membres sauf au Royaume-Uni. La Charte n'est pas insérée dans les traités, mais un article lui conférera une valeur juridique contraignante ;

9. De son côté, la Commission des affaires constitutionnelles du parlement européen a, dans un avis pourtant favorable, regretté le nombre conséquent de dérogations accordées aux États membres dans des domaines importants.

• l'initiative populaire, à travers le droit de pétition ;
• l'Union européenne acquiert la personnalité juridique.

CHAPITRE 4 PRÉSENTATION FORMELLE DU TRAITÉ DE LISBONNE

Le nouveau traité maintient l'existence de deux traités qui lui sont incorporés : d'une part, le traité sur l'Union européenne ou TUE, composé de 55 articles plus le préambule, et, d'autre part, le traité sur le fonctionnement de l'Union européenne ou TFUE (358 articles) qui remplace formellement du moins le traité instituant la Communauté européenne. L'article 1er, alinéa 3 TUE précise : « *L'Union est fondée sur le présent Traité et sur le traité sur le fonctionnement de l'Union européenne. Ces deux traités ont la même valeur juridique. L'union se substitue et succède à la Communauté européenne.* »

En revanche, le nouveau traité de Lisbonne abandonne la structure traditionnelle depuis le traité de Maastricht en trois piliers. Ceux-ci sont dorénavant fusionnés. La disparition des piliers intergouvernementaux ne fait pas disparaître pour autant la spécificité de la politique extérieure de l'Union, de la PESC et de la PESD.

Après un préambule modifié pour inclure l'alinéa 1er du préambule du Traité constitutionnel : « *S'inspirant des héritages culturels, religieux et humanistes de l'Europe, à partir desquels se sont développées les valeurs universelles qui constituent les droits inviolables et inaliénables de la personne humaine, ainsi que la liberté, la démocratie, l'égalité et l'État de droit, le TUE comporte six titres :*

Titre I : Dispositions communes (articles 1 à 8)

Titre II : Dispositions relatives aux principes démocratiques (articles 9 à 12)

Titre III : Dispositions relatives aux institutions (articles 13 à 19)

Titre IV : Dispositions sur les coopérations renforcées (article 20)

Titre V : Dispositions relatives à l'action extérieure de l'Union et dispositions spécifiques concernant la PESC (articles 21 à 46)

Titre VI : Dispositions finales (articles 47 à 55). »

Pour sa part le TFUE précise les modalités de mise en œuvre des dispositions communes du TUE dont il est le complément. Il est lui-même divisé en sept parties (comprenant des titres et des chapitres) :

• première partie : Les principes (articles 1 à 17) ;
• deuxième partie : Non-discrimination et citoyenneté de l'Union (articles 18 à 25) ;
• troisième partie : Les politiques et actions internes de l'Union (articles 26 à 197) ;
• quatrième partie : L'association des pays et des territoires d'Outre-Mer (articles 198 à 204) ;
• cinquième partie : L'action extérieure de l'Union (articles 205 à 222) ;
• sixième partie : Dispositions institutionnelles et financières (articles 223 à 334) ;
• septième partie : Dispositions générales et finales.

C'est la troisième partie, visant les politiques et actions internes de l'Union, qui est la plus importante avec ses 24 titres.

On ajoutera que le texte se complète de 37 protocoles suivis de deux annexes. Viennent ensuite les 65 déclarations annexées à l'acte final de la conférence intergouvernementale qui a adopté le texte du Traité signé le 13 décembre 2007.

Le nouveau traité de Lisbonne est conclu pour une durée illimitée et ne comporte pas de clause de rendez-vous en vue d'une éventuelle modification.

3. LECTURE

Extraits de la Déclaration issue du sommet européen de Laeken des 14 et 15 décembre 2001

« [...] *Simultanément, l'Europe est confrontée à un double défi : l'un en son sein, l'autre en dehors de ses frontières.*

À l'intérieur de l'Union, il faut rapprocher les institutions européennes du citoyen. Certes, les citoyens se rallient aux grands objectifs de l'Union, mais ils ne voient pas toujours le lien entre ces objectifs et l'action quotidienne de l'Union. Ils demandent aux institutions européennes moins de lourdeur et de rigidité et surtout plus d'efficacité et de transparence. Beaucoup trouvent aussi que l'Union doit s'occuper davantage de leurs préoccupations concrètes, plutôt que s'immiscer jusque dans les détails dans des affaires qu'il vaudrait mieux, compte tenu de leur nature, confier aux élus des États membres et des régions. Certains ressentent même cette attitude comme une menace pour leur identité. Mais, ce qui est peut-être plus important encore, les citoyens trouvent que tout se règle bien trop souvent à leur insu et veulent un meilleur contrôle démocratique. [...]

Hors de ses frontières, l'Union européenne est également confrontée à un environnement en mutation rapide, mondialisé. Après la chute du mur de Berlin, on a cru un moment pouvoir vivre longtemps dans un ordre mondial stable, sans conflits. Les droits de l'homme en constitueraient le fondement. Mais quelques années plus tard, cette certitude a disparu. Le 11 septembre nous a brutalement ouvert les yeux. Les forces contraires n'ont pas disparu ; le fanatisme religieux, le nationalisme ethnique, le racisme et le terrorisme s'intensifient et continuent d'être alimentés par les conflits régionaux, la pauvreté et le sous-développement.

Quel est le rôle de l'Europe dans ce monde transformé ? Maintenant qu'elle est enfin unie, l'Europe ne doit-elle pas jouer un rôle de premier plan dans un nouvel ordre planétaire, celui d'une puissance qui est à même de jouer un rôle stabilisateur au plan mondial et d'être un repère pour un grand nombre de pays et de peuples ? [...] »

La déclaration énonce ensuite les propositions de réformes qui se déclinent en quatre aspects :

- une meilleure répartition et définition des compétences dans l'Union européenne ;
- la simplification des instruments de l'Union ;
- davantage de démocratie, de transparence et d'efficacité dans l'Union européenne ;
- la voie vers une Constitution pour les citoyens européens.

Enfin dans sa troisième partie, le texte convoque une Convention sur l'avenir de l'Union en détaillant sa composition, sa durée et ses méthodes. Le texte qui en résultera sera l'objet d'une Conférence intergouvernementale.

4. EXERCICES

Sujet 1. Le traité établissant une Constitution pour l'Europe vous paraît-il être une véritable Constitution ?

Plan proposé

I. C'est un traité international (décision du Conseil constitutionnel du 19 novembre 2004).

A. Les conditions de son entrée en vigueur et de sa révision.
B. La possibilité de retrait.

II. Qui énonce des stipulations « *matériellement constitutionnelles* ».

A. La Charte européenne des droits fondamentaux.
B. L'aménagement d'un système d'institutions et leurs relations.

Sujet 2. La méthode communautaire a-t-elle atteint ses limites ?

Plan proposé

I. Les limites de la nouvelle méthode communautaire.

A. La méthode des petits pas est à l'origine de la réussite de la construction européenne.

1. Une solidarité de fait.
2. Des avancées progressives.

B. La construction européenne semble avoir atteint une limite illustrée par le traité de Nice.

1. L'intégration bute à présent sur les intérêts des États.
2. L'élargissement rend plus difficile encore l'approfondissement.

II. La Convention : une nouvelle méthode risquée.

A. La Convention a été une tentative pour remédier au blocage du processus d'intégration.

1. La Convention visait à découvrir et à imposer l'intérêt communautaire.
2. La Conférence intergouvernementale n'a que peu modifié le projet de Constitution.

B. La méthode conventionnelle avait cependant pris le risque d'être disqualifiée en cas d'échec du traité établissant une Constitution pour l'Europe.

1. La force symbolique d'une telle méthode n'autorise pas un usage fréquent.
2. Le rejet du traité a imposé un retour à la méthode intergouvernemental, en tentant cependant de conserver certains acquis de la Convention.

FICHE 10 | L'ÉLARGISSEMENT SUCCESSIF DE L'UNION EUROPÉENNE

1. RÉFÉRENCES

- Goulard S., *Le Grand Turc et la république de Venise*, Fayard, Paris, 2004.
- Magnette P., *La Grande Europe*, éditions de l'Université de Bruxelles, collection de l'Institut d'études européennes, Bruxelles, 2004.
- Rideau J., *Les États membres de l'Union européenne*, LGDJ, Paris, 1997.
- Rideau J., *Droit institutionnel de l'Union et des communautés européennes*, LGDJ, collection Manuel, 4e édition (troisième partie), Paris, 2002.
- Sabourin P., *Le Destin du continent européen, Le chemin de la grande Europe*, Bruylant, Bruxelles, 1999.

2. REPÈRES : CHRONOLOGIE

- 25 mars 1957 : Europe des six (la Belgique, la France, l'Italie, le Luxembourg, les Pays-Bas, la République fédérale d'Allemagne) ;
- 1er janvier 1973 : entrée du Danemark, de la Grande-Bretagne, de l'Irlande ;
- 1er janvier 1981 : entrée de la Grèce dans les Communautés européennes ;
- 1er janvier 1986 : entrée de l'Espagne et du Portugal dans les Communautés européennes ;
- 1er janvier 1995 : entrée de l'Autriche, de la Finlande et de la Suède dans l'Union européenne ;
- 1er mai 2004 : entrée de Chypre, de l'Estonie, de la Hongrie, de la Lettonie, de la Lituanie, de Malte, de la Pologne, de la République tchèque, de la Slovaquie, de la Slovénie ;
- 1er janvier 2007 : entrée de la Bulgarie et de la Roumanie ;
- 1er juillet 2013, entrée de la Croatie dans l'Union européenne.

3. EXPLICATIONS

CHAPITRE 1 *LE DÉROULEMENT DE LA PROCÉDURE D'ADHÉSION*

La procédure d'adhésion se déroule selon l'article 49 du traité UE. Le pays candidat présente sa candidature au Conseil européen qui statue à l'unanimité après avis de la Commission et avis conforme du Parlement européen qui se prononce à la majorité absolue des membres qui le composent. Un accord sur les conditions d'admission est alors conclu entre les États membres et l'État demandeur. Cet accord est soumis à la ratification de tous les États contractants, conformément à leurs règles constitutionnelles respectives. Le veto d'un seul État contractant suffit à bloquer l'adhésion de l'État demandeur. La loi constitutionnelle du 1er mars 2005 en France prévoit qu'à l'avenir les Français seront consultés sur toute adhésion d'un nouvel État à l'Union européenne. Cette disposition, qui vise implicitement la Turquie, ne s'applique pas aux adhésions de la Bulgarie et de la Roumanie prévues en 2007.

Toute demande d'adhésion fait l'objet d'un avis de la Commission, et d'une décision du Conseil, qui attribue un statut de « *pays candidat* » au pays demandeur. Ce statut ne permet pas nécessairement l'ouverture immédiate des négociations en vue de l'adhésion. Pour cela, le pays candidat doit répondre à un certain nombre de conditions qui ont été définies lors du Conseil européen de Copenhague en 1993 et complétées lors du Conseil européen de Madrid en 1995. Ce sont :

- des critères politiques : la stabilité des institutions doit garantir la démocratie, l'État de droit, les droits de l'homme ainsi que le respect et la protection des minorités ;
- des critères économiques : l'existence d'une économie de marché viable, la capacité à faire face à la pression de la concurrence et aux forces du marché à l'intérieur de l'UE ;
- la capacité à assumer les obligations d'État membre, découlant du droit et des politiques de l'UE (ou acquis communautaire), y compris l'adhésion aux objectifs de l'Union politique, économique et monétaire.

Le pays candidat doit également avoir créé les conditions de son intégration par l'adaptation de ses structures administratives.

Les pays des Balkans occidentaux doivent produire des résultats satisfaisants dans le cadre du processus de stabilisation et d'association (notamment concernant le commerce) avant que l'UE ne puisse examiner leurs éventuelles demandes d'adhésion.

Une autre notion est essentielle : il s'agit de la capacité d'absorption de l'UE (ou capacité d'intégration). L'UE doit être en mesure d'accueillir de nouveaux États membres tout en approfondissant son intégration, et en garantissant le fonctionnement de ses institutions et de ses politiques. Les nouveaux membres doivent, quant à eux, être bien préparés à leur nouveau statut d'État membre.

Une fois que le pays candidat satisfait à ces critères, les négociations d'adhésion peuvent être lancées. Le Conseil européen décide, dans ce cadre, de l'opportunité d'ouvrir les négociations sur la base de l'avis de la Commission.

Les négociations d'adhésion constituent le fond du processus d'adhésion. Elles portent sur l'adoption, la mise en œuvre et l'application de l'acquis communautaire par les pays candidats. Elles ont pour objectif d'aider les pays candidats à se préparer à leurs obligations d'États membres une fois que l'adhésion sera réalisée. Basées sur les mérites propres de chaque pays candidat, les négociations sont menées individuellement ; le degré de préparation peut donc varier d'un pays candidat à l'autre.

Le déroulement des négociations d'adhésion repose sur un cadre de négociation établi par le Conseil sur proposition de la Commission. Il met en perspective les négociations à mener avec la situation et les caractéristiques de chaque pays candidat. Le cadre de négociation concerne :

- les principes et les procédures de la négociation ;
- les points susceptibles d'être négociés tels que les aspects financiers, les dérogations temporaires ou mesures de sauvegarde dans des domaines spécifiques de l'acquis (tels que la libre circulation des personnes, les politiques structurelles ou l'agriculture) ;
- les réformes politiques et économiques ;
- l'issue des négociations, qui reste ouverte ;
- l'objectif, qui est l'adhésion.

Les négociations portent sur l'adoption de l'acquis communautaire. Elles débutent par une phase préparatoire, ou examen analytique de l'acquis (« *screening* »), conduite par la Commission. Le *screening* vise à apprécier le degré de préparation du pays candidat, à le familiariser avec l'acquis et à identifier les chapitres à ouvrir sur la base de critères de référence (« *benchmarks* »). Ces critères de référence concernent des étapes préparatoires essentielles pour l'alignement futur et le respect d'obligations contractuelles au titre des accords d'association liées à l'acquis. Le Conseil décide à l'unanimité d'éventuels critères de référence, ou de l'ouverture d'un chapitre sur base de recommandations de la Commission.

Les négociations ont lieu dans le cadre de conférences intergouvernementales bilatérales réunissant les États membres de l'UE et le pays candidat. Elles sont clôturées lorsque le pays candidat remplit les critères de référence (« *benchmarks* ») définis pour la clôture d'un chapitre (par exemple : mesures législatives, instances administratives ou judiciaires, volets de l'acquis effectivement mis en œuvre, économie de marché viable pour les chapitres économiques). Le pays doit également accepter le projet de position commune de l'UE élaboré par la Commission et adopté unanimement par le Conseil. Les chapitres clos peuvent toutefois être rouverts dans les cas où les pays candidats ne satisfont plus aux conditions exigées.

Les négociations d'adhésion peuvent être suspendues dans le cas d'une violation sérieuse et persistante des principes sur lesquels l'UE est fondée. La Commission peut alors recommander, de sa propre initiative ou à la demande d'un tiers des États membres, la suspension des négociations et les conditions de la reprise des négociations. Le Conseil adopte la recommandation à la majorité qualifiée après avoir entendu le pays candidat concerné.

Une fois que les négociations de l'ensemble des chapitres sont clôturées, le processus d'adhésion arrive à son terme. L'adhésion peut être lancée par la conclusion d'un accord, le traité d'adhésion, entre les États membres et le pays candidat. Toutefois, le Conseil décide à l'unanimité de conclure le processus après avis de la Commission et avis conforme du Parlement européen.

L'exemple de Chypre

La division de Chypre trouve ses origines dans l'opposition entre l'idée de l'*enosis*, le rattachement à la Grèce prôné par les Grecs de l'île qui représentent 80 % de la population, et celle de *taksim*, la partition de l'île défendue par les Turcs, idée qui s'est développée après la chute de l'Empire Ottoman alors que l'île est une colonie britannique. La rupture n'intervient que quatorze ans après l'indépendance de 1960 et fait suite à une période de stabilité apparente sous l'égide de l'archevêque Makarios. Elle est provoquée par la riposte turque à un coup d'État dirigé par le régime grec des colonels. L'armée turque occupe le nord de l'île (37 % du territoire séparé du reste par la « *ligne Attila* » qui coupe également la capitale Nicosie). La république turque de Chypre du Nord, proclamée en 1983, n'est reconnue que par la Turquie. Le 24 avril 2004, les Chypriotes grecs ont rejeté le plan de réunification proposé par Kofi Annan, le secrétaire général des Nations unies. Le plan a été largement approuvé par les Chypriotes turcs. Seule la partie sud de l'île a donc rejoint l'Union européenne le 1er mai 2004.

Ce sujet est une pomme de discorde dans les relations actuelles entre l'Union et la Turquie. L'Union a fait de l'extension de l'accord douanier, qui liait les quinze à la Turquie, à ses dix nouveaux membres un préalable à l'ouverture des négociations d'adhésion avec la Turquie, le 3 octobre 2005. Malgré une forte réticence, la Turquie a finalement cédé, non sans souligner que cet accord n'équivalait en aucune manière à une reconnaissance formelle de la république de Chypre. La Commission européenne, quant à elle, y a vu le signe encourageant d'une reconnaissance de fait. Ce point est revenu à l'ordre du jour en décembre 2006. Les pourparlers en vue de l'adhésion de la Turquie ont été partiellement gelés à cette date en raison des ouvertures jugées insuffisantes offertes par Ankara sur cette question.

CHAPITRE 2 LES GRANDES ÉTAPES DE L'ÉLARGISSEMENT DE L'UNION EUROPÉENNE

Au début des années 1990, à la suite de l'effondrement du bloc soviétique à l'est de l'Europe et de la volonté des nouveaux États démocratiques d'adhérer à l'Union européenne, des Conseils européens successifs mettent en place un dispositif opérationnel d'élargissement. Les pays candidats doivent alors respecter les « *critères de Copenhague* » (définis lors du Conseil européen de Copenhague en juin 1993).

Il s'agit de critères politiques selon lesquels les États se dotent d'institutions respectant la « *démocratie, l'État de droit, les droits de l'homme, le respect des minorités et leur protection* », de critères économiques en vertu desquels les États privilégient une « *économie de marché viable et une capacité à faire face aux pressions concurrentielles* » et aux jeux des forces du marché à l'intérieur de l'Union et d'« *autres critères* » au premier rang desquels la reprise de l'acquis communautaire.

Le Conseil européen d'Essen, les 9 et 10 décembre 1994, met en place une stratégie de pré-adhésion qui s'articule autour de trois axes principaux : la mise en place des Accords européens, un concours financier exceptionnel de la part de l'Union avec le programme Phare, un « *dialogue structuré* » avec les institutions de l'Union européenne qui se traduit par une réunion des chefs d'État et de gouvernement au moins une fois par an.

Fidèle à la méthode de l'« Agenda 2000 », définie en juillet 1997, la Commission européenne émet des communications relatives au respect par les pays candidats des critères de Copenhague. Sur la base de ces avis, le Conseil européen de Luxembourg a lancé en décembre 1997 le processus d'élargissement de l'Union européenne. Le Conseil européen de Copenhague, les 12 et 13 décembre 2002, décide que dix États candidats seront accueillis comme États membres le 1er mai 2004 (Chypre, Estonie, Hongrie, Lettonie, Lituanie, Malte, Pologne, République tchèque, Slovaquie et Slovénie). Le traité d'adhésion est signé le 16 avril 2003 à Athènes. L'entrée dans l'Union est effective au 1er mai 2004. L'Union européenne, composée de 25 États membres, comprend dorénavant 455 millions d'habitants.

CHAPITRE 3 *QU'EN EST-IL DES AUTRES ÉTATS EUROPÉENS ?*

SECTION 1 – LA BULGARIE ET LA ROUMANIE

Le 6 octobre 2004, la Commission a rendu un avis favorable à l'entrée dans l'Union au 1er janvier 2007 de la Bulgarie et la Roumanie. Néanmoins, dans la même communication, la Commission souligne la pratique encore très répandue de la corruption dans ces deux États qui se révèlent, par ailleurs, insuffisamment protecteurs des minorités. Le Parlement européen a également rendu un avis favorable à l'adhésion de ces deux États. Le vote fut obtenu à une très large majorité. Les deux États ont effectivement adhéré au 1er janvier 2007. La Roumanie bénéficie de 32 milliards d'euros de fonds européens distribués jusqu'en 2013. Environ 19 milliards d'euros de fonds structurels sont accordés, sans obligation de cofinancement, et sont destinés à réduire le décalage avec l'Union.

SECTION 2 – LA CROATIE

La Croatie a déposé sa candidature en février 2003. La Commission a émis un avis favorable le 20 avril 2004. Le Conseil européen a décidé d'engager le processus d'adhésion de la Croatie les 17 et 18 juin 2004. Elle a obtenu le statut de « *pays candidat* » en octobre 2005. Les députés européens, dans un rapport adopté le 25 avril 2007, ont souligné les remarquables progrès de la Croatie dans la voie de l'adhésion. Ils jugent néanmoins que des efforts doivent encore être accomplis dans des domaines, telles que la coopération avec le Tribunal pénal international, la réforme du système judiciaire et la transition vers l'économie de marché[1]. La Croatie adhère finalement à l'Union européenne le 1er juillet 2013.

SECTION 3 – LA MACÉDOINE

La Macédoine a déposé sa candidature le 22 mars 2004. Elle a obtenu le statut de « *pays candidat* » en décembre 2005. Les négociations officielles sur l'adhésion n'ont néanmoins toujours pas été ouvertes.

SECTION 4 – LA SUISSE

La tradition helvétique de neutralité, ainsi que son attachement à son système politique (fédération et démocratie semi-directe) lui font envisager avec méfiance une adhésion à l'Union européenne. Les relations reposent sur un mode bilatéral depuis 1973, date de l'entrée en vigueur de l'accord de libre-échange conclu avec la Communauté européenne. Cet accord a été complété par deux accords bilatéraux conclus en 1998 et 2002 qui portent sur divers domaines tels que le transport aérien et terrestre, la libre circulation des personnes, la lutte contre la fraude, les produits agricoles transformés ou l'environnement...

Le 4 mars 2001, 77,3 % des citoyens suisses ont répondu « *non* » à l'initiative populaire en faveur de l'adhésion à l'UE.

Malgré ce rejet massif, une ouverture existe. D'une part, la neutralité de la Suisse s'est atténuée en 2002 avec son entrée à l'ONU en tant que 190e membre, entrée approuvée par référendum par près de 55 % des votants. D'autre part, après d'âpres négociations sur la fiscalité de l'épargne, et à la suite d'un référendum positif le 5 juin 2005, la Suisse a décidé d'intégrer l'espace Schengen.

SECTION 5 – L'ISLANDE

L'Islande a déposé sa candidature à l'UE le 16 juillet 2009. Les négociations ont été officiellement ouvertes le 27 juillet 2010. Cette rapidité s'expliquait par le fait que l'Islande était déjà membre de l'Espace économique européen, de l'espace Schengen, ainsi que du programme Erasmus.

Cette candidature tardive s'expliquait en partie par la situation désastreuse d'une économie mise à mal par la crise financière de 2008 et l'effondrement de son système bancaire. Pour sortir de l'impasse de sa dette, l'Islande comptait sur son entrée dans

1. Sur cette question, M. Gjidara, « La modernisation administrative en Croatie : obstacles et perspectives », *L'état et le droit d'Est en Ouest*, Paris, Société de législation comparée, 2006.

l'Union et dans la zone euro pour attirer les investisseurs étrangers et relancer sa machine économique singulièrement grippée. En septembre 2013, les autorités islandaises, issues des élections législatives de 2013, ont néanmoins décidé la suspension de l'ensemble des négociations d'adhésion avec l'UE pendant toute la durée de la législature. Le gouvernement islandais a présenté le 22 février 2014 un projet de loi visant à retirer cette candidature.

SECTION 6 – LA TURQUIE ?

La Turquie s'est vue reconnaître le « *statut de pays candidat* ». La Commission met en œuvre une procédure de « *stratégie spécifique de préadhésion* » qui s'est concrétisée en mars 2001 par l'adoption d'un « *partenariat pour l'adhésion* ». Le 6 octobre 2004, la Commission européenne préconise l'ouverture de négociations d'adhésion sans fixer néanmoins de date précise. Elle invite également à un suivi très strict de l'évolution de la situation en Turquie. De manière dérogatoire à ce qu'elle exige des autres États, elle propose l'insertion d'une clause de suspension visant à interrompre les discussions avec la Turquie si cette dernière violait certains principes démocratiques[2] : « *Compte tenu des avancées globales déjà atteintes en matière de réformes et sous réserve de la mise en vigueur par la Turquie de la législation* [...], *la Commission considère que la Turquie satisfait suffisamment aux critères politiques et recommande l'ouverture de négociations d'adhésion. L'irréversibilité du processus de réforme, sa mise en œuvre en particulier en ce qui concerne les libertés fondamentales, devront se voir confirmer sur une plus longue période.* [...] *La Commission est convaincue que le processus de négociation constituera un outil essentiel, orientant la poursuite des réformes en Turquie. Du fait de sa nature propre, il s'agit d'un processus ouvert dont les résultats ne peuvent pas être garantis à l'avance. Indépendamment du résultat des négociations ou du processus de ratification qui pourrait en découler, les relations entre l'UE et la Turquie doivent garantir que la Turquie reste ancrée aux structures européennes. L'adhésion devrait être minutieusement préparée afin que l'intégration puisse se faire en douceur en confortant les acquis de cinquante années d'intégration européenne.* »

L'ancien président de la Commission, M. Romano Prodi, a évoqué un « *oui conditionnel* ». Une incertitude surgit au lendemain de la victoire à l'élection présidentielle de mai 2007 du président de la République Nicolas Sarkozy. Pendant la campagne, ce dernier s'est montré très hostile à l'adhésion turque. Toutefois, si les négociations se poursuivent, l'adhésion de la Turquie n'est néanmoins pas actée à ce jour.

2. À cet égard, la répression très violente par les autorités turques de manifestations lors de la journée de la femme, le 8 mars 2005, a incontestablement terni l'image de la Turquie auprès des opinions publiques européennes, mais également des gouvernements nationaux.

4. EXERCICES

Sujet 1. À la lumière de l'extrait de la conférence de presse du général De Gaulle du 14 janvier 1963, vous analyserez les arguments qu'il retient pour s'opposer à l'entrée de la Grande-Bretagne dans la CEE. Ces arguments vous paraissent-ils transposables à d'autres élargissements ?

[...] *Dans cette très grande affaire de la Communauté économique européenne et aussi dans celle de l'adhésion éventuelle de la Grande-Bretagne, ce sont les faits qu'il faut d'abord considérer. Les sentiments, si favorables qu'ils puissent être et qu'ils soient, ne sauraient être invoqués à l'encontre des données réelles du problème. Quelles sont ces données ?*

Le traité de Rome a été conclu entre six États continentaux. Des États qui, économiquement parlant, sont en somme de même nature. Qu'il s'agisse de leur production industrielle ou agricole, de leurs échanges extérieurs, de leurs habitudes et de leurs clientèles commerciales, de leurs conditions de vie et de travail, il y a entre eux beaucoup plus de ressemblances que de différences. D'ailleurs, ils sont contigus, ils s'interpénètrent, ils se prolongent les uns les autres par leurs communications. Le fait de les grouper et de les lier entre eux de telle façon que ce qu'ils ont à produire, à acheter, à vendre, à consommer, ils le produisent, l'achètent, le vendent, le consomment, de préférence dans leur propre ensemble est donc conforme aux réalités.

Il faut ajouter d'ailleurs qu'au point de vue de leur développement économique, de leur progrès social, de leur capacité technique, ils vont en somme du même pas et ils marchent d'une façon fort analogue. Encore, se trouve-t-il qu'il n'existe entre eux aucune espèce de grief politique, aucune question de frontière, aucune rivalité de domination ou de puissance. Au contraire, ils sont solidaires à cause, d'abord, de la conscience qu'ils ont de détenir ensemble une part importante des sources de notre civilisation et aussi, quant à leur sécurité, parce qu'ils sont des Continentaux et qu'ils ont devant eux une seule et même menace d'un bout à l'autre de leur ensemble territorial.

Enfin, ils sont solidaires par le fait qu'aucun d'entre eux n'est lié au-dehors par aucun accord politique ou militaire particulier.

[...] *Il faut convenir que l'entrée de la Grande-Bretagne, d'abord, et puis celle de ces États-là, changera complètement l'ensemble des ajustements, des ententes, des compensations, des règles, qui ont été établies déjà entre les Six, parce que tous ces États, comme l'Angleterre, ont de très importantes particularités. Alors, c'est un autre Marché commun dont on devrait envisager la construction. Mais celui qu'on bâtirait à onze et puis à treize et puis peut-être à dix-huit ne ressemblerait guère, sans aucun doute, à celui qu'ont bâti les Six.*

Il est à prévoir que la cohésion de tous ses membres, qui seraient très nombreux, très divers, n'y résisterait pas longtemps et, qu'en définitive, il apparaîtrait une Communauté atlantique colossale sous dépendance et direction américaines et qui aurait tôt fait d'absorber la Communauté européenne. »

Sujet 2. Quels arguments peut-on avancer au sujet de l'adhésion de la Turquie à l'Union européenne ?

• Géographie. Pour : la Turquie a un pied sur le continent européen. Contre : 95 % de son territoire se trouve en Asie.

• Histoire. Pour : l'ancêtre de la Turquie était une puissance européenne s'étendant jusqu'à Vienne. Contre : les Européens ont lutté contre le joug Ottoman.

• Religion. Pour : témoignage de la capacité européenne à intégrer des populations musulmanes. Contre : le caractère incertain de la laïcité de la Turquie qui ne doit sa survie qu'à l'intervention des militaires. L'Europe reposerait sur des valeurs principalement judéo-chrétiennes.

• Économie. Pour : déjà une Union douanière avec l'Europe. Contre : le PIB par habitant est de 10 % inférieur au niveau moyen de l'Union.

• Droits de l'homme. Pour : des progrès ont été constatés. Contre : pas de reconnaissance du génocide arménien de 1915, une protection insuffisante du droit des minorités (problème kurde) et le maintien d'inégalités hommes-femmes.

• Géopolitique. Pour : la Turquie est une véritable puissance militaire qui est, par ailleurs, membre de l'OTAN. L'Union européenne sera présente au Moyen-Orient. Contre : l'Union européenne disposera de frontières communes avec des États non stabilisés comme l'Irak ou peu démocratiques comme l'Iran et la Syrie. Subsiste également la question de l'occupation du Nord de Chypre.

L'adhésion de la Turquie à l'Union européenne soulève de nombreuses questions qui invitent à s'interroger sur l'Europe que les États souhaitent construire. Est-ce une « *Europe-puissance* » ou, au contraire, une « *Europe-marché* » ?

Plan proposé

I. Une candidature sous contrôle remise en cause par des craintes récentes.

A. Les grandes étapes d'une candidature envisagée de longue date.

1. Un candidat potentiel.

L'accord d'association de 1963 entre la Turquie et la CEE fait déjà référence à des perspectives d'adhésion.

2. Les étapes de la concrétisation.

1995 : constitution d'une union douanière ; décembre 1995 à Helsinki le Conseil européen accepte la candidature ; en décembre 2002 à Copenhague puis en juin 2004 à Bruxelles, il affirme la possibilité d'ouvrir les négociations si les « *critères de Copenhague* » sont respectés.

B. Une candidature, source de nombreuses difficultés.

1. Le dernier élargissement n'a pas encore été digéré.
2. L'adhésion de la Turquie présente des difficultés sur le plan social et économique.

II. La question de l'adhésion de la Turquie est celle de la nature de l'Europe.

A. Le choix du modèle européen par la Turquie.

1. Les liens géographiques et culturels de la Turquie avec l'Europe sont interprétés de diverses manières.

2. La question religieuse.

Le maintien de la laïcité, mise en place par Mustafa Kemal, et respectée par le parti islamique actuellement au pouvoir dépend-il du contrôle du Conseil national de sécurité ? La laïcité ne survit-elle que grâce à l'armée ? Malgré le comportement encourageant du parti islamiste au pouvoir, la situation issue des dernières élections reste porteuse d'incertitudes.

B. L'Union européenne est un projet éminemment politique.

1. L'universalisme des valeurs de l'Union ne doit pas conduire à des élargissements sans fin.

Les critères de Copenhague comprennent aussi la capacité d'absorption de l'Union.

2. La volonté politique de la Turquie, ainsi que son importance géopolitique, plaident en faveur d'une adhésion.

PARTIE II

LES INSTITUTIONS DE L'UNION EUROPÉENNE

Les institutions communautaires forment un « *triangle institutionnel* ». Le premier angle représente l'intérêt général communautaire avec la Commission européenne, le deuxième angle le point de vue des États avec les Conseils européens et de l'Union européenne et le dernier angle la légitimité démocratique avec le Parlement européen. À ces quatre institutions s'ajoute naturellement la Cour de Justice des Communautés européennes qui « *s'affirma rapidement comme le porte-drapeau discret, mais très efficace du principe de supranationalité*[1] ».

À aucun moment, le droit communautaire ne fait référence au principe de séparation des pouvoirs. En cette matière, il n'existe pas de « *pouvoirs* » au sens matériel, dans la mesure où le « *célèbre triptyque, législatif, exécutif et judiciaire, ne s'y retrouve pas* ». Le Conseil de l'Union dispose tant de la fonction législative que de la fonction exécutive qu'il peut déléguer au cas par cas à la Commission européenne. Jusqu'au traité de Maastricht modifié par les traités d'Amsterdam et de Nice, le Parlement avait plus un rôle consultatif que décisionnel. La Commission européenne exerce à la fois des tâches exécutives, décisionnelles (droit de la concurrence) et judiciaires (recours en manquement étatique).

En revanche, la Cour de Justice des communautés européennes va élaborer le principe de l'équilibre institutionnel, principe destiné à préserver les compétences respectives des institutions. Sur le fondement de ce principe, la Cour de Justice devient ainsi, comme le relève Claude Blumann, « *l'arbitre des contentieux entre les institutions, acquérant ce faisant un caractère constitutionnel de plus en plus accusé*[2] ». Principe général du droit, il constitue un critère spécifique au système des Communautés européennes. L'équilibre institutionnel implique une indépendance respective des institutions. Celle-ci se manifeste, notamment, par l'autonomie de leurs services administratifs respectifs et l'octroi de l'arme contentieuse pour défendre leurs propres prérogatives. Cette dernière remonte à 1957 pour le Conseil et la Commission et au traité de Maastricht pour le Parlement européen[3]. Ce principe a acquis une effectivité renforcée par une décision du 19 avril 2012[4]. Par cette décision la Cour admet qu'un justiciable puisse se prévaloir de la violation du principe d'équilibre institutionnel sous réserve que cette atteinte au principe se soit accompagnée d'une violation d'une disposition matérielle faisant naître des droits au bénéfice des justiciables.

---

1. C. Blumann, « équilibre institutionnel et séparation des pouvoirs en droit communautaire », *in Clés pour le siècle*, Université Panthéon-Assas/Paris II, Dalloz, 2000, p. 1640.
2. *Ibid.*, p. 1641.
3. Le Traité confirme la solution de l'arrêt *Parlement c/conseil* du 22 mai 1990, aff. C-70/88, *Recueil*, p. I-2041.
4. CJUE, 19 avr. 2012, aff. C221-/1° P, *Artedogan GmBh c. Commission européenne et République fédérale d'Allemagne.*

1.
LE « TRIANGLE INSTITUTIONNEL »

FICHE 11 | LA COMMISSION EUROPÉENNE

1. RÉFÉRENCES

- « La Commission européenne. Culture, politiques, paradigmes », *Revue française de science politique*, numéro spécial, juin 1996.
- Blumann Cl., « Un nouveau départ pour la comitologie : le règlement n°182/2011 du 16 février 2011 », *Cahiers de droit européen*, 1/2011, pp. 23-52.
- Constantinesco V., « La Commission », *Jurisclasseur Europe*, fascicule n° 231.
- Favret J.-M., « Articles 211 à 219 CE », in P. Léger (dir.), *Commentaire article par article des traités UE et CE*, Bâle, Genève, Munich, Helbing et Lichtendahn, 2000.
- Kortenberg H., « Comitologie : le retour », *Revue trimestrielle de droit européen*, 1998, p. 317.
- Magnette P., « L'Union européenne : un régime semi-parlementaire ? », in P. Delwit, J.-M. de Waele, P. Magnette (dir.), *à quoi sert le Parlement européen ?, stratégies et pouvoirs d'une assemblée transnationale*, Complexe, Bruxelles, 1999, p. 25.

2. REPÈRES

- **Comitologie :** le terme désigne les modalités de l'exercice des compétences d'exécution des normes communautaires déléguées par le Conseil à la Commission. En effet, dès la mise en œuvre de la PAC, le Conseil a dû accorder un rôle croissant à la Commission pour la mise en place des mesures d'exécution : les comités de gestion, qui préparent l'adoption de ces mesures, ont alors permis au Conseil de contrôler cette activité par l'intermédiaire des experts nationaux qui les composent. Cette pratique a été reconnue par la CJCE dans l'arrêt *Köster* (17 déc. 1970, aff.25/70, *Rec.*, 1161), qui a admis la légalité tant de la délégation des compétences d'exécution que de la pratique des comités. L'Acte unique de 1987 a ensuite rendu obligatoire, sauf dans des cas spécifiques, le fait pour le Conseil de « *conférer à la Commission, dans les actes qu'il adopte, les compétences d'exécution des règles qu'il établit* » (art. 202 TCE). LE TFUE a conduit à une révision complète de la comitologie. Sur le fondement de l'article 291, a été adopté un règlement du 16 février 2011. Ce texte distingue désormais deux procédures de droit commun et une procédure d'exception pour l'adoption des « *actes d'application* ». Le texte distingue d'abord entre la procédure consultative applicable en principe et la procédure d'examen applicable dans certains cas. Celle-ci est applicable aux actes d'exécution de portée générale et à ceux intervenants dans des domaines sensibles comme la PAC, l'environnement ou la sécurité par exemple. Sommairement, lorsqu'un examen est requis, l'avis émis par le comité doit être conforme pour que la commission puisse adopter le texte d'exécution. Lorsque la procédure consultative est applicable, la commission doit uniquement doit tenir « *le plus grand compte* » des conclusions du comité. Si la commission souhaite passer outre, elle peut saisir un « *comité d'appel* » ce qui a un effet dévolutif. La saisine de ces comités composés de représentants des États membres et présidés par un membre de la commission ne sont néanmoins pas obligatoires dans toutes les hypothèses. Dans certains cas la commission peut être dispensée de consulter le comité. Par ailleurs, le règlement cherche à associer une meilleure prise en compte du Parlement et du Conseil. Ils peuvent en effet indiquer qu'ils considèrent que l'acte d'exécution excède les compétences contenues dans l'acte de base. La commission n'est néanmoins pas liée par cet avis. Elle doit uniquement informer ces organes de la suite donnée à ces observations. Si la comitologie est un mécanisme nécessaire, bien rôdé et solidement encadré qui permet tant aux États qu'aux acteurs socioprofessionnels de voir leurs opinions prises en compte, il reste que le rôle du Parlement, en tant que contrôleur du respect des conditions de délégation des pouvoirs d'exécution, reste à améliorer.

- **Walter Hallstein (1901-1982)** : juriste de formation, recteur de l'université de Francfort, Walter Hallstein participe à la conférence de Paris sur le plan Schuman. Il est nommé secrétaire d'État par le chancelier Adenauer et met en œuvre ce qui sera appelé, par la suite, la doctrine Hallstein (la RFA étant le seul successeur de l'Empire allemand, il est le seul à disposer du droit à la représentation diplomatique, les relations diplomatiques avec tous les États reconnaissant la RDA doivent donc être rompues ; cette doctrine sera assouplie puis écarté au profit de l'*Ostpolitik*). Après avoir été un des signataires du traité de Rome, il devient le premier président de la Commission, poste qu'il occupera jusqu'en 1973. Son mandat sera notamment marqué par des désaccords importants avec le général de Gaulle. Considéré par les Américains comme le « *Monnet allemand* », il est en effet reçu avec les honneurs d'un chef d'État par le secrétaire d'État Mac Namara en 1965. Il est même perçu par des journalistes américains comme une sorte de Premier ministre européen, ce que De Gaulle n'appréciera pas malgré un démenti ultérieur de Hallstein. La crise de la chaise vide, qui suit cet épisode, est provoquée par la présentation par le président de la Commission d'un plan qui prévoit à la fois la mise en œuvre accélérée du marché unique industriel et agricole, des ressources propres pour la Communauté contrôlées en partie par l'Assemblée de Strasbourg et un renforcement des pouvoirs de la Commission. Ce plan est trop ambitieux et le général De Gaulle n'accepte pas l'échange « *Europe verte contre fédéralisme accru* ». En dépit de son manque de souplesse face à la France, son soutien précoce au projet de Monnet, son implication à la tête de la Commission et ses propositions de renforcement des institutions supranationales en font un des principaux architectes de la construction européenne.

3. EXPLICATIONS

Il s'agit d'aborder la désignation et la cessation des fonctions des commissaires dans un premier temps (chapitre 1), avant d'envisager par la suite le statut (chapitre 2), l'organisation et le fonctionnement (chapitre 3) et les pouvoirs de la Commission (chapitre 4).

CHAPITRE 1 LA DÉSIGNATION ET LA CESSATION DES FONCTIONS

SECTION 1 – LA PROCÉDURE DE DÉSIGNATION DE LA COMMISSION

La procédure de désignation de la Commission est régie par l'article 17 du TUE qui stipule que :

• les membres de la Commission sont nommés, pour une durée de cinq ans, sauf démission à titre individuel demandée par le Président de la commission ou après le vote d'une motion de censure adoptée suivant la procédure prévue à l'article 234 du TFUE. Leur mandat est renouvelable ;

• le Conseil, réuni au niveau des chefs d'État et de gouvernement et statuant à la majorité qualifiée, désigne la personnalité qu'il envisage de nommer à la présidence de la Commission. Ensuite le Parlement européen élit le président à la majorité des membres qui le composent ;

• le Conseil, statuant à la majorité qualifiée et d'un commun accord avec le président de la Commission, adopte la liste des autres personnalités qu'il envisage de nommer membres de la Commission, liste établie conformément aux suggestions faites par chaque État membre ;

• le président et les autres membres de la Commission ainsi désignés sont soumis, en tant que collège, à un vote d'approbation du Parlement européen. Le président et les autres membres de la Commission sont nommés par le Conseil, statuant à la majorité qualifiée.

L'article 17 TUE appelle les observations suivantes :

• Pour la désignation du président de la Commission

Un accord des États membres est exigé au préalable. La majorité qualifiée suffit. L'abandon de l'exigence de l'unanimité de tous les États membres provient du traité de Nice et fait suite au veto du Premier ministre anglais de l'époque, M. John Major, à la candidature de M. Jean-Luc Dehaene à la présidence de la Commission, veto exprimé lors du sommet de Corfou en juin 1994. M. Jacques Santer fut finalement désigné.

L'approbation, et non une simple consultation du Parlement européen, est également requise. À ce titre, il est intéressant de remarquer la pression opérée par le Parti populaire européen afin que le nouveau président de la Commission européenne émane de ses rangs après les élections européennes du 13 juin 2004. Le traité de Rome de 2004 prévoit que le Conseil européen « *tienne compte des résultats aux élections européennes* ». On est ici au cœur d'une logique de parlementarisation des institutions européennes. Pour le second mandat de M. Barroso, sur les 718 suffrages exprimés, 382 lui étaient favorables, 219 lui étaient contraires et il y a eu 117 abstentions.

La désignation de M. Juncker confirme cette parlementarisation. Il a été proposé par le Conseil à la présidence de la commission parce qu'il était le candidat du PPE vainqueur des élections européennes. Or sa désignation par ce parti s'est effectuée dans la plus pure tradition du fonctionnement des partis politiques : M. Juncker a été choisi comme candidat contre Michel Barnier à l'occasion d'un congrès du parti organisé les 6 et 7 mars 2014. Il convient néanmoins de préciser qu'il bénéficiait alors du soutien de la première ministre allemande. M. Juncker, seul candidat, a été élu à la présidence de la commission le 15 juillet 2014 par 442 voix. 250 députés européens ont voté contre ; 47 se sont abstenus et 10 bulletins nuls ont été recensés. Il a donc obtenu une large majorité puisqu'il devait réunir 376 voix sur 751 pour accéder à la présidence. Après son élection s'est engagé le processus de désignation des commissaires qui a pris fin avec l'entrée en fonction de la commission le 1er novembre 2014.

• Pour la désignation des autres membres de la Commission

Les autres commissaires sont élus collégialement. Ils sont désignés par le président de la Commission sur proposition des États membres. Cette première désignation est suivie d'une audition individuelle des futurs commissaires devant les commissions compétentes du Parlement européen. Le Parlement européen se prononce alors sur la composition de la Commission en tant que collège et non sur le nom d'un commissaire en particulier. Par ce vote, le Parlement européen élit ou rejette la Commission à la majorité des suffrages exprimés. Après cette approbation, le président et les autres commissaires sont nommés par le Conseil des ministres statuant à la majorité qualifiée.

Le nombre de commissaires est l'objet de discussion, l'agrandissement de la Commission au rythme des élargissements risquant de nuire à son efficacité et à sa collégialité. Le traité modificatif prévoit qu'« *à partir du 1er novembre 2014, la Commission est composée d'un nombre de membres, y compris son président et le haut représentant de l'Union pour les affaires étrangères et la politique de sécurité, correspondant aux deux tiers du nombre d'États membres, à moins que le Conseil européen, statuant à l'unanimité, ne décide de modifier ce nombre.* »

Néanmoins, cette disposition a très vite été neutralisée. Suite au premier refus de l'Irlande de ratifier les nouveaux traités, le Conseil européen de décembre 2008 a décidé de maintenir la corrélation entre le nombre de commissaires et le nombre d'États membres afin de faciliter le second référendum.

La commission constituée durant l'été 2014 est donc composée de 28 membres : un président (M. Jean-Claude Juncker), une haute représentante (Mme Federica Mogherini), un premier vice-président, Frans Timmermans, 5 vice-présidents et donc 20 commissaires. Trois mois et demi ont été nécessaires à M. Juncker pour constituer sa commission. Ce délai peut à première vue paraître assez long. Il convient de préciser que c'est la première fois depuis l'audition des candidats commissaires par le parlement (1994) que les délais sont respectés.

SECTION 2 – LA CESSATION DES FONCTIONS

La cessation des fonctions est individuelle ou collective.

1. La cessation individuelle des fonctions

En cas de démission ou de décès, un nouveau membre peut être désigné pour la durée du mandat restant à courir (art. 246 TFUE). Il est nommé par le Conseil statuant à la majorité qualifiée avec l'accord du Président de la commission et du Parlement européen consulté pour avis. La même procédure est prévue pour le président de la Commission européenne. Mais, dans son cas, la procédure envisagée est identique à la procédure initiale.

La démission peut aussi être volontaire. Trois demandes de démission ont été déposées en juin 1999 : celle de M. Bangemann, afin d'exercer une activité professionnelle dans une entreprise, celles de Mme Bonino et de M. Santer pour exercer leur mandat de parlementaire européen. Ces démissions furent acceptées par le Conseil qui décida de ne pas pourvoir à leur remplacement avant l'entrée en vigueur de la Commission Prodi quelques mois plus tard.

La démission peut se faire d'office : « *Tout membre de la Commission, s'il ne remplit plus les conditions nécessaires à l'exercice des fonctions ou s'il a commis une faute grave, peut être déclaré démissionnaire par la CJUE sur demande du Conseil et de la Commission.* » selon l'art. 247 TFUE.

2. La cessation collective des fonctions

La cessation des fonctions est collective dans trois cas :

- le mandat de la Commission a pris fin ;
- le Parlement européen vote une motion de censure à l'encontre de la Commission sur le fondement de l'article 17 § 8 TUE. Une telle motion n'a jamais été adoptée depuis 1957. Elle constitue néanmoins une tentative intéressante de transposer à l'échelon de l'Union européenne une institution classique du parlementarisme étatique (voir par exemple article 49 alinéa 2 de la Constitution française de 1958) ;
- la démission collective de la Commission. Celle-ci est intervenue, le 16 mars 1999, après la remise d'un rapport d'un comité d'experts indépendants, créé par le Parlement européen et la Commission elle-même, sur les dysfonctionnements de la Commission et la mauvaise gestion de certains de ses membres. La Commission Santer démissionnaire déclara, le 17 mars 1999, « *vouloir rester en fonction jusqu'à la désignation d'une nouvelle Commission chargée de traiter les affaires courantes et urgentes*[1] ». La formule n'est pas sans rappeler celle en vigueur dans les droits internes lors de la chute d'un gouvernement.

1. V. Constantinesco, « La responsabilité de la Commission européenne. La crise de 1999 », *Pouvoirs*, 92, 2000, pp. 117-131.

CHAPITRE 2 LE STATUT

Selon l'art. 17 § 3, « *les membres de la commission sont choisis en raison de leur compétence générale et de leur engagement européen parmi les personnalités offrant toutes garanties d'indépendance* ».

En quoi consiste cette indépendance ?

Ils ne doivent ni solliciter ni accepter d'instructions de la part d'un gouvernement ou d'un quelconque organisme dans l'exercice de leurs fonctions. Cette indépendance vaut tant à l'égard des États membres qu'à l'égard des autres institutions communautaires.

Comment est garantie cette indépendance ?

Les membres de la Commission ne peuvent, pendant la durée de leurs fonctions, exercer aucune autre activité professionnelle, rémunérée ou non. Ils prennent, lors de leur installation, l'engagement solennel de respecter, pendant la durée de leurs fonctions et après la cessation de celles-ci, les obligations découlant de leur charge, notamment les devoirs d'honnêteté et de délicatesse quant à l'acceptation, après cette cessation, de certaines fonctions ou certains avantages. En cas de violation de ces obligations, la Cour de Justice des Communautés européennes, saisie par le Conseil ou par la Commission, peut, selon le cas, prononcer la démission d'office dans les conditions de l'article 245 TUE alinéa 2 ou la déchéance du droit à pension de l'intéressé ou d'autres avantages en tenant lieu. Les commissaires européens prêtent serment devant la CJUE : ils s'engagent à exercer leur fonction en pleine indépendance.

En 1999, M. Bengemann a démissionné de la Commission pour prendre un poste au sein d'une société espagnole Telefonica. Pour les États, il s'agissait d'une atteinte au devoir de délicatesse de M. Bengemann qui a exercé ses fonctions de commissaire dans le domaine d'activité de la société Telefonica. La CJUE fut alors saisie en juillet 1999 et M. Bengemann préféra renoncer à son poste.

En contrepartie de telles obligations, ils bénéficient d'un traitement important (20 667 euros par mois pour un commissaire et 25 351 euros par mois pour le président de la Commission) et jouissent des privilèges et immunités des articles 12, 13, 14, 15 et 18 du protocole sur les privilèges et immunités des Communautés.

Malgré ces précautions, des difficultés ont surgi quant à l'exercice par les commissaires de missions complémentaires. Cela a conduit la Commission à établir un Code de conduite, le 7 décembre 1995, renouvelé le 10 février 2011. En voici les règles :

- aucune autre activité professionnelle rémunérée ou non n'est admise ;
- les frais de mission doivent être payés sur le budget communautaire ;
- aucune rétribution pour des discours, conférences et autres interventions de ce type n'est autorisée ;
- écrire des livres est permis (et donc percevoir des droits d'auteur également) ;
- enseigner à titre gratuit et dans l'intérêt de la Communauté est accepté.

CHAPITRE 3 *L'ORGANISATION ET LE FONCTIONNEMENT*

SECTION 1 – LES PRINCIPES DIRECTEURS

On considère que trois grands principes régissent l'organisation de la commission :

• un principe d'auto-organisation : elle adopte un règlement intérieur dont elle assure la publication (article 249 TFUE) ;

• un principe de collégialité : les décisions sont adoptées au nom de la Commission. Une « *habilitation des membres pour prendre en son nom, sous son contrôle, des mesures de gestion et d'administration clairement définies* » est néanmoins autorisée. Ces mesures peuvent bénéficier à des fonctionnaires et sont contrôlées par la CJUE ;

• la place prééminente du président de la Commission : l'organisation et le fonctionnement de la Commission sont placés sous son autorité.

SECTION 2 – L'APPAREIL ADMINISTRATIF

Près de 32 666 personnes travaillent à la Commission[2].

Le statut de ces agents dépend d'un règlement qui permet de distinguer les fonctionnaires occupant des emplois permanents et les agents contractuels occupant, selon les cas, des emplois temporaires ou permanents. Le statut des fonctionnaires, établi par un règlement du Conseil du 29 février 1968 relatif au statut des fonctionnaires des Communautés et au régime applicable aux autres agents des Communautés, différenciait quatre catégories par ordre hiérarchique décroissant (A, B, C, D) et trois cadres : linguistique, technique et scientifique. Une réforme du statut a été mise en œuvre en 2004. (Elle est plus amplement décrite, ainsi que le rôle et la place du fonctionnaire européen dans la fiche 19).

Le recrutement s'opère par un concours externe organisé par l'Office européen de sélection du personnel (EPSO) pour l'ensemble des institutions. Mais des procédures d'appel d'offres et des recrutements par contrat sont également prévus.

L'organisation de la Commission est pyramidale et hiérarchisée.

Chaque commissaire européen dispose d'un cabinet et d'un chef de cabinet. À chaque commissaire est aussi rattaché un directeur général. Ce dernier est à la tête d'une direction générale. Les directions générales se répartissent les divers secteurs d'activités (ex : entreprises, concurrence, politique régionale, santé et protection des consommateurs...). Les directions générales sont divisées en directions avec, à leur tête, un directeur responsable

2. Pour une étude de la fonction publique communautaire, D. Ruzié, « Fonction publique communautaire », *in Répertoire communautaire*, Dalloz, Paris, 1992 ; voir également A. Carnelutti et M.-F. Christophe-Tchakaloff, « L'administration de l'Union européenne », *Revue française d'administration publique*, 2001.

devant le directeur général. Chaque direction est divisée à son tour en divisions dirigées par un chef de divisions qui coordonne le travail administratif.

À cette organisation s'ajoutent un secrétariat général, le groupe des conseillers politiques, le service d'audit interne...

CHAPITRE 4 LES COMPÉTENCES DE LA COMMISSION

L'article 17 § 1 TUE définit les principales compétences de la Commission de façon assez détaillée. On peut néanmoins identifier quatre fonctions principales.

SECTION 1 – LA MISSION DE CONTRÔLE

Elle veille,, « *à l'application des traités, ainsi que des mesures adoptées par les institutions en vertu de ceux-ci* ». Elle est la « *Gardienne des traités* ».

La CJUE évoque sa « *mission générale de surveillance* ».

À ce titre, elle dispose d'un droit de s'informer auprès des États membres et des entreprises de leur respect du droit communautaire en engageant toutes les vérifications utiles. Ce droit d'information s'accompagne de moyens d'actions effectifs :

• la Commission peut traduire un État membre devant la CJUE pour manquement à ses obligations communautaires (articles 258-260 TFUE). « *Si la Commission estime qu'un État membre a manqué à une de ses obligations qui lui incombent en vertu du présent traité, elle émet un avis motivé à ce sujet après avoir mis cet État en mesure de présenter ses observations (phase précontentieuse, en général très efficace). Si l'État ne se conforme pas à cet avis dans le délai déterminé par la Commission, celle-ci peut saisir la CJUE* » par une action en constatation de manquement (phase contentieuse). C'est principalement dans le domaine de l'exécution des directives (mauvaise transposition, transposition tardive, absence de transposition) que ces recours en manquement interviennent.

L'arrêt rendu par la Cour de Justice des Communautés européennes a un effet purement déclaratoire. La Cour ne peut pas condamner l'État à des dommages et intérêts, ni déclarer invalide ou annuler la mesure contestée. L'État, dont le manquement a été constaté, doit effacer les conséquences du manquement (article 260 alinéa 1er). Si tel n'est pas le cas, la Commission émet un avis motivé après avoir donné à l'État la possibilité d'exprimer ses arguments. Si elle n'est pas satisfaite de la réponse étatique, la Commission peut ressaisir la CJUE en vue de condamner l'État au paiement d'une somme forfaitaire ou d'une astreinte ;

• la Commission peut infliger des sanctions aux entreprises qui méconnaissent le principe de libre concurrence. Sont interdits l'entente, définie à l'article 101 du TFUE et l'abus de position dominante défini à l'article 102. Les aides d'État sont également examinées au regard de leur effet sur la concurrence, conformément aux articles 107 et 108 TFUE. En matière de concurrence, la Commission peut effectuer des contrôles sur pièces et sur place. En cas de refus des entreprises, celles-ci peuvent se voir infliger des amendes ou des astreintes prononcées par la Commission elle-même. La Commission peut interdire, par ailleurs, à deux groupes industriels de fusionner. La Commission exerce néanmoins ses compétences en matière de droit de la concurrence sous le contrôle du Tribunal de première instance des Communautés européennes. Ce dernier l'a ainsi condamnée, dans un jugement du 11 juillet 2007, à indemniser partiellement le groupe Schneider pour avoir bloqué à tort son mariage avec Legrand en octobre 2001. Le tribunal évoque, en l'espèce, une « *violation suffisamment caractérisée du droit communautaire* » liée à la méconnaissance grave et manifeste par la Commission des droits de la défense de Schneider[3].

SECTION 2 – LE POUVOIR D'INITIATIVE

C'est la célèbre formule : « *La Commission propose, le Conseil dispose.* »

Elle dispose d'un quasi-monopole en matière d'initiative des actes communautaires et joue ainsi un rôle d'impulsion dans l'élaboration du droit communautaire. Ce pouvoir d'initiative peut également intervenir à la demande du Parlement européen, mais la Commission conserve un pouvoir discrétionnaire pour donner ou non suite à la demande qui lui est présentée.

La proposition de la Commission délimite le cadre matériel de l'exercice de l'activité normative : les autres institutions, et notamment le Conseil, ne peuvent pas sortir de ce cadre en adoptant des amendements sans rapport avec l'objet de sa proposition. La Cour de Justice l'a rappelé dans l'arrêt *Eurotunnel*[4]. Dans les faits, le monopole de la Commission est à relativiser dans la mesure où, le plus souvent, elle est contrainte de déposer un projet de texte en raison d'engagements internationaux (30 % des textes) ou pour adapter la législation existante (32, 5 % des textes). Par ailleurs, elle agit souvent pour mettre en œuvre les grandes orientations décidées par un Conseil européen. On peut songer notamment à la décision d'intensifier la coopération en matière pénale ou en matière d'immigration.

SECTION 3 – LE POUVOIR DE DÉCISION ET D'EXÉCUTION

La Commission dispose d'un pouvoir de décision propre en matière de droit communautaire de la concurrence et participe à la formation des actes du Conseil et du Parlement européen dans les conditions prévues par les traités. Elle a un rôle d'exécution des règles que le Conseil établit (article 291 TFUE). C'est le Conseil qui délègue ses pouvoirs à la Commission. C'est à ce stade qu'intervient la comitologie, « *processus d'adoption par la Commission de mesures d'exécution des actes législatifs, avec l'assistance de comités d'experts des États membres* ». Depuis les années 1960, les États ont constitué ces comités, composés de représentants nationaux et présidés par des fonctionnaires européens, qui ont pour rôle d'examiner les projets de réglementation établis par les services de la Commission. On estime à environ 500 le nombre de ces comités. Parfois, la Commission doit simplement consulter les groupes d'experts nationaux ; parfois les comités ont un droit de veto.

3. Jugement T-351/03, requête *JO* C7 du 10 juillet 2004, pp. 37 et s.
4. CJCE, 11 novembre 1997, *Eurotunnel*, aff. C-408/95, *Rec.* I-6315.

SECTION 4 – LES AUTRES COMPÉTENCES DE LA COMMISSION

La Commission dispose également de compétences financières : elle établit l'avant-projet de budget (article 314 TFUE), participe ensuite aux décisions du Parlement européen et du Conseil et assure la gestion des fonds communautaires.

Elle assure la représentation interne et externe (article 218 TFUE) de la Communauté. À ce titre, elle négocie au nom de l'Union. Toutefois, cette compétence ne concerne pas les accords d'adhésion, ni la PESC ni la PSDC. De plus, ses prérogatives sont assez encadrées. Elle présente des recommandations au Conseil qui doit les approuver pour qu'elle puisse ouvrir et conduire des négociations en consultation avec les comités spéciaux désignés par le Conseil. L'importance des fonctions de la Commission justifie le rôle tenu par le lobbying et l'encadrement de celui-ci (voir la fiche n° 26 sur la gouvernance européenne). Dans l'exercice de toutes ses compétences, la Commission défend avant toutes choses l'esprit et l'intérêt communautaires.

4. APPROFONDISSEMENT

CHAPITRE 1 LES PRÉSIDENTS DE LA COMMISSION EUROPÉENNE

- 1958-1967 : Walter Hallstein, Allemagne, chrétien-démocrate
- 1968-1969 : Jean Rey, Belgique, libéral
- 1970-1972 : Franco Maria Malfatti, Italie, chrétien-démocrate
- 1972 : Sicco Mansholt, Pays-Bas, socialiste
- 1973-1976 : François-Xavier Ortoli, France, conservateur
- 1977-1980 : Roy Jenkins, Royaume-Uni, socialiste
- 1981-1984 : Gaston Thorn, Luxembourg, libéral
- 1985-1994 : Jacques Delors, France, socialiste
- 1995-1999 : Jacques Santer, Luxembourg, chrétien-démocrate
- 1999-2004 : Romano Prodi, Italie, chrétien-démocrate
- 2004-2014 : José Manuel Barroso, Portugal, chrétien démocrate
- depuis le 1er novembre 2014 : Jean-Claude Juncker, Luxembourg, conservateur

CHAPITRE 2 LECTURE

Discours prononcé par Josep Borrell Fontelles à Strasbourg, le 14 octobre 2004

« [...] *Certains peuvent penser, comme cela a été publié cet été, que l'investiture de la Commission par le Parlement sera une simple formalité. Ce n'est évidemment pas le cas.*

Quelle que soit notre appréciation au sujet de la Commission proposée par M. Barroso, l'investiture sera une bonne occasion pour nos concitoyens de connaître les grandes orienta-

tions des travaux que la Commission propose à l'Union européenne, de connaître les capacités personnelles et politiques des hommes et des femmes qui les mettront en œuvre, de savoir ce que les groupes politiques attendent de l'organe moteur communautaire.

Au début de mon intervention, j'ai évoqué le sentiment d'insécurité causé par le terrorisme et les délocalisations. Que proposera la Commission en ce qui concerne ces importantes questions ?

Il n'est pas douteux que nous aimerions tous connaître les réponses de la Commission aux questions relatives au modèle social européen ainsi qu'au Pacte de stabilité, dont la réforme a déjà été engagée par la Commission Prodi, ou sur les initiatives concrètes visant à revitaliser la stratégie de Lisbonne, que M. Barroso situe au centre de son action.

La Commission estime-t-elle que l'Europe doit être le moteur dans le domaine de l'environnement et du développement durable ? Quand et comment se prononcera-t-elle au sujet de la concentration des moyens de communication ?

Comment perçoit-elle la relation de l'Europe avec les autres continents ? Et avec le monde islamique ? De quelle façon animera-t-elle les relations euro-méditerranéennes et insufflera-t-elle une nouvelle vie au processus de Barcelone ?

Quelle sera sa relation avec le Parlement européen ? Comment envisage-t-elle, au cours de la phase transitoire qui s'annonce, ses relations avec le haut représentant de l'Union pour la politique étrangère ?

Les auditions représenteront certainement un grand moment de démocratie parlementaire et nous nous efforcerons de les mener de façon à ce qu'elles soient moins rigides, plus vives et spontanées que par le passé.

Lorsqu'une nouvelle Commission sera investie, je lui demanderai de renforcer sa présence auprès du Parlement européen. Je demanderai au Président de la Commission de rencontrer régulièrement les présidents des groupes politiques. Je formulerai la même demande au Conseil, et en particulier, à M. Javier Solana, haut représentant de l'Union pour la politique étrangère. »

FICHE 12 | LE CONSEIL EUROPÉEN

1. RÉFÉRENCES

- Anton F., « Article 4 TUE », in P. Léger (dir.), *Commentaire article par article des traités UE et CE*, Bâle, Genève, Munich, Helbing et Lichtendahn, 2000.
- Constantinesco V., « Conseil européen », *in Répertoire communautaire*, Dalloz, Paris, 1992.
- Picot F., « Le rôle du Conseil européen dans le processus de décision », *RDP*, 2002, pp. 1187 et s.
- Taulègne B., Le Conseil européen, PUF, Paris, 1993.

2. EXPLICATIONS

Le Conseil européen représente les chefs d'État et de gouvernement. À l'exception de la France représentée par le président de la République, les autres États sont représentés par leurs chefs de gouvernement. En période de cohabitation, le Premier ministre « *accompagne* » le chef de l'État. Le Conseil européen fut institutionnalisé lors du sommet de Paris les 9-10 décembre 1974 (chapitre 1). Il dispose d'un pouvoir d'impulsion essentiel, sans néanmoins intervenir directement dans le processus décisionnel (chapitre 2).

CHAPITRE 1 L'INSTITUTIONNALISATION DU CONSEIL EUROPÉEN

Le Conseil Européen trouve son origine dans les conférences au sommet qui réunissaient les chefs d'État et de gouvernement des États membres des Communautés européennes. Ces rencontres furent institutionnalisées lors d'un sommet à Paris, les 9 et 10 décembre 1974, à l'initiative du président français Valéry Giscard d'Estaing et du chancelier allemand, Helmut Schmidt. L'objectif était de relancer le processus de construction européenne en identifiant une instance d'impulsion permettant aux chefs d'État et de gouvernement de se rencontrer régulièrement.

Le Conseil européen est consacré juridiquement dans les traités communautaires par l'article 2 du Titre 1er relatif aux dispositions communes de l'Acte unique européen en 1986.

« *Le Conseil européen réunit les chefs d'État et de gouvernement des États membres, ainsi que le président de la Commission des Communautés européennes. Ceux-ci sont assistés par les ministres des Affaires étrangères des États membres et par un membre de la Commission.* » Il se réunit au moins deux fois par an. L'Acte unique européen ne définit pas ses pouvoirs et ses fonctions et il ne fait pas partie en tant que tel du système communautaire (incompétence de la Cour de Justice des communautés).

Le traité de Lisbonne refonde le système institutionnel des Conseils. Le Conseil européen est désormais la deuxième institution par ordre protocolaire selon l'article 13 § 1 TUE. Désormais le Conseil est organisé comme suit par l'article 15 du TUE.

Il est composé :
• des chefs d'État ou de gouvernement des États membres ;
• du président du Conseil européen ;
• et du président de la Commission.

Le haut représentant de l'Union pour les affaires étrangères et la politique de sécurité participe à ses travaux. Il lui revient de donner à l'Union les impulsions nécessaires à son développement et de définir les orientations et les priorités politiques générales. Toutefois le texte précise qu'il n'exerce pas de fonction législative.

Le principal changement institutionnel survenu réside dans la création d'une fonction permanente de **président du Conseil** qui constitue un important effort pour assurer la continuité de l'institution.

Le TFUE lui attribue cinq grandes missions :

• il préside et anime les travaux du Conseil européen qu'il lui revient de convoquer ;

• il assure la préparation et la continuité des travaux du Conseil européen en coopération avec le président de la Commission, et sur la base des travaux du Conseil des affaires générales ;

• il œuvre pour faciliter la cohésion et le consensus au sein du Conseil européen ;

• il présente au Parlement européen un rapport à la suite de chacune des réunions du Conseil européen ;

• il assure, à son niveau et en sa qualité, la représentation extérieure de l'Union pour les matières relevant de la PESC, sans préjudice des attributions du haut représentant de l'Union pour les affaires étrangères et la politique de sécurité.

Ce président est désigné à la majorité qualifiée pour une durée de deux ans et demi, renouvelable une fois. En cas d'empêchement ou de faute grave, le Conseil européen peut mettre fin à son mandat selon la même procédure.

Pour la création de cette institution les chefs d'État et de gouvernement des États membres ont fait appel à M. Herman Van Rompuy (démocrate chrétien belge) qu'ils ont élu à l'unanimité lors de la réunion informelle tenue à Bruxelles le 19 novembre 2009 (avant l'entrée en vigueur du traité de Lisbonne, le 1er décembre). Il a exercé un premier mandat jusqu'au 31 mai 2012 puis a été réélu, le 1er mars 2012, pour un second mandat (du 1er juin 2012 au 30 novembre 2014).

M. Donald Tusk, ancien premier ministre polonais (centre droit), a été élu à l'unanimité, le 30 août 2014, pour succéder à M. Van Rompuy.

CHAPITRE 2 UN IMPORTANT POUVOIR D'IMPULSION NON RELIÉ À L'EXERCICE DE LA FONCTION DÉCISIONNELLE

Depuis le traité de Lisbonne, le Conseil européen est devenu une institution. En conséquence il peut adopter des actes communautaires. Toutefois, l'article 15 TUE l'exclut de la compétence législative. En réalité, la spécificité de son rôle réside dans sa fonction d'impulsion. Il lui revient de définir des orientations générales ou de fixer des arbitrages (exemple du Conseil européen de Berlin de mars 1999 qui aboutit à un accord budgétaire pour la période 2000-2006 et à la nomination de Romano Prodi à la présidence de la Commission). À ce titre, il adopte les décisions les plus importantes pour l'avenir des Communautés, comme celle d'entamer un processus de coopération en matière de lutte contre la criminalité dans les années 1970 ou celle de réfléchir à la mise en place d'une Union économique et monétaire dans les années 1980 ou encore d'élargir l'Union vers l'Est dans les années 1990. Se réunissant deux à quatre fois par an, il émet des « *conclusions* » qui fixent le cap de l'action commune à moyen et à long terme. Les grands axes définis, la Commission européenne doit les mettre en œuvre en proposant au Conseil des ministres et au Parlement européen des actes communautaires.

Le Conseil européen intervient plus spécifiquement dans le domaine de la politique économique (« *grandes orientations des politiques économiques des EM* », article 121-2 TFUE), dans le domaine de l'emploi (article 148 TFUE). Dans le domaine de la « *clause d'appel* » pour les coopérations plus étroites : les articles 24 TUE, 31 du TUE (PESC) permettent au Conseil européen, sur saisine du Conseil des ministres à la majorité qualifiée, de trancher une question à propos de laquelle un État membre a invoqué l'existence d'une raison de politique nationale.

Par ailleurs, il propose à la majorité qualifiée le président de la Commission européenne, le haut représentant pour la politique étrangère et de sécurité commune et les membres du directoire de la Banque centrale européenne.

Enfin le traité de Lisbonne lui donne un rôle essentiel en matière de révision des traités.

Les décisions du Conseil européen ne peuvent pas faire l'objet d'un recours devant la CJCE (pas de contrôle au sens de l'article 263 TFUE). Cela a été confirmé par la Cour dans une ordonnance du 13 janvier 1995 rendue sur pourvoi contre une ordonnance du Tribunal de première instance.

3. APPROFONDISSEMENT

Communiqué final du sommet de Paris des 9-10 décembre 1974

« [...] *Reconnaissant la nécessité d'une approche globale des problèmes internes que pose la construction européenne et de ceux avec lesquels l'Europe est confrontée à l'extérieur, les chefs de gouvernement estiment qu'il y a lieu d'assurer le développement et la cohésion d'ensemble des activités des Communautés et des travaux de la coopération politique.*

Les chefs de gouvernement ont, en conséquence, décidé de se réunir, accompagnés des ministres des Affaires étrangères, trois fois par an et chaque fois que nécessaire, en Conseil de la Communauté et au titre de la coopération politique.

Compte tenu des pratiques et procédures en vigueur, le secrétariat administratif sera assuré de manière appropriée.

En vue d'assurer la cohérence des activités communautaires et la continuité du travail, les ministres des Affaires étrangères, en Conseil de la Communauté, sont chargés d'un rôle d'impulsion et de coordination. Ils peuvent se réunir à la même occasion au titre de la coopération politique.

Ces dispositions n'affectent, en aucune manière, les règles et procédures arrêtées par les traités ni celles prévues par les rapports de Luxembourg et de Copenhague en ce qui concerne la coopération politique. La Commission exerce les compétences et joue le rôle qui lui est dévolu par ces textes dans les diverses réunions mentionnées aux paragraphes ci-dessus.[...] »

Liste des principaux Conseils européens

9-10 décembre 1974	Paris	Décision d'établir le Conseil européen
1-2 décembre 1975	Rome	Accord sur les élections européennes
5-6 décembre 1977	Bruxelles	Accord sur l'ECU
6-7 juillet 1997	Brême	Décision de créer le Système monétaire européen
2-3 décembre 1985	Luxembourg	Accord pour l'extension du vote à la majorité qualifiée pour la réalisation du Marché unique
8-9 décembre 1989	Strasbourg	Adoption de la Charte sociale européenne
21-22 juin 1993	Copenhague	Élargissement
26-27 juin 1995	Cannes	Accord sur Europol
16-17 juin 1997	Amsterdam	Conclusion de la CIG (Traité d'Amsterdam)
20-21 novembre 1997	Luxembourg	Conseil européen extraordinaire sur l'emploi
24-25 mars 1999	Berlin	Accord sur l'Agenda 2000
3-4 juin 1999	Cologne	Nomination du premier Haut représentant pour la PESC
10-16 octobre 1999	Tampere	Espace de liberté, de sécurité et de justice
10-11 décembre 1999	Helsinki	Accords sur l'élargissement et la réforme institutionnelle
23-24 mars 2000	Lisbonne	Définition de la stratégie de Lisbonne

7-8 décembre 2000	Nice	Traité de Nice
21 septembre 2001	Bruxelles	Lutte contre le terrorisme
14-15 décembre 2001	Laeken	Déclaration de Laeken sur l'avenir de l'UE
19-20 juin 2003	Thessalonique	Présentation du projet de Traité Constitutionnel européen
17-18 juin 2004	Bruxelles	Accord sur le projet de Traité constitutionnel européen
15 au 16 décembre 2005	Bruxelles	Perspectives financières 2007-2013
21-22 juin 2007	Bruxelles	Accord sur la réforme des traités
8-9 décembre 2011	Bruxelles	Renforcement de la discipline budgétaire de la Zone Euro Adhésion de la Croatie
28-29 juin 2012	Bruxelles	Création d'un mécanisme commun de supervision bancaire. Pacte pour la croissance et l'emploi

FICHE 13 | LE CONSEIL DE L'UNION EUROPÉENNE[1]

1. RÉFÉRENCES

- Blumann C., *La Fonction législative communautaire*, LGDJ, coll. Systèmes, 1995.
- Constantinesco V., « Le Conseil des ministres » ; « Le Comité des représentants permanents (Coreper) », *Jurisclasseur Europe*, fascicules 161-162, 1993.
- Constantinesco V., Simon D. (dir.), *Le Coreper dans tous ses États*, Presses universitaires de Strasbourg, 2000.
- Lauvaux P., « Le texte de la Convention recèle-t-il un modèle constitutionnel ? », *in L'Europe en voie de Constitution. Pour un bilan critique des travaux de la Convention*, sous la direction d'O. Beaud, A. Lechevalier, I. Pernice et S. Strudel, Bruylant, 2004, pp. 305 et s.
- Philip C., « Conseil des ministres des Communautés européennes », *in Dictionnaire juridique des Communautés européennes*, Paris, PUF, 1993, p. 276.
- Quermonne J.-L., « De la gouvernance au gouvernement : l'Union européenne en quête de gouvernabilité », *in être gouverné. études en l'honneur de Jean Leca*, Paris, Presses de Sciences Po, 2003, p. 315.

2. EXPLICATIONS

Le Conseil de l'Union européenne ou Conseil des ministres représente, au même titre que le Conseil européen, les gouvernements étatiques. Cette représentation s'opère au niveau des ministres.

Le Conseil des ministres est une institution communautaire au sens de l'article 13 TUE.

Il ne siège pas en permanence et, lorsqu'il siège, c'est à Bruxelles à l'exception des mois d'avril, de juin et d'octobre où les sessions se tiennent à Luxembourg.

Outre l'organisation et le fonctionnement du Conseil (chapitre 1), c'est principalement la question du mode de votation en son sein (chapitre 2) et celle de ses pouvoirs (chapitre 3) qui nous retiendront.

1. Dénomination du Conseil dans une décision du 8 novembre 1993 non reprise dans les traités.

CHAPITRE 1 ORGANISATION ET FONCTIONNEMENT DU CONSEIL DE L'UNION EUROPÉENNE

Le Conseil de l'Union européenne incarne une légitimité de type inter-gouvernemental à l'échelon européen.

Le plus souvent qualifié de « *Conseil* » dans les traités européens, il est formé de représentants des États membres. L'article 16 § 2 précise que « *le Conseil est composé d'un représentant de chaque État membre au niveau ministériel habilité à engager le gouvernement de l'État membre* ». Sa composition est variable, dans la mesure où ses membres n'ont pas compétence pour toutes les matières traitées. Il comprend désormais dix formations regroupant les ministres compétents dans la matière concernée. Dans certains domaines, qui sont au cœur des compétences de l'Union, ces conseils se retrouvent tous les mois (agriculture, affaires économiques et financières), dans d'autres, en revanche, liés à des politiques européennes plus récentes, et dans lesquels l'Union complète et coordonne l'action des États membres plus qu'elle ne s'y substitue, les ministres ne se rencontrent pas plus de trois à quatre fois par an (en matière d'éducation et de culture). Le Conseil des affaires générales, qui rassemble les ministres des Affaires étrangères, doit coordonner toutes ces négociations sectorielles.

Le traité de Maastricht, pour répondre à une demande pressante des États fédérés allemands, a admis qu'un membre d'un gouvernement d'un État fédéré ou d'une région autonome puisse également y siéger lorsqu'une question qui, dans l'ordre constitutionnel interne de l'État membre, relève de la compétence de l'État fédéré ou de la région autonome est à l'ordre du jour du Conseil.

Actuellement, la présidence est exercée par un État pour une durée de six mois. La présidence de la formation « *affaires étrangères* » est confiée au Haut représentant de l'Union tandis que celle des autres formations et du Coreper (**voir ci-après**) est assurée alternativement pour six mois par un groupe de trois États qui définissent ensemble un programme de travail.

L'ordre du jour comprend une partie A (vote sans débat) et une partie B (débats suivis ou non d'un vote). La Commission participe aux débats du Conseil afin d'y défendre son point de vue. Au Conseil sont rattachés un secrétariat général, qui est nommé à l'unanimité par le Conseil, et un service juridique distinct de celui de la Commission.

Le Conseil ne siégeant pas en permanence, un rôle essentiel est exercé par le Coreper (Comité des représentants permanents), organe auxiliaire du Conseil, composé de hauts fonctionnaires qui assurent un travail de coordination et de liaison entre les diverses sessions du Conseil.

Désormais l'article 16 § 6 du TUE prévoit la division des sessions du Conseil en deux temps. la première consacrée aux questions législatives est publique. La seconde portant sur les questions non législatives se déroule à huis clos.

CHAPITRE 2 LE MODE DE VOTATION AU SEIN DU CONSEIL DE L'UNION EUROPÉENNE

Trois possibilités sont envisagées par les traités européens :

• le vote à la majorité simple ;

• le vote à l'unanimité (qui subsiste dans les domaines importants : admission de nouveaux États, accords d'association...) ;

• le vote à la majorité qualifiée. Avant le traité de Nice, la décision était acquise par 62 voix sur 87 (10 voix pour les quatre grands, 8 voix pour l'Espagne...). Le traité de Nice a, d'une part, élargi les cas de recours au vote à la majorité qualifiée (tarif douanier, libre prestation des services, libre circulation des capitaux, navigation maritime et aérienne, libre établissement) et, d'autre part, mis en place une nouvelle pondération des voix au Conseil qui a été négocié par les États les plus peuplés pour compenser la perte de leur second siège à la Commission. Cette nouvelle pondération tend également à faciliter le recours au vote à la majorité qualifiée.

La nouvelle pondération des voix, avec l'adhésion de la Croatie, est la suivante :

• Allemagne, France, Italie, Royaume-Uni : 29 voix ;
• Espagne, Pologne : 27 voix ;
• Roumanie : 14 voix ;
• Pays-Bas : 13 voix ;
• Belgique, République tchèque, Hongrie, Grèce, Portugal : 12 voix ;
• Autriche, Suède, Bulgarie : 10 voix ;
• Danemark, Lituanie, Slovaquie, Irlande, Finlande, Croatie : 7 voix ;
• Luxembourg, Estonie, Chypre, Lettonie, Slovénie : 4 voix ;
• Malte : 3 voix.

Depuis le 1er novembre 2014, les votes à la majorité qualifiée doivent obéir à deux exigences en intégrant à l'exigence d'une majorité de votes l'exigence d'une « *double majorité* ».

La majorité qualifiée est atteinte si la majorité des États membres (15 États membres) a exprimé un vote favorable et si au moins 260 voix exprimées, sur le total de 352, sont également favorables au vote.

Dans cette procédure, les abstentions (qui ne se confondent pas avec une simple absence) comptent comme un vote négatif. Si un ou plusieurs membres du Conseil ne participent pas au vote (parce qu'ils disposent d'une option de non-participation à la matière concernée), les pondérations sont adaptées en conséquence.

Mais le texte en question ne sera considéré comme adopté que s'il respecte également une condition démographique qui varie suivant les procédures.

Si le Conseil délibère sur proposition de la Commission ou du Haut Représentant de l'Union pour les affaires étrangères et la politique de sécurité, les votes favorables doivent correspondre à ceux de 55 % des représentants des États membres, et cette majorité doit correspondre à 65 % de la population totale de l'UE.

Une minorité de blocage peut intervenir si elle comprend au moins quatre membres du Conseil représentant au moins 35 % de la population de l'UE.

Lorsque l'ensemble des États membres ne participe pas au vote comme prévu dans les traités, une décision est réputée adoptée si 55 % des membres du Conseil participants, représentant au moins 65 % de la population des États membres participants, votent pour.

En revanche, si le Conseil ne se prononce pas sur proposition de la Commission ou du Haut Représentant, une décision ne peut être adoptée que si au moins 72 % des membres du Conseil votent pour et s'ils représentent au moins 65 % de la population de l'UE.

Si les secteurs de la PESC et de la PSDC restent encore très marqués par le principe d'unanimité, le traité de Lisbonne a néanmoins fait passer vingt-quatre procédures de l'unanimité au vote à la majorité qualifiée.

CHAPITRE 3 LES POUVOIRS DU CONSEIL

L'article 16 § 1 attribue au Conseil un rôle central puisqu'il pose le principe de son intervention en matière législative, budgétaire, et sur un plan plus politique d'animation et de coordination.

3. APPROFONDISSEMENT. LA PRÉSIDENCE DU CONSEIL

- 2000
  Premier semestre : Portugal
  Deuxième semestre : France
- 2001
  Premier semestre : Suède
  Deuxième semestre : Belgique
- 2002
  Premier semestre : Espagne
  Deuxième semestre : Danemark
- 2003
  Premier semestre : Grèce
  Deuxième semestre : Italie
- 2004
  Premier semestre : Irlande
  Deuxième semestre : Pays-Bas
- 2005
  Premier semestre : Luxembourg
  Deuxième semestre : Royaume-Uni

• 2006
Premier semestre : Autriche
Deuxième semestre : Finlande

• 2007
Premier semestre : Allemagne
Deuxième semestre : Portugal

• 2008
Premier semestre : Slovénie
Deuxième semestre : France

• 2009
Premier semestre : République tchèque
Deuxième semestre : Suède

• 2010
Premier semestre : Espagne
Deuxième semestre : Belgique

• 2011
Premier semestre : Hongrie
Deuxième semestre : Pologne

• 2012
Premier semestre : Danemark
Deuxième semestre : Chypre

• 2013
Premier semestre : Irlande
Deuxième semestre : Lituanie

• 2014
Premier semestre : Grèce
Deuxième semestre : Italie

• 2015
Premier semestre : Lettonie
Deuxième semestre : Luxembourg

• 2016
Premier semestre : Pays-Bas
Deuxième semestre : Slovaquie

FICHE 14 | LE PARLEMENT EUROPÉEN

1. RÉFÉRENCES

- Burban J.-L., *Le Parlement européen*, PUF, « Que sais-je ? », Paris, 1997.
- Costa O., *Le Parlement européen, assemblée délibérante*, Éditions de l'université de Bruxelles, Bruxelles, 2001.
- Delwitt P., de Waele J.-M., Magnette P. (dir.), *À quoi sert le Parlement européen ?*, Éditions Complexe, Bruxelles, 1999.
- Gautron J.-C., « Remarques sur une continuité. Le développement constitutionnel du Parlement européen », *in Mélanges en l'honneur de Dmitri Georges Lavroff, La Constitution et ses valeurs*, Dalloz, 2005, p. 171.
- Magnette P., *L'Europe, l'État et la démocratie*, Éditions Complexe, Bruxelles, 2000.
- Pliakos A., « L'Union européenne et le Parlement européen : y a-t-il vraiment un déficit démocratique ? », *Revue du droit public*, 1995, p. 749.
- Sabourin P., « Article 138 », in V. Constantinescu et a. (dir.), *Traité instituant la CEE, Commentaire article par article*, Paris, économica, 1992.

2. REPÈRES

- **Arrêt *Parlement européen c/Conseil des communautés européennes* du 22 mai 1990** : cet arrêt reconnaît la « *légitimité active* » du Parlement qui se voit ainsi reconnaître le droit d'intenter un recours en annulation pour la défense de ses prérogatives. La Cour se fonde sur le principe de l'équilibre institutionnel (voir *supra*). Le traité de Maastricht consacre cette solution en étendant la « *compétence de la Cour pour se prononcer sur les recours formés par le Parlement* (...) *qui tendent à la sauvegarde de ses prérogatives* » (article 230 du traité CE). Le traité de Nice abandonne cette restriction pour faire du Parlement un « *requérant privilégié* » (voir *infra*).
- **Arrêt *Parti écologiste les Verts c/ Parlement européen* du 23 avril 1986** : cet arrêt déclare recevable un recours en annulation dirigé contre un acte du Parlement alors que, selon l'article 173 du traité CEE, seuls les actes du Conseil et de la Commission « *autres que les recommandations et les avis* » peuvent faire l'objet d'un tel recours. L'acceptation de la « *légitimation passive* » est directement fondée sur l'esprit du Traité tel qu'il est exprimé par l'article 164 CEE/ 220 CE, aux termes duquel la CJCE assure le « *respect du droit dans l'interprétation et l'application du Traité* », et sur son système qui veut qu'un recours direct soit ouvert contre toutes les dispositions prises par les institutions et visant à produire un effet juridique. L'extension du contrôle de la Cour traduit une volonté d'ériger le système communautaire en véritable « *Communauté de droit* ».

- **Présidents du Parlement européen depuis l'origine :**
  - 1952-1954 : Paul Henri Spaak, Belge
  - 1954 :Alcide de Gasperi, Italien
  - 1954-1956 : Guiseppe Pella, Italien
  - 1956-1958 : Hans Furler, Allemand
  - 1958-1960 : Robert Schuman, Français
  - 1960-1962 : Hans Furler, Allemand
  - 1962-1964 : Gaetano Martino, Italien
  - 1964-1965 : Jean Duvieusart, Belge
  - 1965-1966 : Victor Leemans, Belge
  - 1966-1969 : Alain Poher, Français
  - 1969-1971 : Mario Scelba, Italien
  - 1971-1973 : Walter Behrendt, Allemand
  - 1973-1975 : Cornelius Berkhouwer, Néerlandais
  - 1975-1977 : Georges Spénale, Français
  - 1977-1979 : Emilio Colombo, Italien
  - 1979-1982 : Simone Veil (première présidente du Parlement élue au suffrage universel direct), Française, libérale
  - 1982-1984 : Pieter Dankert, Néerlandais, socialiste
  - 1984-1987 : Pierre Pfimlin, Français, démocrate chrétien
  - 1987-1989 : Lord Plumb, Anglais, conservateur
  - 1989-1992 : Enrique Baron Crespo, Espagnol, socialiste
  - 1992-1994 : Egon Klepsch, Allemand, démocrate chrétien
  - 1994-1997 : Klaus Hänsch, Allemand, socialiste
  - 1997-1999 : José Maria Gil-Robles, espagnol, démocrate chrétien
  - 1999-2002 : Nicole Fontaine, Française, démocrate chrétien
  - 2002-2004 : Pat Cox, Irlandais, libéral
  - 2004-2007 : Josep Borrell Fontelles, Espagnol, socialiste
  - 2007-2009 : Hans-Gert Pöttering, Allemand, démocrate-chrétien
  - 2009-2012 : Jerzy Buzek, Polonais, démocrate chrétien
  - Depuis 2012 : Martin Schulz, Allemand, socialiste

3. EXPLICATIONS

« *L'Assemblée, composée de représentants des peuples des États réunis dans la Communauté, exerce les pouvoirs qui lui sont attribués par les traités.* » Il s'agit ainsi d'aborder la composition (chapitre 1), puis les pouvoirs du Parlement européen (chapitre 2).

CHAPITRE 1 LA COMPOSITION

La décision et l'acte annexe du Conseil sur les élections européennes au suffrage universel direct ont été signés à Bruxelles, le 20 septembre 1976. Ils furent ensuite soumis à ratification dans chaque État membre. Il est ainsi procédé à l'élection du Parlement européen au suffrage universel direct selon une procédure électorale fixée par chaque État membre. En droit électoral français, le système retenu était un système de listes à la représentation proportionnelle, sans panachage ni vote préférentiel, dans une circonscription territoriale unique. Tel était le régime organisé par la loi du 1er juillet 1977. Puis la loi française du 11 avril 2003 lui a substitué la représentation proportionnelle dans huit grandes circonscriptions régionales[1].

Depuis les élections du printemps 2014, le Parlement européen compte 751 députés. La composition du Parlement européen par pays est depuis 2014 la suivante :

- Allemagne : 96 ;
- France : 74 ;
- Royaume-Uni : 73 ;
- Italie : 73 ;
- Espagne : 54 ;
- Pologne : 51 ;
- Roumanie : 32 ;
- Pays-Bas : 26 ;
- Belgique, République tchèque, Grèce, Hongrie, Portugal : 21 ;
- Suède, Autriche : 19 ;
- Bulgarie : 17 ;
- Danemark, Slovaquie, Finlande : 13 ;
- Croatie, Irlande, Lituanie : 11 ;
- Lettonie, Slovénie : 8 ;
- Luxembourg, Chypre, Estonie Malte : 6.

Les parlementaires européens sont élus pour cinq ans. Ils disposent d'un mandat représentatif : « *Les députés au Parlement européen exercent leur mandat de façon indépendante. Ils ne peuvent pas être liés par des instructions ou recevoir de mandat impératif* » (article 2 du règlement intérieur du Parlement).

1. T. Rambaud, *Remise à jour de la Documentation électorale*, Paris, Société générale de presse, 2004, pp. 533 et s.

Des incompatibilités sont prévues avec la fonction de parlementaire national depuis les élections européennes du 13 juin 2004, selon une décision du Conseil des 25 juin et 23 septembre 2002, de membre d'un gouvernement ou avec une autre fonction communautaire (membre de la Commission, juge, avocat général ou greffier à la CJUE, membres de la Cour des comptes, du Comité économique et social...). En revanche, il n'existe pas d'incompatibilité avec l'exercice d'une fonction privée. Un « *système de déclaration des intérêts financiers des parlementaires* » est prévu : les questeurs tiennent un registre où chaque parlementaire européen indique ses activités professionnelles, ainsi que toute autre fonction ou activité rémunérée.

Ils bénéficient d'un régime d'irresponsabilité et d'inviolabilité.

Les parlementaires européens se regroupent en sept groupes politiques dont les deux plus importants sont le Parti populaire européen (PPE), regroupant 221 députés, et l'Alliance progressiste des socialistes et démocrates au Parlement européen, composée de 191 députés. Ces deux groupes rassemblent 63 % des députés européens.

Les autres groupes sont : l'Alliance des démocrates et des libéraux pour l'Europe (67 députés), le Groupe vert/Alliance libre (50 députés), le Groupe des réformistes et conservateurs européens (70 députés), le Groupe confédéral de la Gauche unitaire européenne/Gauche verte nordique (52 députés), le Groupe Europe de la liberté et de la démocratie directe (48 députés) et les non-inscrits regroupant 52 députés.

Aux termes de l'article 30 du règlement intérieur du Parlement, *« un groupe politique est composé de députés élus dans au moins un quart des États membres. Le nombre minimum de députés nécessaires pour constituer un groupe politique est fixé à 25 »*. L'objectif consiste à favoriser l'émergence de solidarités politiques transnationales. Les députés anglais, italiens et français sont présents dans sept groupes sur huit. En revanche, et ceci est un gage d'efficacité pour influencer l'organisation et le fonctionnement du Parlement européen, les Allemands et les Espagnols se concentrent sur les deux principaux groupes.

Les deux principaux groupes parlementaires se « *partagent la présidence* » du Parlement européen : à une présidence de deux ans et demi pour le PPE succède celle du PSE pour une période équivalente. Le Président est assisté par 14 vice-présidents qui forment le bureau du parlement, complété par un collège de 5 questeurs, membres du bureau avec voix consultative. Il existe aussi la Conférence des présidents qui réunit le Président du parlement et les présidents des groupes politiques. C'est notamment cet organe qui fixe l'ordre du jour des périodes de session du Parlement.

Le Parlement européen arrête son règlement intérieur sur le fondement de l'article 232 alinéa 1 TFUE. Le premier règlement, adopté le 13 janvier 1953, a depuis fait l'objet de nombreuses modifications.

Vingt-deux commissions parlementaires permanentes préparent les séances plénières.

Le Parlement se réunit en session :

• une session de plein droit le deuxième mardi qui suit l'expiration du délai d'un mois à compter de la période fixée pour l'élection de ses membres ;

• une session annuelle à partir du deuxième mardi du mois de mars qui se divise en douze périodes de quatre jours ;

• des sessions extraordinaires sur convocation de son président et à la demande, soit de la majorité de ses membres, soit de la Commission, soit du Conseil.

CHAPITRE 2 LES COMPÉTENCES DU PARLEMENT EUROPÉEN

Au fondement des Communautés européennes, le Parlement apparaissait comme le « *parent pauvre du modèle communautaire* ». En effet, il s'identifiait à un simple organe consultatif dépourvu de tout pouvoir de décision. Le Parlement a su conquérir progressivement de nouvelles compétences et s'imposer comme un acteur à part entière du jeu institutionnel. Cela fut le fruit d'une longue évolution, approuvée par les gouvernements des États membres soucieux de renforcer la légitimité démocratique de l'Europe communautaire. Il y a sans doute ici un témoignage intéressant de « *mimétisme constitutionnel* », en vertu duquel les États ont cherché à transposer à l'échelon européen le contrôle parlementaire en vigueur dans leurs droits internes respectifs. En droit constitutionnel comparé européen, tous les gouvernements sont responsables devant le Parlement national qui, outre cette fonction de contrôle, dispose également d'une fonction décisionnelle et de légitimation comme l'a très bien relevé Yves Mény[2]. Plus ou moins consciemment, ils transposent ce schéma au niveau des institutions européennes.

Le Parlement exerce un certain nombre de fonctions.

SECTION 1 – LE RÔLE FINANCIER

Le Parlement exerce un rôle financier : il discute le projet général de budget, mais ne vote pas les recettes. Il a le dernier mot concernant les dépenses non obligatoires et peut seulement proposer des modifications à l'égard des dépenses obligatoires.

Au terme d'une procédure de conciliation entre la Commission, le Conseil et le Parlement, ce dernier arrête définitivement le budget[3]. Il en contrôle l'exécution et donne décharge à la Commission au regard de l'article 319 TFUE.

2. Y. Mény, « L'évolution des fonctions des parlements », *in Les Régimes politiques européens en perspective, Cahiers français, Institutions et pouvoirs politiques*, Paris, La Documentation française, n° 268, p. 44.
3. Voir *infra*, le débat.

SECTION 2 – LE CONTRÔLE POLITIQUE SUR LA COMMISSION EUROPÉENNE

Le Parlement européen vote l'investiture du président de la Commission (et de la Commission) et peut déposer une motion de censure à l'encontre de cette dernière en vertu de l'article 234 TFUE. Il peut poser des questions écrites et orales, suivies ou non d'un débat (article 230 TFUE). Des commissions temporaires d'enquête et d'examen des rapports remis par la Commission peuvent être constituées en son sein. Il reçoit les pétitions des citoyens de l'Union européenne (Commission parlementaire des pétitions) et désigne un médiateur (article 228 TFUE).

SECTION 3 – L'ACTION JURIDICTIONNELLE

Le Parlement européen peut, le cas échéant engager une action juridictionnelle. À titre d'exemple, il peut être invité par la CJUE à lui fournir des renseignements dans le cadre de recours directs ou de renvois préjudiciels. Il peut saisir la CJUE.

SECTION 4 – LA COMPÉTENCE NORMATIVE

Le Parlement exerce une compétence normative au titre désormais de trois procédures (la procédure de coopération a été supprimée par le traité de Lisbonne) :

• la procédure d'avis simple : seule procédure à l'origine. C'est la procédure applicable lorsque aucune autre procédure n'est prévue. L'avis rendu ne lie pas le Conseil. Cette procédure doit être effective et son absence peut entraîner l'annulation par la Cour de Justice de la décision prise par le Conseil. Telle est la portée de l'arrêt dit *Isoglucos*[4]. Cette procédure demeure dans certains domaines politiquement sensibles comme la fiscalité (article 113 TFUE) ;

• la procédure d'avis conforme : l'avis conforme lie le Conseil et confère au Parlement européen un droit de veto. De nombreux cas sont mentionnés dans l'Acte unique européen du 7 février 1986, comme pour les accords d'association et d'adhésion. Une extension est prévue avec le traité sur l'Union européenne de 1992. Le traité d'Amsterdam en restreint quelque peu les cas d'application. Elle demeure essentiellement dans le cadre des procédures d'adhésion sous le nom d'« *approbation* » ;

• la procédure de la codécision : c'est une innovation du traité de Maastricht de 1992. Elle ne cesse de s'étendre à de nouvelles hypothèses. La procédure, longue et particulièrement complexe[5], est décrite par l'article 294 TFUE :

4. CJCE, 29 octobre 1980, *Roquette frères et Maïzena c/ Conseil*, aff. 138 et 139/79, *Rec.* 3375.
5. Le professeur P. Manin évoque un « *chef-d'œuvre de complexité* », *in Les Communautés européennes, l'Union européenne, études internationales*, n° 6, Pedone, 1993, n° 443, p. 183.

- A. dans un premier temps, la Commission présente une proposition au Parlement pour qu'il puisse établir sa position et au Conseil,

- B. le Conseil, à la majorité qualifiée, peut soit arrêter l'acte amendé s'il approuve les amendements figurant dans la position du Parlement, ou arrêter l'acte proposé si le Parlement ne propose aucun amendement ; soit, dans les autres cas, arrêter sa position qu'il transmet au Parlement en informant pleinement celui-ci des raisons de son choix ; la commission transmet également son avis,

- C. si le Parlement, dans un délai de trois mois, ne se prononce pas, l'acte est réputé adopté. S'il rejette la position du Conseil à la majorité absolue de ses membres, l'acte proposé est réputé non adopté. Le Parlement peut également adopter des amendements, le texte ainsi amendé étant transmis au Conseil et à la Commission qui rend un avis sur ces amendements,

- D. le Conseil, dans un délai de trois mois, peut soit accepter ces amendements, et l'acte est réputé adopté soit refuser de tels amendements. Dans cette hypothèse, le président du Conseil, en accord avec le président du Parlement, convoque un comité de conciliation dans un délai de six semaines,

- E. ce Comité paritaire peut soit approuver un projet commun qui doit être approuvé ensuite par le Conseil et par le Parlement, soit ne pas adopter de projet commun et l'acte est alors réputé non adopté. Le Parlement européen dispose par voie de conséquence du dernier mot ;

La procédure de codécision trouve à s'appliquer notamment dans le domaine de l'harmonisation des législations en vue du marché intérieur, de la liberté d'établissement, de la libre prestation des services. Cette procédure est désormais qualifiée de « *procédure législative ordinaire* ».

4. APPROFONDISSEMENT. LES ASSISTANTS PARLEMENTAIRES

Les assistants parlementaires assurent une aide auprès des députés dans l'exercice de leurs fonctions électives. Cette assistance est de nature logistique (secrétariat, communication), mais elle vient également en soutien de l'activité législative et de l'activité politique, notamment en circonscription, les pratiques étant très variables selon les parlementaires. L'assistant fait le lien, d'une part, avec l'institution et, d'autre part, avec les électeurs. Il s'agit d'un travail exigeant, mais qui se situe au cœur de la vie tant politique qu'institutionnelle de l'UE, ce qui explique la population relativement jeune (25 à 35 ans) que ces postes attirent.

En 2013, selon le site Internet du Parlement européen, 3 257 assistants sont enregistrés dont 1 567 sont accrédités et travaillent à Bruxelles et à Strasbourg, les autres étant employés dans les circonscriptions.

Le statut des assistants demeure très flou. Les contrats sont nationaux et passés avec le parlementaire, mais la rémunération est prise en charge par le Parlement de la même manière que les députés. Ceux-ci, depuis 2000, doivent pour cela justifier des contrats de travail et de la couverture sociale de leurs employés. Cette absence de statut est un problème récurrent qui a fait l'objet d'un rappel dans le rapport du Parlement sur le budget

2007. Un Codex a été mis en place qui regroupe l'ensemble des dispositions concernant les assistants, dans l'attente d'un statut unifié.

Le recrutement des assistants est assez opaque, car il dépend des pratiques très diverses des députés, mais il reste très ouvert, ceux-ci cherchant des profils variés et pas nécessairement politisés.

5. EXERCICES

Sujet 1. « Le Parlement européen vote-t-il le budget communautaire ? »

Introduction : la France supporte 17, 6 % du budget de l'Union, contre 30 % à l'Allemagne et 8 % au Royaume-Uni[6]. Pour ce dernier, « *théorie du juste retour* » ou « *le rabais britannique* » : le Royaume-Uni a, en effet, considéré que l'application du système des ressources propres lui était défavorable, dans la mesure où l'agriculture britannique ne bénéficiait que modérément des financements de la PAC. Il bénéficie ainsi du remboursement d'une partie de ses contributions (« *I want my money back !* » Mme Tchatcher). La France et l'Allemagne considèrent que ce « *rabais* » n'est plus justifié et demande au Royaume-Uni de revenir sur sa position. Le refus anglais est à l'origine, pour une large part, de l'échec du Conseil européen de Bruxelles des 17 et 18 juin 2005.

QUELQUES ÉLÉMENTS DE RÉPONSE

Les principaux postes de dépenses de l'Union européenne sont sur un budget de 132,8 milliards d'euros en 2013 :

• conservation et gestion des ressources naturelles (financement de la Politique agricole commune)57,5 milliards d'euros ;

• cohésion pour la croissance et l'emploi les dépenses liées au financement de la politique régionale de l'Union, financée via les « fonds structurels » : le Fonds européen de développement régional (FEDER), le Fonds social européen (FSE), le FEOGA « orientation », le fonds de cohésion, l'IFOP. Ces dépenses représentent 47,2 milliards d'euros ;

• les dépenses (éducation et innovation) de compétitivité 11,9 millions d'euros.

Le traité de Lisbonne a profondément remanié la procédure budgétaire (*cf.* article 314 TFUE). La Commission, sur la base des dépenses prévisionnelles, établit un avant-projet de budget avant le 31 juillet. Ce projet est ensuite transmis au Parlement européen. Le Parlement peut alors y apporter les amendements qu'il souhaite sans faire la distinction entre dépenses obligatoires et non obligatoires.

6. Les chiffres fournis datent de 1996, in J-M Favret, *Droit et pratique de l'Union européenne*, Gualino éditeur, 1996, p. 160.

Depuis l'instauration de ressources propres pour les Communautés européennes, le Parlement européen a acquis des pouvoirs accrus (traité du 22 avril 1970, modifié par le traité du 22 juillet 1975). Le traité de 1970 distinguait deux hypothèses :

• pour les dépenses obligatoires (DO). Les dépenses obligatoires étaient celles qui découlent directement de l'application des traités (environ 2/3 du budget). Elles ne pouvaient donner lieu qu'à une faible intervention du Parlement ;
• pour les dépenses non obligatoires (DNO). Le Parlement pouvait voter des amendements et pas simplement de simples propositions de modification.

Il revient ensuite au Conseil de se prononcer sur ces amendements. En cas de désaccord un comité de conciliation est réuni sur décision des présidents du Parlement et du Conseil.

Ce comité, composé paritairement de députés européens et des membres du Conseil, travaille avec la Commission pour dégager un projet commun voté à la majorité qualifiée des membres du Conseil et à la majorité des représentants du Parlement.

S'ils y parviennent, le projet est soumis à la votation des deux organes. En cas d'échec, la commission présente un nouveau projet.

L'approbation finale réside soit dans un vote favorable soit dans l'approbation d'un organe et l'incapacité à statuer de l'autre.

En revanche, en cas de rejet uniquement par le Conseil, le Parlement peut confirmer son approbation par un vote à la majorité des trois cinquièmes des suffrages exprimés correspondant à la majorité au moins de ses membres.

Sujet 2. « Le Parlement européen est-il un véritable parlement ? »

Introduction : le Parlement européen a connu une évolution qui n'est pas seulement institutionnelle : il devient plus transnational et plus politique. À quelques exceptions près comme le rejet allemand, par 98 députés sur 99, du projet de directive sur les OPA, les votes des députés européens dépassent en général les clivages nationaux et dépendent de la constitution de majorités politiques. Néanmoins, l'hétérogénéité des groupes politiques pose encore problème, ainsi que la polarisation partisane du Parlement qui pourrait accroître sa visibilité. Par ailleurs, le Parlement ne se contente plus d'entériner un compromis passé entre les États au Conseil. Durant la dernière législature, 20 % des textes ont fait l'objet d'une procédure de conciliation. Le chiffre est encore faible, mais il témoigne d'une intervention croissante.

PROPOSITION DE PLAN

I. Le Parlement européen, qui demeure limité dans ses pouvoirs, a connu une montée en puissance institutionnelle.

A. Le Parlement reste une des trois institutions d'un système original.

1. Un équilibre entre l'Europe des peuples et l'Europe des États.
2. Des pouvoirs limités dans de nombreux domaines.

B. La légitimité et les prérogatives du Parlement européen se sont grandement accrues depuis son origine.

1. La légitimité démocratique et le pouvoir d'un véritable parlement.
Élection au suffrage universel et pouvoirs budgétaires.

2. Extension des pouvoirs de décision.
En particulier la codécision qui devient la procédure législative ordinaire dans le traité établissant une Constitution pour l'Europe.

II. La pratique politique du Parlement a atteint un certain degré de maturité.

A. La pratique parlementaire européenne.

1. Les parlementaires ont une vraie vocation européenne.
Quelques problèmes d'implication demeurent, notamment pour certains parlementaires français.
2. Le Parlement ne procède plus à un simple enregistrement des projets de la Commission et des décisions du Conseil.
Utilisation des possibilités d'amendement, ébauche de polarisation politique, débats qui dépassent le cadre bruxellois (voir directive sur les services).

B. Les attentes de démocratisation incitent à poursuivre les développements des pouvoirs du Parlement.

1. Les apports du traité de Lisbonne.
2. L'importance croissante de la place du Parlement dans le jeu institutionnel et politique reflète l'évolution du système européen.
Rapports Commission/Parlement.

2.
LES INSTITUTIONS DE CONTRÔLE NON POLITIQUES

FICHE 15 | LES INSTITUTIONS JURIDICTIONNELLES ET LA COUR DES COMPTES

1. RÉFÉRENCES

- Andriantsimbazovina J., « Le modèle juridictionnel de la Cour européenne des droits de l'homme et la réforme de la Cour de Justice des Communautés européennes », *Revue des affaires européennes*, 2000, p. 410.
- Biancarelli J., « Droit communautaire : un juge à deux têtes », *Revue des affaires européennes*, 1991, p. 3.
- Boulouis J., Chevallier R.-M., *Grands Arrêts de la Cour de Justice des Communautés européennes*, Dalloz, Paris.
- Bergerès M.-C., *Contentieux communautaire*, Paris, PUF, 1998, 3e édition.
- Dehousse R., *La Cour de Justice des Communautés européennes*, Paris, Montchrestien, Clefs, Politique, 1995.
- Mehdi R. (dir.), *L'Avenir de la justice communautaire*, La documentation française, Paris, 1999.
- Molinier J., *Droit du contentieux européen*, LGDJ, Systèmes, Droit communautaire, Paris, 1996.
- Mouton J.-D., Soulard C., *La Cour de Justice des Communautés européennes*, PUF, « Que sais-je ? », Paris, 2004.
- Rigaux A., « Le Tribunal de première instance, relations avec la Cour de Justice. Procédure », *Jurisclasseur Europe*, fascicule 301.
- Rideau J., *Le Droit au juge dans l'Union européenne*, LGDJ, Paris, 1998.
- Rideau J., Picod F., *Code des procédures juridictionnelles de l'Union européenne*, Litec, 2e édition, Paris, 2002.

2. REPÈRES

- Avocats généraux : au nombre de huit à la CJUE, ils sont nommés pour six ans, d'un commun accord, par les gouvernements des États membres. Ils sont chargés de « *présenter publiquement, en toute impartialité et en toute indépendance, des conclusions motivées* ». Ils doivent dire le droit en toute objectivité. Leur mission n'est pas sans rappeler celle des rapporteurs publics devant le Conseil d'État français.
- Renvoi préjudiciel : moyen privilégié de « *dialogue entre les juges* », il consiste en une procédure prévue par l'article 267 TFUE en vertu de laquelle une juridiction d'un État membre sursoit à statuer pour poser au juge communautaire une question en interpré-

tation ou en appréciation de validité d'une règle communautaire. La saisine de la CJUE est facultative pour les juridictions qui estiment qu'une décision sur un point de droit communautaire est nécessaire pour qu'elles puissent rendre leur jugement. Elle n'est obligatoire que pour les juridictions « *dont les décisions ne sont pas susceptibles d'un recours (appel ou cassation)* ». La CJUE rend alors une décision précisant le point de droit communautaire qui laisse soin au juge interne d'en tirer les conséquences dans le litige. La CJUE ne statue pas sur la validité des normes internes. Pour les arrêts rendus sur l'interprétation d'une disposition du droit communautaire, il s'agit, selon l'expression du professeur J. Boulouis, d'une « *autorité absolue de chose interprétée* ».

3. EXPLICATIONS

Outre la Cour de Justice des Communautés européennes (chapitre 1) et le Tribunal de première instance des Communautés (chapitre 2), il s'agit d'évoquer également la Cour des comptes (chapitre 3). La Cour des comptes, contrairement aux deux premières institutions, n'est pas une juridiction. Néanmoins, certains traits de son statut permettent de la rapprocher des juridictions communautaires.

CHAPITRE 1 *LA CJUE*

Créée par les traités originaires sous l'appellation de Cour de Justice des communautés européennes, elle siège à Luxembourg.

SECTION 1 – ORGANISATION

La Cour est formée d'un juge par État membre (article 19 § 2 TUE). Ce sont ces juges qui délibèrent. La Cour comporte également huit avocats généraux qui rendent des conclusions sur le modèle du rapporteur public auprès du Conseil d'État[1]. Les candidatures à ces fonctions donnent lieu à un avis d'un Comité de sept juristes. Une fois l'avis remis aux gouvernements, leur accord est exprimé par la Conférence des représentants des gouvernements des États membres.

Le nombre d'avocats généraux peut être augmenté par une décision du Conseil statuant à l'unanimité. Ils sont nommés pour six ans par les gouvernements nationaux. Seuls les grands États disposent systématiquement d'un avocat général permanent (France, Allemagne, Italie, Grande-Bretagne). Chaque juge ou chaque avocat général est assisté de trois référendaires qu'il a librement choisis.

1. P. Léger, « De la nature de l'avocat général à la Cour de Justice des communautés européennes », *in Mélanges en l'honneur de Jean-Claude Soyer, L'honnête Homme et le droit*, LGDJ, 2000.

Les juges désignent parmi eux, pour une durée de trois ans, le président de la CJUE. Son mandat est renouvelable.

La CJUE établit un règlement de procédure qui est ensuite soumis à l'approbation du Conseil, statuant à la majorité qualifiée.

La Cour siège, soit en grande chambre de quinze juges, qui constitue la formation supérieure de jugement[2] (les affaires très importantes ou à la demande des États ou des institutions), soit en chambres de cinq (les affaires nouvelles ou complexes) ou trois juges (les affaires courantes). La formation plénière n'intervient plus que pour des affaires jugées exceptionnelles ou pour les décisions déclarant démissionnaire un membre d'une autre institution.

SECTION 2 – POUVOIRS

Aux termes de l'article 19 TUE, la Cour est compétente pour assurer le « *respect du droit dans l'interprétation et l'application du présent traité* ».

À ce titre, elle exerce une compétence d'attribution :

• recours en manquement à l'encontre des États n'ayant pas satisfait aux obligations communautaires. Ils sont intentés soit par un État contre un autre État soit par la Commission ;

• recours en annulation relatifs à la légalité des actes communautaires, formés par les États essentiellement (articles 263-264 TFUE). Il présente des analogies avec le recours pour excès de pouvoir en droit français. Le recours peut être formé contre les actes émanant d'une institution communautaire qui sont obligatoires ou qui produisent « *des effets de droit* ». Il s'agit des actes du Conseil, de la Commission, du Parlement européen ou de la Banque centrale européenne. Les règlements intérieurs des institutions peuvent également faire l'objet d'un recours en annulation. En revanche, le recours est irrecevable contre les avis et les mesures d'ordre intérieur sauf si ces dernières servent de fondement à des décisions individuelles. Il existe trois catégories de requérants :

- les requérants institutionnels privilégiés (les États, le Conseil agissant contre la Commission, la Commission agissant contre le Conseil) qui n'ont pas à justifier d'un intérêt spécifique. Le recours est possible quel que soit le motif d'annulation ;

- les requérants institutionnels non privilégiés qui ne peuvent agir que pour la défense de leurs prérogatives. Cela vaut aussi pour le Parlement européen depuis un arrêt du 22 mai 1990, Parlement contre Conseil. Avec le traité de Nice, le Parlement est devenu un requérant institutionnel privilégié. Actuellement, les requérants institutionnels non privilégiés sont la Banque centrale européenne et la Cour des comptes. Le traité établissant une Constitution pour l'Europe prévoit d'y ajouter le Comité des régions ;

2. Les onze juges sont le président de la Cour, les présidents des chambres à cinq juges, le juge rapporteur et un nombre de juges nécessaire pour atteindre le nombre de onze juges.

- les requérants individuels (article 263 alinéa 4) : toute personne physique ou morale agissant contre une décision individuelle dont elle est la destinataire ou contre un acte qui la « *concerne directement et individuellement* ». Ils disposent aussi de l'exception d'illégalité et du renvoi préjudiciel.

• recours en carence, formés par les États à l'encontre de certaines institutions fautives (article 265 TFUE) ;
• actions en réparation contre les institutions ou leurs agents formés par les États essentiellement dans les cinq ans du dommage (articles 268 et 340 TFUE) ;
• pourvois contre les décisions du Tribunal de première instance formés par les États, les institutions et les personnes physiques ou morales ;
• interprétation des traités européens selon la procédure du renvoi préjudiciel. Elle est saisie, sur le fondement de l'article 267 TFUE, par le juge national (la saisine est obligatoire si le juge national statue de dernier ressort) ;
• pouvoir d'avis sur la compatibilité d'accords externes conclus par les Communautés avec les traités européens sur saisine du Conseil, de la Commission et du Parlement (article 218 TFUE).

L'arrêt de la Cour est publié au *JO de l'Union européenne* et a force exécutoire.

CHAPITRE 2 LE TRIBUNAL

Il a été créé par une décision du Conseil de l'Union le 24 octobre 1988 pour alléger les tâches de la Cour. Il est entré en fonction le 1er janvier 1989 et le traité de 1992 l'a intégré au système institutionnel. Il siège à Luxembourg.

SECTION 1 – ORGANISATION

Il se compose d'un juge par État. Il n'existe pas d'avocats généraux, mais depuis le traité de Nice, il est possible d'en désigner. Il siège en chambre de trois à cinq juges. Ses décisions sont susceptibles d'un pourvoi devant la CJUE.

SECTION 2 – POUVOIRS

À l'origine, il ne s'agissait que d'une juridiction adjointe à la CJCE qui connaissait de certains recours à l'exception des questions préjudicielles. Il est compétent en première instance pour (article 256 TFUE) :
• les recours en légalité (article 263 TFUE) ;
• les recours en carence (article 265 TFUE) ;
• les recours en plein contentieux (article 268 TFUE) ;
• les litiges qui dépendent d'une clause compromissoire (article 238 traité CE).

Les litiges entre la Communauté et ses agents relèvent du Tribunal de la fonction publique de l'Union européenne qui est adjoint au Tribunal. Ses décisions sont susceptibles de recours devant le Tribunal.

L'article 256 du TFUE affirme clairement le principe de la compétence de droit commun du Tribunal pour connaître de tous les types de recours exercés par les personnes physiques ou morales à l'exception des questions préjudicielles, des actions en manquement et des recours visés à l'article 272 TFUE (décisions de la Banque européenne d'investissement, actions de la Banque centrale européenne contre les banques centrales nationales).

La CJUE reste compétente pour statuer sur l'essentiel des questions préjudicielles et pour les recours en manquement. Par ailleurs, s'agissant des autres recours, la CJUE est compétente pour statuer sur les recours des États et des institutions communautaires.

Dans ces conditions, il est désormais possible d'évoquer l'existence de trois niveaux de juridiction en droit communautaire. À cela s'ajoute - c'est une idée importante qui sera reprise par la suite - que le juge national reste le juge de droit commun du droit communautaire. Il ne dispose cependant pas de la faculté d'invalider une norme communautaire qui serait contraire au bloc de légalité communautaire. Ceci relève de la compétence exclusive du juge communautaire. Le juge national écarte la règle nationale contraire à un acte communautaire.

Il n'existe pas d'opinions dissidentes devant la CJUE ou le Tribunal. La langue de travail de la Cour est traditionnellement le français (le délibéré est en français).

CHAPITRE 3 LA COUR DES COMPTES

Créée par le traité de Bruxelles du 22 juillet 1975, elle entre en fonction le 1er juillet 1977. Institutionnalisée par le traité de Maastricht, elle constitue désormais une instance de l'Union européenne à part entière dont le siège est à Luxembourg.

SECTION 1 – ORGANISATION

Elle se compose d'un national par État. La durée de leur mandat à la Cour des comptes est de six ans. Ils sont désignés sur proposition des États membres avec approbation à la majorité qualifiée du Parlement.

Les membres exercent leurs fonctions en toute indépendance. Ils désignent parmi eux un président pour un mandat de trois ans renouvelable.

Selon l'article 287 § 4 TFUE, la Cour des comptes établit son règlement intérieur. Celui-ci est soumis à l'approbation du Conseil, statuant à la majorité qualifiée. Ce règlement pose le caractère collégial de l'organisation et de l'action de la Cour. Il établit également des groupes d'audit qui comprennent un certain nombre de divisions spécialisées couvrant les différents domaines budgétaires.

SECTION 3 – POUVOIRS

Elle constitue la « *conscience financière de la Communauté* ». À ce titre, elle dispose des pouvoirs suivants :

• le contrôle de la légalité et de la régularité des dépenses et des recettes (article 287 TFUE) ;

• la possibilité d'effectuer, à cette fin, des contrôles sur place et sur pièces pour s'assurer de la bonne gestion des institutions communautaires ;

• la saisine éventuelle de la CJUE par un recours en annulation pour défendre ses prérogatives (article 263 TFUE). Elle ne peut néanmoins pas poursuivre judiciairement les auteurs des infractions qu'elle a constatées. C'est à la Commission d'ouvrir de telles poursuites. Un recours en carence peut être formé à l'encontre de cette dernière par la Cour des comptes ;

• la publication d'un rapport annuel d'activité transmis au Parlement. Publication éventuelle de rapports spéciaux ; avis rendus à la demande d'une institution communautaire.

Elle ne dispose cependant pas de « *pouvoirs juridictionnels* ».

Dans les faits, La Cour des comptes réalise deux types d'audit :

• l'audit financier qui contrôle la fiabilité, la légalité et la régularité des comptes, imposé par les Traités et qui concerne les états financiers de l'Union européenne, les Fonds européens de développement et tous les autres organismes et agences créés par l'Union ;

• l'audit de la bonne gestion financière qui juge de l'utilisation des ressources au regard des principes d'économie, d'efficience et d'efficacité et qui s'applique à des sujets dont se saisit la Cour.

Pour réaliser ces tâches, la Cour est composée d'environ 800 agents, (auditeurs, traducteurs et personnel administratif).

La Cour s'insère dans un système de contrôle des finances publiques très étoffé qui impose des coopérations à différents niveaux :

• le contrôle interne, dont la réforme a fait partie des conséquences de la démission de la Commission Santer, est assuré au niveau de chaque DG par une direction d'audit interne et, au niveau de la Commission, par une DG dédiée, le Service d'audit interne (IAS) ;

• la protection des intérêts financiers de l'Union est prise en charge par l'Office européen de lutte antifraude (OLAF). Cet office est un service de la Commission, indépendant et disposant de pouvoirs d'enquête. La communication d'informations relevant de l'audit et concernant des suspicions de fraude à l'OLAF a été précisée par une décision de la Cour en 2004. Le traité de Lisbonne avait néanmoins prévu un mécanisme complémentaire.

En effet l'article 86 TFUE prévoit que pour combattre les infractions portant atteinte aux intérêts financiers de l'Union, le Conseil statuant à l'unanimité, après approbation du Parlement européen, puisse établir un Parquet européen. Le 17 juillet 2013, la Commission a fait connaître sa proposition de règlement. Le texte créa une autorité européenne chargée de coordonner l'action de procureurs nationaux compétents en la matière ;

• la coopération avec les institutions supérieures de contrôle des États membres, qui sont compétentes pour le contrôle de l'utilisation des fonds européens par les organes nationaux, a été inscrite dans à l'article 287-3 TFUE ; Ce texte insiste sur la coopération dans le respect de l'autonomie.

La Cour des comptes est une institution hybride, inspirée des modèles français et allemand sur le plan institutionnel, mais se limitant à des fonctions de contrôle et utilisant des règles d'audit d'inspiration anglo-saxonne. Sa création est une conséquence de l'accroissement des pouvoirs budgétaires du Parlement. Elle reste cependant un organe à part, respecté pour la qualité de son travail, mais manquant de légitimité tant par la nomination de ses membres, encore trop dépendante des États membres, que par son absence de pouvoir autonome, notamment juridictionnel. Elle a encore à trouver sa place entre des institutions communautaires dont elle est dans les faits dépendante pour voir son travail traduit en action et des institutions supérieures de contrôle nationales défendant leur souveraineté.

FICHE 16 | LA DÉMOCRATIE PARTICIPATIVE

1. RÉFÉRENCES

- Blumann C., « Les mécanismes non juridictionnels de protection des citoyens européens », *Revue juridique Centre-Ouest*, avril 1992, numéro spécial, p. 223.
- Crespo Allen M., *Le Droit de pétition dans les pays de l'Union européenne*, Luxembourg, Parlement européen.
- Gauthier Y., « Citoyenneté européenne », *in Dictionnaire des Communautés européennes*, PUF, Paris, 1993, p. 161.
- Kovar R., Simon D., « La citoyenneté européenne », *Cahiers de droit européen*, 1993, p. 285.
- Magnette P., « Entre contrôle parlementaire et État de droit : le rôle politique du médiateur dans l'Union européenne », *Revue française de science politique*, 2001, n° 6, p. 933.
- Molinier J. (dir.), *Les Principes fondateurs de l'Union européenne*, PUF, collection « Droit et justice », 2005.

2. EXPLICATIONS

Un des reproches le plus souvent formulé à l'encontre de l'Union est celui de son « *déficit démocratique* ». Les institutions fonctionneraient de manière opaque et souffriraient d'une absence notable de légitimité. Le Parlement, qui ne cesse d'accroître ses pouvoirs, ne dispose pas néanmoins d'un pouvoir décisionnel équivalent à celui des parlements nationaux. Si la procédure de codécision est devenue la procédure de droit commun pour l'adoption des normes communautaires, il reste incontestable que des pans entiers de l'activité de l'Union ne sont soumis qu'à un simple pouvoir d'avis de la part du Parlement européen. Son rôle en matière de politique étrangère et de sécurité commune ou encore en matière de politique sociale s'avère assez limité. Il n'existe par ailleurs pas de possibilité d'organiser un référendum à l'échelle européenne. Dans ces conditions, le reproche souvent fait à l'encontre des institutions communautaires peut paraître justifié. Il importe néanmoins de souligner trois éléments importants :

• des référendums portant sur les questions européennes ont eu recours à la ratification du traité établissant une Constitution pour l'Europe ;

• le Parlement européen assure la représentation des citoyens de l'Union européenne et garantit d'une certaine manière leur participation au processus décisionnel de l'Union ;

• par ailleurs, pour pallier les insuffisances décrites précédemment, les traités prévoient de nouveaux mécanismes destinés à permettre aux citoyens de « *participer* » à la vie de l'Union : tel est le principe de la « *démocratie participative* » que l'on illustrera à travers le recours au médiateur européen (chapitre 1) et au droit de pétition (chapitre 2)[1].

1. La présente fiche est à lire en lien avec la fiche n° 26 sur la « gouvernance européenne » qui évoque des problématiques assez similaires.

CHAPITRE 1 LE MÉDIATEUR EUROPÉEN

L'activité du médiateur vise au bon fonctionnement des institutions communautaires et non à la mise en œuvre du droit communautaire[2].

SECTION 1 – LE STATUT

Le médiateur a été institué par le traité sur l'Union européenne de 1992.

Aux termes de l'article 228 TFUE, le médiateur est élu par le Parlement européen pour un mandat dont la durée est équivalente à la durée de la législature du Parlement (cinq ans). La désignation s'effectue par une décision à la majorité des suffrages exprimés. Le mandat est renouvelable.

Pour être médiateur européen, certaines conditions sont à remplir :

- être citoyen de l'Union européenne ;
- jouir pleinement de ses droits civiques et politiques ;
- offrir toutes les garanties d'indépendance ;
- réunir toutes les conditions requises pour l'exercice des plus hautes fonctions juridictionnelles dans son pays d'origine ou posséder une expérience et une compétence notoire pour l'accomplissement des fonctions de médiateur.

Le médiateur prête serment devant la CJCE. Il est assisté par un secrétariat, composé d'une quinzaine de fonctionnaires, à la tête duquel il nomme un secrétaire général. Il siège à Strasbourg.

La démission d'office du médiateur peut être décidée par la CJCE à la requête du Parlement dans l'hypothèse où le médiateur ne remplirait plus les conditions générales d'exercice de la fonction.

L'actuel médiateur européen, M. Nikiforos Diamandouros, a été réélu en janvier 2010. Il a remplacé le finlandais M. Jacob Magnus Söderman qui a également fait deux mandats.

SECTION 2 – LES FONCTIONS

Le droit de recourir au médiateur comprend le droit de lui présenter des plaintes et d'être informé sur leur traitement ultérieur. Les plaintes déposées n'entraînent aucune suspension des délais de recours dans les procédures juridictionnelles ou administratives. Le requérant peut introduire une plainte dans un délai de deux ans à compter de la date à laquelle il a eu connaissance des faits qui la justifient et après avoir préalablement saisi l'institution communautaire concernée et lui avoir donné l'occasion de remédier à la plainte d'elle-même.

2. I. Harden, « À l'écoute des griefs des citoyens européens de l'Union européenne : la mission du médiateur européen », *RDUE*, 2001, p. 573.

La plainte peut être déposée par tout citoyen de l'Union ou par toute personne ayant son domicile ou son siège statutaire dans un État membre. Elle porte sur les cas de mauvaise administration dans l'activité des organes et des institutions communautaires (« *les décisions prises en retard, les informations erronées, le refus de transmettre certains documents, les problèmes d'accès à des postes de travail au sein des institutions...* »). En revanche, elle ne peut pas concerner l'activité du Conseil européen ou celle des États membres de l'Union.

En résumé, les conditions d'admissibilité des plaintes sont les suivantes :

• l'auteur et l'objet de la plainte doivent être identifiés ;

• le médiateur ne peut pas intervenir dans une procédure engagée devant une juridiction, ni remettre en cause le bien-fondé d'une décision juridictionnelle ;

• la plainte doit être introduite dans un délai de deux ans à compter de la date à laquelle les faits qui la justifient sont portés à la connaissance du plaignant ;

• la plainte doit avoir été précédée de démarches appropriées auprès des institutions et organes concernés ;

• les possibilités de demandes ou de réclamations administratives internes doivent avoir été épuisées préalablement à l'introduction des plaintes ayant trait aux rapports de travail entre les institutions et les organes communautaires et leurs fonctionnaires ou autres agents.

Le médiateur examine la recevabilité de la plainte, puis décide de l'ouverture ou non d'une enquête. Si une enquête est ouverte, un devoir de coopération s'impose à toutes les autres institutions communautaires. L'objectif de cette coopération est de parvenir à une solution amiable de nature à éliminer tous les cas de mauvaise administration. Si cette dernière est impossible à obtenir, le médiateur classe l'affaire par une décision motivée qui peut comporter un commentaire critique.

CHAPITRE 2 LE DROIT DE PÉTITION

Un autre instrument essentiel de « *démocratie participative* » est le droit de pétition qui constitue une prérogative du « *citoyen européen* ». S'il existe depuis 1953, ce droit est relié à la « *citoyenneté européenne* » par le traité de Maastricht (article 21 du traité CE qui renvoie à l'article 194 du traité CE et 174 et 176 du règlement intérieur). Il permet à tout citoyen de l'Union ainsi qu'à toute personne physique ou morale résidant ou ayant son siège statutaire dans un État membre, à titre individuel ou en association avec d'autres citoyens, de soulever auprès du Parlement européen une question en rapport avec la Communauté. Les sujets les plus fréquemment retenus sont les affaires sociales, puis l'environnement (1 000 à 1 400 pétitions par an[3]).

Le traité de Lisbonne a donné une envergure plus large à ce droit (articles 11 TUE et 24 TFUE). Un million de citoyens au moins peuvent inviter la Commission à soumettre une proposition d'acte juridique sur une question de sa compétence. La procédure a été précisée par le règlement n°211/2011 du 16 février 2011. L'initiative appartient d'abord à

3. J.-L. Clergerie, A. Gruber, P. Rambaud, *L'Union européenne*, Précis Dalloz, 2002, p. 600.

un comité de sept citoyens en âge de voter aux élections du Parlement européen résidant dans au moins un quart des pays de l'Union. Ces conditions remplies, l'initiative doit être enregistrée par la Commission si elle réunit les conditions de recevabilité juridique. C'est alors que le soutien d'un million de personnes doit être recherché dans au moins sept pays. Si ces voix sont réunies, les États concernés doivent vérifier leur authenticité.

Présentée par les adversaires du traité comme étant une « *simple mesure gadget* », cette disposition constitue néanmoins du point de vue de la théorie démocratique un élément intéressant. Il figure en effet au sein de l'article 11 TUE qui fait partie du Titre II relatif « *aux principes de la démocratiques* », Il fait suite à l'article à l'article 10 relatif au « *principe de la démocratie représentative* ». On dispose ici d'indices intéressants quant à la manière dont l'Europe entend pallier le déficit démocratique. Si l'Union européenne repose sur un principe représentatif, celui-ci doit être complété par l'action concrète des citoyens qui disposent d'un véritable droit d'action et de contrôle sur les institutions européennes.

3. EXERCICE

Sujet. « Portée et effectivité de la citoyenneté européenne »

La « *citoyenneté européenne* », évoquée lors du Conseil européen de Fontainebleau, apparaît avec le traité de Maastricht du 7 février 1992. Elle est consolidée avec le traité d'Amsterdam, puis avec le traité établissant une Constitution pour l'Europe.

PROPOSITION DE PLAN

I. La définition de la « citoyenneté européenne ».

A. Naissance de la « citoyenneté nationale ».

B. Une conception additive.

Elle ne se substitue pas aux diverses citoyennetés nationales, mais leur est complémentaire. Seuls les nationaux d'un État membre de l'Union européenne sont « *citoyens européens* ». Voir l'article I-10 du « *traité établissant une Constituant pour l'Europe* ».

II. Les attributs de la citoyenneté européenne.

A. Les droits spécifiquement liés à la qualité de « citoyen européen ».

- le droit de circuler et de séjourner librement sur le territoire des États membres ;
- le droit de vote et d'éligibilité aux élections au Parlement européen et aux élections municipales ;

• le droit de bénéficier de la protection des autorités diplomatiques et consulaires dans les mêmes conditions que les ressortissants de cet État.

B. Les droits du citoyen européen appartenant à toute personne résidant sur le territoire de l'Union européenne.

• le droit d'adresser des pétitions au Parlement européen ;
• le droit de recourir au médiateur européen ;
• « *le droit de s'adresser aux institutions et aux organes consultatifs de l'Union dans l'une des langues de la Constitution et de recevoir une réponse dans la même langue* ».

FICHE 17 | LES ORGANES CONSULTATIFS ET LES ORGANES DE L'UNION MONÉTAIRE

1. RÉFÉRENCES

- Bassot E., « Le Comité des régions : régions françaises et Länder allemands face à un nouvel organe communautaire », *Revue du marché commun*, 1993, p. 729.
- Chemain R., *L'Union économique et monétaire, aspects juridiques et institutionnels*, Ellipses, Paris, 1997.
- Dehove M., « L'Union économique et monétaire et les nouvelles institutions du projet de Constitution », *in L'Europe en voie de constitution. Pour un bilan critique des travaux de la Convention*, sous la direction d'O. Beaud, A. Lechevalier, I. Pernice et S. Strudel, Bruylant, Bruxelles, 2004, p. 165.
- Féral P.-A., *Le Comité des régions de l'Union européenne*, PUF, « Que sais-je ? », n° 3369, Paris, 1998.
- Louis J-V., « Les institutions du système européen de banques centrales », *in L'Europe et le droit, Mélanges Jean Boulouis*, Dalloz, Paris, 1991, p. 375.
- Rigaux A., « Comité économique et social », *in* R. Kovar et C. Gavalda (dir.), *Répertoire communautaire*, Dalloz, Paris, 1993.
- Roche C., « Les collectivités territoriales et l'Union européenne », AJDA, 2005, n° 24, p. 1325.

2. EXPLICATIONS

Outre le Comité des régions (chapitre 1) et le Comité économique et social européen (chapitre 2), la fiche présentera le « système bancaire européen » (chapitre 3).

CHAPITRE 1 LE COMITÉ DES RÉGIONS

Créé par le traité sur l'Union européenne, il représente les collectivités locales et régionales de l'Union européenne et siège à Bruxelles. Sa création est due à l'insistance de l'Allemagne qui y voyait un moyen nécessaire pour assurer un droit de regard des États fédérés sur le fonctionnement de la politique de l'Union. La Grande-Bretagne et la France, États unitaires, se montraient davantage réticentes sur la mise en place d'une telle institution. Pour ces États, la construction européenne est l'affaire des États et non celle des régions. Le Comité des régions doit être distingué du Congrès des pouvoirs locaux et régionaux qui dépend du Conseil de l'Europe.

SECTION 1 – ORGANISATION

Il comprend actuellement 353 membres représentant les régions, nommés pour cinq ans à la majorité qualifiée par le Conseil sur proposition des États. Il peut s'agir de représentants des Communes, des départements ou des régions. Aux termes de l'article 305 TFUE, les membres du Comité sont soit titulaires d'un mandat électoral au sein d'une assemblée régionale ou locale soit politiquement responsables devant une assemblée élue.

Outre une réunion cinq fois par an en Assemblée plénière, le Comité travaille pour l'essentiel en commissions et en sous-commissions. Il existe six commissions permanentes du Comité des régions : la politique de cohésion territoriale ; la politique économique et sociale ; la politique de l'environnement, du changement climatique et de l'énergie ; la politique de l'éducation, de la jeunesse et de la recherche ; de citoyenneté, de la gouvernance et de la politique des relations extérieures ; des ressources naturelles.

SECTION 2 – POUVOIRS

Il n'exerce qu'une fonction consultative.

Le Comité est obligatoirement consulté par la Commission européenne et le Conseil de l'Union dans les domaines de l'éducation, de la culture, de la jeunesse, de la santé publique, de la politique régionale. Il est également consulté sur les questions sociales (l'emploi, la formation professionnelle, le Fonds social européen...). De plus, le Comité peut saisir la CJUE si il considère qu'un acte pour lequel il est obligatoirement consulté porte atteinte au principe de subsidiarité.

Il peut aussi rendre des avis à la demande du Parlement européen (article 307 TFUE) ou de sa propre initiative. Il dispose d'un délai d'un mois minimum pour statuer. À l'expiration du délai imparti, il peut être passé outre à son absence de réponse (article 307 TFUE).

L'expérience a montré que, malgré un rôle plutôt limité à l'origine, le Comité des régions a su élargir ses compétences en utilisant tous les moyens mis à sa disposition. Il est devenu un « *lieu de communication et d'échange entre représentants locaux*[1] ».

CHAPITRE 2 LE COMITÉ ÉCONOMIQUE ET SOCIAL EUROPÉEN

Créé par le traité de Rome (articles 257 à 262 traité CE), il vise à assurer une représentation des forces économiques au sein de l'Union européenne. À ce titre, il représente les diverses catégories socio-économiques de l'Union : les employeurs, les travailleurs, les agriculteurs, les commerçants, les artisans, les professions libérales, les consommateurs, les

1. C. Roche, « Les collectivités territoriales et l'Union européenne », *AJDA*, 2005, n° 24, p. 1326.

défenseurs de l'environnement et le secteur associatif. Il ne faut pas le confondre avec la Confédération européenne des syndicats ni avec les Comités économiques et sociaux des États membres.

SECTION 1 – ORGANISATION

Il comporte un maximum de 350 membres issus des organisations nationales les plus représentatives. Ils sont nommés, pour cinq ans renouvelables, par le Conseil de l'Union à la majorité qualifiée. Ils sont répartis en trois groupes : les employeurs, les travailleurs (représentent les organisations syndicales) et les activités diverses (agriculteurs, artisans, commerçants, PME-PMI, professions libérales).

Leurs travaux sont préparés par les six sections de travail (agriculture, emploi, transports, marché unique, UEM, relations extérieures), puis un avis est rendu à la majorité simple lors des réunions en session plénière. Les avis sont adressés aux institutions et publiés au JOUE.

SECTION 2 – POUVOIRS

Le Comité est obligatoirement consulté dans certains cas prévus par les traités et peut l'être lorsque la Commission ou le Conseil en éprouvent la nécessité. Depuis le traité d'Amsterdam, le Parlement européen peut également le consulter. Il est consulté sur les questions d'éducation, de santé, de politique des consommateurs et sur la législation en matière sociale. Il peut rendre des avis de sa propre initiative.

Ses avis, rendus à la majorité simple en formation plénière, ne sont pas contraignants.

CHAPITRE 3 LE SYSTÈME BANCAIRE

SECTION 1 – LA BANQUE CENTRALE EUROPÉENNE

Instituée par le traité sur l'Union européenne de 1992, la Banque centrale européenne est indépendante des États membres. Se substituant à l'Institut monétaire européen, elle est opérationnelle depuis le 1er janvier 1999. Son siège est à Francfort (présidence de J.-C. Trichet).

1. Organisation

Le Conseil des gouverneurs est l'organe qui réunit les gouverneurs des Banques centrales nationales des États membres de la zone euro et les 6 membres du directoire (dont le président, le vice-président, et les quatre autres membres nommés pour huit ans non renouvelables par les États).

Le système européen des banques centrales (SEBC) regroupe la Banque centrale européenne (BCE) et les banques centrales nationales. La BCE se compose du Conseil des gouverneurs (17 membres), du directoire (6 membres), et du Conseil général (34 membres). C'est le Conseil des gouverneurs composé des membres du directoire de la BCE et des gouverneurs des banques centrales des États qui administre la BCE.

La BCE comme les banques centrales nationales doivent être indépendantes par rapport aux autorités communautaires et nationales[2].

2. Pouvoirs

Les missions fondamentales assignées au SEBC sont :
- définir et mettre en œuvre la politique de la Communauté ;
- conduire les opérations de change ;
- détenir et gérer les réserves officielles de change des États membres ;
- promouvoir le bon fonctionnement des systèmes de paiement.

La BCE, qui dispose de la personnalité juridique, est consultée, selon le paragraphe 4 de l'article 127 TFUE, sur les actes communautaires et par les autorités nationales sur les projets de réglementation dans les domaines de sa compétence. Elle émet alors des avis.

La BCE veille à la stabilité des prix et au respect du pacte de stabilité et de croissance par les États. Le Conseil des gouverneurs définit la politique monétaire de l'Union, gère les réserves de change de l'Union. Il adopte les décisions à la majorité simple.

Le directoire met en œuvre la politique monétaire ainsi décidée et donne des instructions aux Banques centrales nationales.

Pour remplir ses missions, la BCE peut adopter des règlements, des décisions et émettre des recommandations et avis. Elle peut également infliger des amendes et des astreintes aux entreprises en cas de non-respect de ses règlements et décisions (article 132 TFUE).

La BCE présente un rapport annuel aux Conseils européens et de l'Union, au Parlement et à la Commission.

La crise économique a conduit à l'élargissement de ses compétences en matière de contrôle. Dans le cadre du paquet législatif adopté le 24 novembre 2010, elle est placée au cœur du système européen de surveillance financière compétent en matière de contrôle des banques, assurances et des marchés financiers.

2. J.-P. Rougeaux, « Le statut de la banque de France », in *Clés pour le siècle*, université Panthéon-Assas, 2000, Dalloz, p. 53.

SECTION 2 – LA BANQUE EUROPÉENNE D'INVESTISSEMENT

Créée par le traité de Rome, elle est devenue une institution communautaire avec le traité de Maastricht (articles 266 et 267 du traité CE désormais articles 308 et 309 TFUE). Elle a pour mission de financer des projets d'investissements productifs qui contribuent à la réalisation des objectifs de l'Union. L'article 309 définit les types de projets concernés : la mise en valeur des régions les moins développées, la modernisation, la conversion ou la création d'activités rendues nécessaires par l'établissement du marché commun ou de projets d'intérêt commun pour les États membres. Le plan d'activité de la banque pour la période 2013-2015 comprend comme priorités : le soutien aux PME ; l'équilibre entre régions ; la cohésion économique et sociale, le développement des réseaux transeuropéens ou la protection et l'amélioration de l'environnement. Elle a ainsi versé pour 38 milliards d'euros de prêts en 2004, dont 10 % à destination de pays partenaires.

La BEI est financée par des emprunts levés sur les marchés financiers, où elle possède la meilleure notation (AAA), et par les États membres qui participent conjointement à son capital, la contribution de chaque pays étant en proportion de son poids économique. Ses ressources ne proviennent donc pas du budget européen.

La BEI est également l'actionnaire majoritaire du Fonds européen d'investissement, qui a été mis sur pied en 1994 pour financer des investissements dans les petites et moyennes entreprises (PME).

Elle est régie par le Conseil des gouverneurs, composé des ministres des Finances, qui définit la politique de prêt de la Banque, par le conseil d'administration et par le comité de direction, qui est son organe exécutif. Elle siège à Luxembourg.

3. EXERCICES

Sujet 1. « En quoi consistent les contraintes budgétaires imposées par l'Union européenne ? »

La discipline budgétaire est organisée par l'article 126 TFUE. Selon le paragraphe 1er, les États membres doivent éviter les « *déficits publics excessifs*[3] ». À cet égard, le déficit public ne doit pas excéder 3 % du PIB et la dette publique, 60 % du PIB (protocole n° 20 annexé au traité de Maastricht). Le dispositif prévu par le traité de Maastricht a été complété en

3. Le règlement (CE) n° 3605/93 apporte les précisions suivantes : « *public* » signifie ce qui se rapporte au secteur « *administrations publiques* » ; « *déficit* » signifie besoin de financement du secteur « *administrations publiques* » ; « *dette publique* », valeur nominale de tous les engagements bruts en cours à la fin de l'année du secteur « *administrations publiques* ». Le secteur « *administrations publiques* » comprend « *l'administration centrale* », les « *administrations locales* » et la « *sécurité sociale* ».

1997 par le Pacte de stabilité et de croissance[4], dispositif encore plus contraignant qui a été remis en cause en novembre 2003 par l'Allemagne et la France.

En matière de « *déficit public excessif*[5] », la Commission joue un rôle de surveillance décisif. En effet, si un État ne satisfait pas à ces obligations, celle-ci publie un rapport tenant compte de « *tous les facteurs pertinents* », et adressé pour avis au Comité institué par l'article 134 TFUE (Comité économique et financier de caractère consultatif en place depuis le 1er janvier 1999). En juin 2005, la Commission a relevé que cinq États avaient un déficit public excédant les 3 % du PIB : l'Allemagne, la France, la Grèce, l'Italie et le Portugal.

Si la Commission considère qu'il y a « *déficit excessif* », elle adresse un avis et une recommandation au Conseil. C'est ce dernier qui, après avoir entendu l'État mis en cause, décidera, à la majorité qualifiée, s'il y a ou non « *déficit public excessif* ». Dans cette hypothèse, il formule des recommandations à l'État concerné en vue de remédier à ce déficit excessif. Non publiques dans un premier temps, ces recommandations peuvent le devenir en cas de non-réaction de la part de l'État. Si celle-ci se poursuit, le Conseil peut mettre en demeure l'État de résorber pour partie son déficit. Ce dernier est alors tenu de réagir et de publier des rapports concernant sa situation budgétaire précise, ainsi que les mesures qu'il entend prendre à cet effet. Au terme de la procédure, l'État peut même être sanctionné par le Conseil. Ce dernier peut :

- inviter la Banque européenne d'investissement à revoir sa « *politique de prêts* » envers cet État ;
- exiger de l'État un dépôt sans intérêt auprès de la Communauté ;
- imposer des amendes.

À la suite de la crise de 2008, l'Union européenne a progressivement renforcer les moyens de contrôle des dérives budgétaires des États. Sur le fondement de l'article 136 TFUE révisé en 2010, est établi un Mécanisme européen de stabilité financière destiné à aider les États sur le plan financier. À partir de nouveaux règlements édictés en novembre 2010 et en mai 2013, l'Union européenne a été dotée d'instruments de contrôle renforcé des décisions budgétaires des États[6].

4. Ce qu'on appelle « *Pacte de stabilité et de croissance* » se compose de deux résolutions des 16 (sur la croissance et l'emploi) et 17 juin (sur le pacte de stabilité et de croissance) 1997 du Conseil européen et deux règlements du Conseil de l'Union du 7 juillet 1997.

5. Règlement (CE) n° 1467/97 « *visant à accélérer et à clarifier la mise en œuvre de la procédure concernant les déficits excessifs* ». Il est entré en vigueur le 1er janvier 1999.

6. *Cf.* « Renforcement de la discipline budgétaire européenne », *La Semaine Juridique Entreprise et Affaires*, n° 24, 13 juin 2013, act. 452.

Sujet 2. « L'Europe des régions »

Introduction

Face à des États-nations, dont la capacité d'action et le rôle central sont mis en cause par la mondialisation, et à une Europe jugée trop lointaine par ses citoyens, les régions prennent une place croissante dans le fonctionnement et le système de l'Union européenne. En premier lieu, les régions affirment leur identité culturelle. L'adoption par le Conseil de l'Europe de la Charte des langues régionales et minoritaires en 1992 s'inscrit dans ce mouvement. En second lieu, cette revendication rejoint celle d'une plus grande proximité dans la prise de décision. Les revendications « *autonomistes* » ou « *décentralisatrices* » sont ainsi observables dans de nombreux pays d'Europe : processus de dévolution en Ecosse et au Pays de Galles, régionalisation en Catalogne et au Pays basque...

Cette évolution prend forme au niveau européen avec l'institutionnalisation du rôle des régions et leur adaptation à cette nouvelle place. Les fonds structurels, qui instituent la région comme niveau d'intervention des politiques communautaires, ont pris une importance de plus en plus grande. Ils financent, en particulier, une des quatre initiatives communautaires, Interreg, qui est consacrée à la coopération transfrontalière, transnationale et transrégionale. Le Comité des régions, institué par le traité de Maastricht sous la pression des Länder allemands, bien que n'ayant qu'un rôle consultatif, a acquis un poids politique important. En parallèle, les régions se sont organisées (régions de l'arc atlantique, régions de la « *banane bleue* ») et ont développé une activité de lobbying auprès des institutions. Enfin le choix de la subsidiarité, comme principe de répartition des compétences, peut conduire, par ricochet, à une remise en cause de la pertinence de certaines actions de l'État.

Cependant, si la construction européenne fait une place confortable aux régions comme niveau d'action pertinent, tant du point de vue de l'efficacité que du fonctionnement démocratique, elles demeurent un simple échelon dont le pouvoir reste local. L'État, bien que pris dans un double mouvement de concession de certaines de ses compétences au niveau européen ou régional, reste la charnière de l'architecture européenne.

Proposition de plan

I. Les régions, éléments importants du fonctionnement de l'Union.

A. Les fonds structurels attribués aux régions.

B. L'institutionnalisation du rôle des régions.

II. Le rôle essentiel reste à l'État.

A. Les régions, un échelon subordonné à l'autorité des États.

B. La construction européenne repose avant tout sur la double légitimité des États et des peuples.

FICHE 18 | LA VIE INSTITUTIONNELLE D'UNE POLITIQUE MATÉRIELLE : L'EXEMPLE DE LA POLITIQUE AGRICOLE COMMUNE (PAC)

1. RÉFÉRENCES

- Adam V., *La réforme de la politique agricole commune de l'Union européenne ou L'évolutionnisme permanent du droit communautaire*, L'Harmattan, 2001, 2 vol. (463 et 397 p.).
- Bianchi D., « Y a-t-il encore quelque chose de «commun» dans la nouvelle Politique agricole commune ? » *Revue trimestrielle de droit européen*, 2005-07/09, n°3, pp. 623-670.
- Bureau J.-C., *La Politique agricole commune*, Découverte, 2007, 121 p.
- Delorme H. (dir.), *La Politique agricole commune, anatomie d'une transformation*, Presses de Sciences po, 2004.
- Gueguen D., « Réforme de la Politique agricole commune : qui décide et comment ? » *Demeter, économies et stratégies agricoles*, 2004, pp. 227-250.
- Loyat J., Petit Y., *La politique agricole française (PAC) : un enjeu de société*, La Documentation française, 20.
- Petit Y., Notice 7, « La politique agricole commune », *in L'Union européenne, Les notices*, La Documentation française.

2. REPÈRES : DÉFINITIONS

- **La Politique agricole commune (PAC)** : Elle est la plus ancienne et la plus communautarisée des politiques de l'UE. Elle avait pour but d'assurer la sécurité alimentaire de l'Europe tout en procurant aux agriculteurs, qui représentaient alors une proportion importante de la population active, un revenu suffisant. Ses principes ont été établis par le traité de Rome et mis en application par la Commission en 1962 en suivant les recommandations faites par les ministres de l'agriculture à la conférence de Stresa en 1958.
- **La révision à mi-parcours (mid-term review)** : Prévue lors de l'adoption de l'Agenda 2000 au sommet de Berlin de 1999, elle s'est transformée de façon inattendue en une réforme radicale adoptée le 26 juin 2003. Elle a pour but de développer une agriculture durable et vise à une compatibilité avec les engagements internationaux de la France.

3. EXPLICATIONS

La PAC repose sur deux piliers. Le principal, tant historiquement que budgétairement, se compose des mesures de soutien des marchés (prix institutionnels, prélèvements à l'importation et restitution à l'exportation, mécanismes d'intervention), des organisations communes de marché (OCM) par productions ou groupe de production et, depuis 1992, des aides directes. Le second, fortement renforcé par l'Agenda 2000, comporte les mesures de développement rural. Son coût et l'accumulation des excédents ont imposé à la PAC une première série de réformes comportant un encadrement budgétaire plus strict et des mesures de maîtrise de la production (quotas laitiers et quantités maximales garanties). Les exigences du GATT, puis de l'OMC ont présidé à la réforme majeure de 1992 qui a remis en cause le soutien par les prix. Elles se sont associées aux préoccupations environnementales et qualitatives des consommateurs, ainsi qu'aux reproches d'inéquité de la répartition des aides, pour conduire aux réformes de 1999 et de 2003.

Conformément à l'article 34-3 TCE (désormais art. 40 TFUE), le financement de la PAC était l'objet du Fonds européen d'orientation et de garantie agricole (FEOGA) divisé entre une section Garantie, la principale consacrée au financement des OCM et à une part du développement rural lié au soutien du marché, et une section Orientation prenant en charge le reste des mesures de développement rural. Depuis le 1er janvier 2007 le Fonds européen agricole de garantie (Feaga) et le Fonds européen agricole de développement durable (Feader) ont remplacé le FEOGA. Les deux piliers sont ainsi plus nettement séparés. Les budgets agricoles sont prévus, dans le cadre financier adopté en 2006 pour la période 2007-2013, à la rubrique « conservation et gestion des ressources naturelles » qui couvre également le développement rural, l'environnement et la pêche. Cette rubrique représente pour ces sept années, 293 milliards d'euros soit 43 % des engagements qui se montent à 864 milliards d'euros. 81 % sont consacrés à la régulation des marchés agricoles et aux paiements directs. La PAC est également génératrice de ressources. Les droits agricoles et les cotisations sucre sont l'une des ressources propres de l'Union pour 2 % du budget général.

La volonté de maîtrise des dépenses de l'Union a conduit le Conseil européen de Copenhague des 10 et 11 décembre 2002, à l'occasion de l'élargissement de l'Union à 25, à plafonner pour la prochaine période de programmation (2007-2013) les dépenses de marché de la PAC au bénéfice des vingt-cinq États membres au niveau des plafonds prévus pour 2006 par l'accord interinstitutionnel du 6 mai 1999 sur la discipline budgétaire et l'amélioration de la procédure budgétaire. Le budget de la PAC sur cette période est ainsi à la fois sanctuarisé et strictement encadré. L'accord interinstitutionnel sur la discipline budgétaire et la bonne gestion financière du 17 mai 2006 pour les années 2007-2013 a confirmé cette orientation. Suite à l'accord du Conseil européen du 17 décembre 2005 la Commission fera des préconisations en 2008-2009 sur l'avenir du budget européen, notamment sur la PAC, pour l'après 2013.

Bien que les politiques matérielles de l'UE ne fassent pas l'objet de ce manuel, l'étude du fonctionnement de la mécanique décisionnelle qui permet leur mise en place rend plus concrète l'analyse des institutions présentées dans les fiches précédentes et met en évidence la répartition des compétences et les jeux institutionnels au sein de l'Union. À cette fin nous utiliserons la PAC, politique commune emblématique, en déroulant la procédure normative : la définition des principes et leur insertion dans l'ordre communautaire (chapitre 1), l'adoption des actes (chapitre 2), l'adoption des mesures d'exécution (chapitre 3) et l'exécution à proprement parler (chapitre 4).

CHAPITRE 1 LA DÉFINITION DES PRINCIPES ET LEUR INSERTION DANS L'ORDRE COMMUNAUTAIRE

Les traités définissent des principes dont il revient à la CJCE de déterminer la conciliation.

Les objectifs de la PAC, inscrits dès le traité de Rome, sont posés à l'article 33 TCE :

• accroître la productivité ;

• assurer un niveau de vie équitable aux agriculteurs (qui connaissaient alors des écarts de revenus importants) ;

• stabiliser les marchés (la demande de produits agricoles reste constante alors que offre peut fluctuer fortement conduisant à une instabilité importante néfaste tant aux consommateurs qu'aux producteurs) ;

• garantir la sécurité des approvisionnements (après la guerre l'autosuffisance alimentaire était un objectif important) ;

• assurer des prix raisonnables aux consommateurs (de manière à augmenter le pouvoir d'achat).

L'atteinte de ces objectifs repose sur trois principes :

• l'unicité du marché inscrite à l'article 32 : les produits doivent circuler librement et les prix sont communs ;

• la préférence communautaire qui était posée à l'article 44 du traité CEE aujourd'hui abrogé. Elle va de pair avec le régime unique aux frontières ;

• la solidarité financière qui, comme le fait remarquer Y. Petit, n'est pas explicitement dans les traités, mais qui découle de l'existence des fonds (art 40 TFUE) qui couvrent l'ensemble des dépenses de la PAC indistinctement par les ressources propres et sans correspondance pour les États membres entre ce qui versé et ce qui est reçu.

Dans les faits les objectifs et les principes de la PAC ne sont pas strictement respectés. D'une part, ils doivent être conciliés entre eux, d'autre part leur application doit s'adapter aux autres exigences du droit européen.

Comme l'a exprimé la CJCE, « *les institutions communautaires doivent assurer la conciliation permanente que peuvent exiger d'éventuelles contradictions entre ces objectifs considérés séparément et, le cas échéant, accorder à tel ou tel d'entre eux, la prééminence temporaire qu'imposent les faits ou circonstances économiques au vu desquels elles arrêtent leurs décisions* » (*SA Roquette Frères contre État français*, 20 octobre 1977). La préférence communautaire est le principe qui fournit le meilleur exemple de ces accommodements nécessaires. Elle a été mise à mal aussi bien par les dérogations qu'a pu obtenir notamment le Royaume-Uni dans ses relations commerciales avec les États du Commonwealth, que par les accords internationaux tels que les conventions de Lomé et l'accord de Cotonou ou ceux conclus dans le cadre de l'OMC. La CJCE a validé cette relativisation du principe face aux réalités de la politique commerciale (*République hellénique contre Conseil de l'Union européenne*, 14 juillet 1994) : « *si le principe de la préférence communautaire est un élément susceptible d'être pris en considération par les institutions communautaires dans le cadre de la politique agricole commune, il ne peut toutefois intervenir sur leur décision qu'après évaluation de tous les facteurs économiques influençant le commerce mondial. Cette préférence n'est en aucun cas une exigence légale, dont la violation entraîne l'invalidité de l'acte concerné* ».

Plus classiquement la mise en œuvre des principes de la PAC peut entrer en conflit avec des principes généraux des traités. Ainsi les rapports de la PAC et des règles de concurrence sont réglés à la fois par l'article 38 TFUE qui stipule que « *sauf dispositions contraires des articles 39 à 44 inclus, les règles prévues pour l'établissement du marché commun sont applicables aux produits agricoles* » et par l'article 36 selon lequel « *les dispositions du chapitre relatif aux règles de concurrence ne sont applicables à la production et au commerce des produits agricoles que dans la mesure déterminée par le Conseil* ». En conformité avec ces articles, la CJCE a reconnu la validité des dérogations ainsi posées tant aux abus de positions dominantes, qui pourraient en particulier être le fait des coopératives agricoles, qu'aux aides d'État.

Enfin le raisonnement téléologique utilisé par la Cour permet à cette dernière d'interpréter les objectifs de la PAC au regard « *d'exigences d'intérêt général* » telles que la protection du consommateur (*Royaume-Uni/Conseil – Substances à effet hormonal*, 23 février 1988) ou celle de l'environnement.

CHAPITRE 2 L'ADOPTION DES ACTES

L'adoption des normes qui définissent les mécanismes de la PAC témoigne dans la pratique d'une propension au compromis intergouvernemental.

Le traité de Rome a défini les principes de la PAC, mais n'avait pas précisé les mécanismes qui sont détaillés par les actes communautaires ultérieurs. La procédure de décision applicable à la PAC est la procédure de consultation selon l'article 43 TFUE : « *Sur proposition de la Commission et après consultation du Parlement européen, le Conseil, statuant à la majorité qualifiée, arrête des règlements ou des directives ou prend des décisions, sans préjudice des recommandations qu'il pourrait formuler* ». En revanche, sont adoptées selon la procédure de codécision « *par dérogation à l'article 37 les mesures dans les domaines vétérinaire et phytosanitaire ayant directement pour objectif la protection de la santé publique* » (art. 152-4 TCE). Dans le cadre de l'article 43, l'avis du Comité économique et social (CES) est obligatoire (il est préparé par la section 1 « *Agriculture, développement rural et environnement* »), mais dans les faits le CES ne manifeste pas un intérêt majeur pour la PAC. L'avis du Comité des régions (CR) est facultatif. Il est toutefois obligatoire sur les questions environnementales.

L'anachronisme de l'usage de la procédure de consultation, longtemps défendu par la France, devrait prendre fin en cas d'adoption du projet de traité modificatif qui stipule que « *le Parlement européen et le Conseil, statuant conformément à la procédure législative ordinaire* [la co-décision] *et après consultation du Comité économique et social, établissent l'organisation commune des marchés agricoles* [...]. *Le Conseil, sur proposition de la Commission, adopte les mesures relatives à la fixation des prix, des prélèvements, des aides et des limitations quantitatives, ainsi qu'à la fixation et à la répartition des possibilités de pêche* ».

Les travaux du Conseil sur les projets transmis par la Commission ne sont pas préparés par le Comité des Représentants permanents (COREPER), mais par le Comité spécial agriculture (CSA). Celui-ci fut institué par une décision du Conseil du 12 mai 1960 relative à l'accélération du rythme de réalisation des objectifs du Traité. Les six État membres de l'époque, souhaitant accélérer la mise en place de l'Union douanière et de la politique agricole commune, ont créé un organe spécialisé pour la préparation des dispositions relatives à la PAC. Le CSA a par ailleurs une mission complémentaire d'information des États membres et de la Commission sur l'évolution des marchés agricoles et d'étude des problèmes ayant trait à la gestion de ces marchés, qu'elle s'est vue confier par le Conseil en 1967. Le CSA se réunit chaque semaine. Il est composé de représentants des États membres. Ses activités, comme celles du COREPER, sont préparés par des groupes travail, 24 dans le domaine agricole, qui comprennent des membres des Représentations permanentes ou des administrations nationales concernées, ainsi que des membres de l'administration européenne (secrétariat général du Conseil, Commission), les ordres du jour étant décidés par le pays exerçant la présidence de l'Union. En matière agricole ces groupes sont organisés notamment de manière sectorielle.

Les actes adoptés sont principalement des règlements, ce qui correspond aux caractéristiques de la PAC à la fois fortement communautarisée et technique. Ils concernent l'organisation des productions, les mesures structurelles, la politique de qualité, la sécurité des aliments...

Il est à noter que la politique agricole relève de la compétence exclusive de la Communauté, comme l'a confirmé la CJCE dans l'arrêt du 14 juillet 1994 *Rustica semences*. En l'espèce, la Cour a considéré que l'aide spéciale dont il était question dans le litige était « *une mesure de politique agricole commune relevant de la compétence exclusive de la Communauté. Il ne saurait être admis que les États membres adoptent des mesures nationales allant à l'encontre de la réglementation communautaire* ». Désormais l'article 4 TUE prévoit explicitement que la politique agricole commune relève d'une compétence partagée.

L'adoption des actes essentiels que constituent les textes des réformes successives de la PAC illustre les relations entre la Commission et le Conseil, ainsi que la nature intergouvernementale des négociations au sein de ce dernier. La Commission est tenue par le calendrier politique, l'avancement des négociations internationales et les positions connues des États membres, mais elle reste l'initiatrice des grandes évolutions. Tant le plan Mansholt, la réforme Mac Sharry, ou *la mid-term review* de F. Fischler doivent beaucoup à la personnalité de ces Commissaires. Les réformes proposées ont souvent été largement remodelées par le Conseil. Le plan Mansholt a été désamorcé suite aux critiques virulentes des agriculteurs, de même que la réforme de 1999 a été grandement adoucie en accordant aux États des assouplissements importants par rapport aux objectifs généraux.

Au sein du Conseil, la pratique montre que le vote à la majorité qualifiée n'est pas utilisé comme un instrument permettant à la majorité d'imposer son choix à la minorité ; le consensus reste de mise, le vote étant plus une menace dans la négociation qu'une expression majoritaire. La France, malgré une position relativement isolée, a ainsi pu conserver une grande influence sur la PAC, ce qui lui a permis d'obtenir sa sanctuarisation jusqu'en 2013 malgré les fortes réticences de l'Allemagne. Les groupes de pression agissent assez peu sur la conception des réformes, mais plus au niveau du CSA et du Conseil par leur influence nationale en profitant de cette pratique intergouvernementale de l'approbation générale.

Confirmant cette tendance, le Conseil européen, l'instance la plus intergouvernementale, devient de plus en plus le lieu des accommodements sur les questions les plus délicates. Plus encore, certains points particulièrement sensibles ont fait l'objet de négociations intergouvernementales hors système communautaire. Ainsi un accord franco-allemand a précédé le Conseil européen de Bruxelles permettant l'adoption du cadre financier de la PAC jusqu'en 2013. Les négociations sur la période 2014-2020 ont abouti à l'accord des 24 et 26 juin 2013. La nouvelle architecture définie par ce dernier et visant à une réduction des montants mobilisés par le budget est orientée en fonction de trois axes : une spécialisation des aides en fonction des pays, un verdissement et la recherche d'un pilotage plus souple dans les années à venir.

La PAC est un bon reflet des difficultés de l'Union prise entre une volonté commune exprimée par les traités et défendue par la Commission et l'expression des volontés et des intérêts nationaux qui conservent une forte influence sur les décisions prises.

CHAPITRE 3 L'ADOPTION DES MESURES D'EXÉCUTION

L'adoption des mesures d'exécution fait la part belle aux acteurs extérieurs aux institutions.

La PAC est une politique de prédilection de la comitologie. Elle y a trouvé son origine dans les comités de gestion agricoles mis en place dès 1962, ainsi que la confirmation de sa validité par l'arrêt *Köster* : celui-ci concernait la contestation par le Land de Hesse de la validité d'un règlement relatif aux certificats d'importations et d'exportations de céréales.

Les comités consultatifs sont de deux types : les comités regroupant les milieux socioéconomiques qui permettent à la Commission de recueillir les avis des ces acteurs et les comités scientifiques qui visent à obtenir une expertise technique. Les comités de gestion sont pour la plupart sectoriels et interviennent sur les mesures de marché touchant les productions qui les concernent. Enfin les comités de réglementation se prononcent sur les mesures de portée générale telles que le droit alimentaire.

Quelques exemples de comités :

• comités de réglementation : Comité de la conservation, de la caractérisation, de la collecte et de l'utilisation des ressources génétiques en agriculture, Comité permanent de l'agriculture biologique ;

• comités de gestion : Comité de gestion de l'OCM houblon, Comité communautaire du réseau d'information comptable agricole ;

• comités scientifiques : Comité scientifique des appellations d'origine, indications géographiques et attestations de spécificité, Comité scientifique des plantes ;

• comités de consultation socioprofessionnels : Cultures non alimentaires et fibres, Développement rural (groupe permanent : Femmes en milieu rural).

Pour les mesures de gestion et d'administration et du fait du nombre important d'actes mis en œuvre dans le cadre de la PAC, la Commission est amenée à user fréquemment des procédures décrites à l'article 13 de son règlement intérieur qui permettent de respecter la collégialité tout en facilitant la prise de décision. La procédure d'habilitation permet ainsi au collège des commissaires d'habiliter « *un ou plusieurs de ses membres à prendre en son nom des mesures de gestion ou d'administration ou même le texte définitif d'un acte ou d'une proposition à soumettre aux autres institutions lorsqu'elle en a défini la substance lors de ses délibérations* », tandis que la procédure de délégation et subdélégation lui permet de « *déléguer l'adoption, en son nom, de mesures de gestion ou d'administration aux directeurs généraux. Ceux-ci peuvent procéder à une subdélégation à leurs chefs de services* ».

Des agences communautaires disposent également de prérogatives :

• l'Office communautaire des variétés végétales (OCVV) a la charge d'accorder la protection communautaire aux variétés végétales qui lui sont soumises. À ce titre il dispose donc de la capacité à prendre des décisions individuelles créatrices d'effets juridiques ;

• l'Autorité européenne de sécurité des aliments a un rôle d'expertise scientifique et de coordination des structures équivalentes dans les États membres, ceux-ci restant maîtres de la surveillance et des contrôles.

À travers la comitologie et la pratique des agences communautaires, de nombreux acteurs sont appelés à participer. Les États membres sont présents par l'intermédiaire de leurs représentants et des experts au sein des comités et par les organismes coopérant aux actions d'agences communautaires. Les acteurs socioéconomiques sont entendus par la Commission, grâce à la comitologie, aux consultations et aux contacts informels nombreux. En matière agricole le Comité des organisations agricoles - Comité général de la coopération agricole de l'Union européenne (COPA-COGECA) a un rôle dominant. Sa position a évolué de l'opposition à l'accompagnement du changement. La Confédération paysanne européenne a vu sa représentativité reconnue en avril 1998, mais sa position marginale se traduit par une très faible capacité d'influence. Enfin, les organisations de défense des consommateurs et de protection de l'environnement sont nombreuses et très écoutées à Bruxelles.

CHAPITRE 4 L'EXÉCUTION

Les fonctions exécutives sont largement dévolues aux États membres.

La compétence exclusive de la Communauté en matière agricole n'exclut pas un large pouvoir reconnu aux États membres pour l'application des actes communautaires. Cette pratique est conforme aux principes du droit communautaire qui laisse l'exécution des normes aux États par souci d'efficacité et d'économie. La réforme de 1999 a étendu ces pouvoirs qui s'analysent cependant toujours comme des pouvoirs d'exécution.

En France les offices interprofessionnels – Office national interprofessionnel des céréales (ONIC), Office national interprofessionnel des vins (ONIVINS), Office de l'élevage... - prennent en charge les mesures définies par les OCM (intervention, gestion et paiement des aides couplées, gestion des quotas...) tandis que les Directions départementales de l'agriculture et des forêts (DDAF) s'occupent de l'instruction des dossiers individuels. Ces deux types d'organismes sont également en charge des contrôles. Ce sont donc les États membres qui assurent le paiement des mesures. La Commission met à leur disposition des avances sur la base des déclarations de paiement mensuelles. Avant le mois de mai, la Commission apure les comptes des organismes payeurs. La décision porte sur l'intégralité, l'exactitude et la véracité des comptes.

La mise à plat du processus décisionnel met en évidence la multiplicité des acteurs et les relations complexes, à la fois juridiques, administratives et politiques, qui les relient. Ces relations sont la concrétisation de la double nature de l'Union, union des peuples et union des États, essai de matérialisation d'une volonté politique collective et expression de la conciliation d'intérêts divergents.

FICHE 19 | LES FONCTIONNAIRES EUROPÉENS

1. RÉFÉRENCES

- Larralde J-M., « La liberté d'expression du fonctionnaire européen : en marge des deux arrêts *Connolly c. la Commission des Communautés européennes* du 6 mars 2001 », *Revue trimestrielle des droits de l'homme,* 2002-04, n°50, pp. 385-405.
- Vilella G., *Le Fonctionnaire européen : un essai d'introduction*, les Éd. du Boulevard, 2006, 100 p.

2. APPROFONDISSEMENT

Au fur et à mesure que les compétences de l'Union européenne se sont accrues, il s'est avéré nécessaire de formaliser le cadre de travail des agents des institutions européennes pour établir un véritable statut du fonctionnaire européen (Chapitre 1) offrant ainsi des carrières intéressantes (Chapitre 2).

CHAPITRE 1 LE FONCTIONNAIRE EUROPÉEN

Si les caractéristiques de l'administration européenne, décrites par J. Ziller[1], sont très proches de celles des administrations nationales françaises (soumission au droit, mise en place d'une structure hiérarchisée, fonction publique professionnelle), le fonctionnaire européen est un fonctionnaire atypique. En raison de la nature particulière de l'UE, il est, sans doute plus encore que le fonctionnaire national, garant de l'intérêt et de la continuité communautaires.

Le statut du fonctionnaire européen précise sa conduite qui doit être réglée « *en ayant uniquement en vue les intérêts des Communautés* ». L'exercice de ses fonctions doit répondre aux principes d'indépendance vis-à-vis des autorités extérieures à son institution, d'impartialité, de loyauté envers les Communautés, de compétence et de permanence.

Ces principes sont consolidés et complétés par le principe de *« bonne administration européenne »* défini par la jurisprudence et consacré comme principe général du droit. Ce principe a été inscrit dans Charte européenne des droits fondamentaux en son article 41. Il est précisé par des principes connexes découverts par le juge européen : diligence, droit à être écouté, accès au dossier et motivation suffisante.

S'inspirant de ces divers éléments, le Médiateur européen a proposé un « *Code européen de bonne conduite administrative* » adopté par le Parlement européen le 6 septembre 2001.

1. J. Ziller, « De la nature de l'administration européenne », *in Revue française d'administration publique*, n. 95, 2000, p. 358.

Les points énoncés dans ce code, pour reprendre la division et l'analyse de G. Villela, peuvent être classés de la manière suivante :

- la nécessité d'une action conforme au droit ;
- la définition des modalités d'écoute et de réponse (dont la courtoisie, à l'article 12) ;
- les principes relatifs aux décisions de l'administration (délais, justification, recours...) ;
- la transparence ;
- la proportionnalité, l'absence d'abus de pouvoir, l'objectivité, l'impartialité et l'indépendance.

Par ailleurs, l'activité du fonctionnaire est contrôlée par les institutions au regard du principe de bonne administration. L'article 226 TFUE donne la possibilité au Parlement européen de constituer une commission temporaire d'enquête pour examiner les allégations d'infraction ou de mauvaise administration. L'article 228 TFUE prévoit la compétence du médiateur européen pour traiter des plaintes relatives à des cas de mauvaise administration.

Outre de tels devoirs ainsi codifiés, le fonctionnaire européen dispose de droits affirmés, mais encadrés. La liberté d'expression en donne un exemple éclairant. Les deux arrêts *Connolly* du 6 mars 2001 ont ainsi considéré que si les fonctionnaires européens jouissent de la liberté d'expression, reconnue comme principe général du droit communautaire, la publication d'un pamphlet sur la conduite de la politique monétaire avait, en l'espèce, constitué une atteinte à la dignité de sa fonction. Les articles 11 et 12 du statut créent un lien de confiance spécifique auquel n'est opposable aucun droit à une objection de conscience politique.

Inscrite dans la réforme de la Commission qui a fait suite au livre blanc *Reformer la Commission* du 1er mars 2000 résultant de la démission de la Commission Santer, le règlement du Conseil du 22 mars 2004 a modifié le statut des fonctionnaires des Communautés européennes. Les modifications apportées ont visé à la modernisation de l'administration (renforcement de la non-discrimination, aménagement du temps de travail, adaptation des politiques sociales et des congés) et ont précisé l'éthique du fonctionnaire et les procédures disciplinaires applicables. La carrière des fonctionnaires a également été réaménagée : réduction à deux du nombre de catégories (Administrateur, AD, et assistant, AST)et facilitation du passage de l'une vers l'autre, unification de la grille salariale, séparation partielle entre le grade et les responsabilités. Cette nouvelle carrière répond aux changements et aux nouvelles exigences auxquels est soumise l'administration européenne. La carrière est plus longue, car elle est adaptée au recrutement qui concerne de plus en plus des jeunes et non plus des fonctionnaires nationaux en cours de carrière, mais la progression au mérite est renforcée. Le statut de contractuel est consolidé pour couvrir les besoins des agences qui forment une administration exécutive externe aux institutions.

Cette évolution du statut s'inscrit dans un mouvement plus vaste touchant le rôle des fonctionnaires européens qui s'adaptent aux évolutions importantes qu'ont connues les institutions, mais demeurent une incarnation et un garant de l'idée européenne.

CHAPITRE 2 POUR ALLER PLUS LOIN. FAIRE CARRIÈRE DANS LES INSTITUTIONS EUROPÉENNES

Les institutions européennes offrent des carrières attractives tant par l'activité (qui témoigne souvent d'un engagement, voire d'une vocation pour la construction européenne), les responsabilités (les fonctionnaires sont peu nombreux au regard des tâches qui leur sont confiés), le cadre de travail (27 nationalités confrontant leurs habitudes) que par la rémunération (l'UE ayant compris que s'assurer les compétences des meilleurs ne peut pas s'appuyer uniquement sur une vocation désintéressée).

Le recrutement pour l'ensemble des institutions est centralisé par l'Office européen de sélection du personnel (EPSO) créé le 26 juillet 2002 et opérationnel depuis janvier 2003. Cette agence a pour tâche de veiller à ce que les procédures de sélection garantissent les services de fonctionnaires du plus haut niveau en termes de compétence, d'efficacité et d'intégrité, recrutés sur la plus large base géographique possible. Elle définit les principes de sélection, gère les candidatures et organise les concours.

Malgré l'objectif affiché de sélectionner les candidats « *en fonction de leur mérite, dans le cadre d'une compétition loyale et ouverte* », l'EPSO a été mis en cause pour « *mauvaise administration* » au début de l'année 2007 par le médiateur européen. Celui-ci lui a reproché d'avoir privilégié l'anglais, le français et l'allemand aux concours s'étant déroulés entre 2004 et 2006, pénalisant ainsi les dix États membres ayant adhéré en 2004. Il n'en reste pas moins que l'Office assure avec succès un recrutement de qualité sur des dizaines de milliers de candidats.

Les concours sont organisés par domaine de compétence (droit, audit, agriculture...) avec une périodicité irrégulière selon les besoins des institutions. L'organisation dans le temps et les modalités des concours peuvent varier, mais ils sont toujours composés de trois épreuves à passer en deux langues au moins :

- une épreuve de QCM concernant la connaissance de l'Union européenne, un test de raisonnement verbal et numérique et une série de questions sur le domaine du concours ;
- une épreuve écrite sur le domaine ;
- un entretien oral avec des fonctionnaires en poste qui porte sur le parcours, la motivation, les connaissances et la capacité à s'intégrer dans les institutions européennes.

Les lauréats sont inscrits sur une liste de réserve dans laquelle les institutions doivent choisir les futurs fonctionnaires pour pourvoir les postes ouverts après vérification de l'absence d'affectation possible en interne. La validité d'une liste est renouvelable chaque année selon les besoins des institutions.

Des concours de contractuels sont également organisés fonctionnant sur des principes similaires.

3.

LES ACTES DES INSTITUTIONS EUROPÉENNES

Les sources formelles du droit de l'Union européenne recouvrent les sources écrites et les sources non écrites. D'un point de vue matériel, il importe de s'interroger sur l'apport du droit comparé à l'élaboration du droit européen.

FICHE 20 | LES SOURCES ÉCRITES DU DROIT DE L'UNION EUROPÉENNE

1. RÉFÉRENCES

- Kovar R., « Ordre juridique communautaire », « Structure de l'ordre juridique », « Sources écrites », *Jurisclasseur Europe*, fascicule 410.
- Mehdi R., « Actes des institutions », *Dictionnaire juridique des Communautés européennes*, PUF, Paris, 1993, p. 48.
- Monjal P.-Y., *Les Normes de droit communautaire*, PUF, « Que sais-je ? », Paris, 2000.
- Monjal P.-Y., *Recherches sur la notion de hiérarchie des normes en droit communautaire*, LGDJ, Paris, 2000.
- Simon D., « La lisibilité du droit communautaire », *in* J. Rideau, *La Transparence dans l'Union européenne : mythe ou principe juridique ?*, LGDJ, Paris, 1999.
- *Le concept d'association dans les accords passés par la Communauté : essai de clarification, actes du colloque du 15 mai 1998 organisé par le Centre de droit européen et comparé de la faculté de droit de l'université Paris V*, Bruylant, Bruxelles, 1999.

2. REPÈRES

- **Formalités d'élaboration des actes :** les traités imposent deux obligations : les visas et la motivation. Les actes doivent viser les « *avis obligatoirement recueillis* » et les propositions de la Commission qui sont à l'origine des actes adoptés. La motivation consiste à indiquer les « *raisons de fait et de droit* » qui ont justifié leur adoption. La motivation, qui s'opère sous forme de considérants, permet au juge de vérifier la légalité du but poursuivi par l'auteur de l'acte et la régularité de la procédure suivie par lui.
- **Formalités d'entrée en vigueur des actes :** une distinction est à opérer selon la portée, individuelle ou générale, de l'acte en cause. L'entrée en vigueur des actes individuels s'opère par la voie de la notification à leurs destinataires. Tel est le cas des décisions du Conseil ou de la Commission qui visent des destinataires déterminés. En revanche, lorsque l'acte revêt une portée générale, l'entrée en vigueur nécessite une publication au JOUE. C'est le cas notamment des règlements et des directives adressées à tous les États membres.

3. EXPLICATIONS

Les sources écrites se composent du droit primaire de l'Union (chapitre 1), du droit communautaire conventionnel (chapitre 2) et des actes de droit dérivé (chapitre 3). Au sein de cette dernière catégorie, une distinction est à opérer selon que les actes disposent ou non d'une valeur juridique contraignante.

CHAPITRE 1 *LE DROIT PRIMAIRE DE L'UNION*

Le droit primaire de l'Union est le droit qui résulte de l'accord des États membres. Il se compose des traités européens, et des protocoles et déclarations annexés. Il s'agit ainsi du traité de Paris du 18 avril 1951, entré en vigueur le 23 juillet 1952, qui instaure la Communauté européenne du charbon et de l'acier, des deux traités de Rome du 25 mars 1957 qui instituent la Communauté économique européenne et la Communauté Euratom.

Ces traités ont été modifiés à plusieurs reprises depuis lors :

- par l'Acte unique européen des 17 et 18 février 1986 ;
- par le traité sur l'Union européenne du 7 février 1992 ;
- par le traité d'Amsterdam du 2 octobre 1997 ;
- par le traité de Nice du 26 février 2001 entré en vigueur le 1er février 2003.
- par le traité de Lisbonne du 13 décembre 2007 entré en vigueur le 1er décembre 2009.

Ces traités constituent, selon l'expression de la Cour de Justice des Communautés européennes, la « *charte constitutionnelle de base* » des Communautés européennes[1].

Les traités originaires sont complétés par les traités d'adhésion qui ne peuvent pas leur être contraires. Du point de vue de la hiérarchie des règles communautaires, les traités fondateurs, auxquels sont assimilés les protocoles et déclarations annexes, disposent ainsi d'une valeur supérieure aux traités d'adhésion.

Au sein même des traités originaires, la CJUE considère que certaines décisions sont supérieures à d'autres. Les dispositions institutionnelles et structurelles l'emportent ainsi sur les dispositions d'ordre matériel.

CHAPITRE 2 *LE DROIT CONVENTIONNEL DE L'UNION*

Celui-ci se compose de différents types d'accords.

SECTION 1 – LES ACCORDS CONCLUS PAR LES COMMUNAUTÉS

L'Union européenne, qui est dotée de la personnalité juridique, a la capacité de conclure des traités avec un ou plusieurs États ou organisations internationales. L'article 216

1. CJCE, 23 avril 1996, *Parti écologiste Les Verts*, aff. 294/83, concl. Mancini, *Recueil*, p. 1339.

paragraphe 2 TFUE précise que de tels accords lient les institutions de l'Union et les États membres.

Concernant l'Union européenne, il existe plusieurs fondements à la conclusion de ces traités. On peut citer l'article 218 TFUE pour la négociation de conventions internationales par la Communauté européenne, l'article 207-3 pour la conclusion d'accords commerciaux et l'article 220 TFUE concernant les relations de la Communauté avec les organisations internationales.

La Cour de Justice des Communautés européennes, dans un arrêt du 30 avril 1974, *Haegeman c/ État belge*[2], a considéré que « *les dispositions de l'accord font partie intégrante, à partir de l'entrée en vigueur de celui-ci, de l'Ordre juridique communautaire* ».

De tels accords disposent d'une valeur juridique inférieure aux traités constitutifs. À cet égard, un système de contrôle préventif est prévu qui permet de saisir la CJUE de la compatibilité d'un tel accord (article 218 par 11). Le droit de saisine est ouvert à tout État membre, au parlement européen, au Conseil et à la Commission. L'accord qui a fait l'objet d'un avis négatif ne peut pas entrer en vigueur, sauf modification de celui-ci ou révision des traités.

De tels accords disposent d'une valeur juridique supérieure aux actes de droit dérivé. Par voie de conséquence, leur violation par un acte de droit dérivé peut entraîner l'annulation de ce dernier.

Ces règles sont aussi applicables aux accords mixtes (accords conclus parallèlement par les Communautés et leurs États membres avec les tiers). C'est le cas des conventions de Yaoundé et de Lomé et de l'accord de Cotonou conclus dans le cadre de la coopération au développement avec les États ACP.

SECTION 2 – LES ACCORDS CONCLUS PAR LES ÉTATS MEMBRES AVEC LES PAYS TIERS

C'est l'article 351 TFUE qui fixe le statut des accords conclus avec les États tiers. Deux hypothèses doivent être distinguées :

- les traités ont été conclus avec l'entrée en vigueur du Traité CEE, le 1er janvier 1958. Les droits et obligations qui résultent de ce traité ne sont pas affectés par les stipulations du traité de Rome aux termes de l'article 351 alinéa 1er. Les États membres doivent néanmoins tout faire pour faire disparaître les éventuelles contrariétés ;
- en revanche, les traités conclus par les États membres postérieurement à la création de la CEE ou à leur adhésion à celle-ci ne sont pas opposables à la Communauté s'ils ont été conclus dans un secteur relevant de sa compétence, du fait des transferts opérés.

2. CJCE, 30 avril 1974, aff. 181/73, *Recueil*, p. 449.

SECTION 3 – LES ACCORDS CONCLUS ENTRE ÉTATS MEMBRES

Le traité CE (articles 233 et 293) prévoyait un certain nombre de cas où des accords pouvaient être conclus entre États membres. Ils concernaient le domaine de la protection des personnes et celui du droit international privé. On peut citer à cet égard la Convention de Bruxelles du 27 septembre 1968 sur la compétence judiciaire et l'exécution des décisions en matière civile et commerciale ou les conventions relatives aux brevets européens (Munich, 5 octobre 1973).

Le traité de Lisbonne ouvre des cas nettement moins nombreux. Cela ne retire rien à leur importance. Ainsi il fait noter que le mécanisme européen de stabilité du 11 juillet 2011 a été adopté sur ce fondement.

CHAPITRE 3 *LE DROIT DÉRIVÉ DE L'UNION*

Le droit dérivé se définit comme « *l'ensemble des règles juridiques émanant des organes des Communautés dûment habilités par les traités* ».

D'un point de vue strictement quantitatif, c'est la source essentielle du droit communautaire.

Quels sont ces actes de droit dérivé ?

Les articles 288 du traité TFUE et 161 du traité CEEA énumèrent cinq catégories d'actes unilatéraux qui relèvent des institutions pour l'accomplissement de leurs missions :

- les règlements ;
- les directives ;
- les décisions ;
- les recommandations ;
- les avis.

SECTION 1 – LES RÈGLEMENTS

Aux termes de l'article 288 du traité CE, le règlement constitue un « *acte de portée générale, obligatoire dans tous ses éléments et directement applicable dans tous les États membres* ».

Doté de l'effet direct, il s'impose ainsi dans tous les États membres. Les particuliers peuvent s'en prévaloir directement.

La CJCE distinguait les « *règlements de base* » des « *règlements d'exécution* ». Par ailleurs, rien n'interdit à un règlement d'aménager un système d'options. On peut songer au règlement sur la société européenne[3] ou sur la marque communautaire[4].

3. Règlement (CE) n° 2157/2001 du 8 octobre 2001, *JOCE*, n° L.294, 10 novembre 2001.
4. Règlement (CE) n° 40/94 du 21 décembre 1993, *JOCE*, n° L11, 14 janvier 1994.

Le traité de Lisbonne introduit des nuances. Il distingue les règlements pris par la procédure législatifs (art. 289-3 TFUE) de ceux qui sont non législatifs.

Si les règlements d'exécution existent toujours, ils sont désormais divisés en deux catégories : les règlements délégués (art. 290-1 TFUE) pris sur habilitation prévue par un « *acte législatif* »); les règlements d'exécution (art. 291 TFUE) qui peuvent être pris en principe par la Commission dans les hypothèses où un acte juridique de l'Union nécessité une exécution uniforme.

Ces règlements sont publiés au *Journal officiel de l'Union européenne* et deviennent exécutoire à la date qu'il fixe ou, à défaut d'une telle précision, le vingtième jour suivant sa publication (article 297 alinéa 1 du TFUE).

SECTION 2 – LES DIRECTIVES

Aux termes de l'article 288 alinéa 3 du TFUE, « *la directive lie tout État membre destinataire quant au résultat à atteindre, tout en laissant aux instances nationales la compétence quant à la forme et aux moyens* ».

La directive communautaire, qu'il ne faut pas confondre avec la directive au sens du droit administratif, peut être analysée de la manière suivante :

- elle s'adresse aux États ;
- elle leur impose une obligation de résultat, celle de transcrire le contenu de la directive dans leur droit national dans les délais prescrits ;
- elle les laisse libres du choix des formes et des moyens. En droit français, selon les matières, il s'agit d'une loi ou d'un règlement. Le gouvernement procède néanmoins très souvent par le biais d'une habilitation législative avec la technique des ordonnances prévues à l'article 38 de la Constitution. Dans la pratique, les directives sont plus ou moins précises. Dans certains domaines, comme la protection des consommateurs, la solution communautaire est apparue comme un minimum et il est possible d'adopter des solutions plus favorables aux consommateurs. En droit des sociétés, le cadre des dernières directives a paru tellement souple que l'objectif de rapprochement a pu être mis en doute[5] ;
- un effet direct a pu être reconnu à certaines directives par la CJCE[6]. Au nom de l'efficacité du droit communautaire, la Cour reconnaît, à certaines conditions, un effet direct à la directive. Il convient selon la Cour de protéger l'« *effet utile* » de ce type d'acte, qui concerne directement les ressortissants des États, parce qu'il a pour vocation d'harmoniser les législations nationales ayant une incidence sur le fonctionnement du marché commun. L'effet direct est reconnu à des directives, non transposées à l'expiration du délai prévu, qui comportent des dispositions qui créent des droits au profit des particuliers et qui sont « *inconditionnelles* » et « *suffisamment nettes et précises* ».

5. Voir en particulier, la 12e directive 89/667 du 21 décembre 1989, *JOCE*, n° L.395, 30 décembre 1989.
6. CJCE, 4 décembre 1974, *Van Duyn c/ Home office*, aff. 41/74, concl. Mayras, *Recueil*, p. 1337.

S'agissant de l'état du droit en France, Jean-Pierre Jouyet, secrétaire d'État chargé des Affaires européennes, a présenté en juillet 2007, durant le Conseil des ministres, une communication sur « *la transposition des directives et des décisions-cadres européennes* ». La Commission européenne diffuse chaque semestre un tableau de bord comparant les efforts des États membres en la matière. Selon M. Jouyet, « *la France a atteint en juillet son meilleur résultat depuis la création de l'exercice en 1997. 98,8 % des directives ont été transposées à la date fixée, grâce à la mobilisation de tous les départements ministériels* ». Cet effort doit être « *poursuivi à un rythme accéléré, afin que la France puisse afficher des résultats exemplaires avant d'assumer la présidence de l'Union européenne au second semestre 2008* ». Avant la fin du mois d'octobre, quarante-deux directives doivent avoir été transposées, dont dix nécessitant l'adoption de mesures législatives.

Par ailleurs, a-t-il souligné, les travaux du comité que préside édouard Balladur sur la « *modernisation et le rééquilibrage des institutions de la Ve République* » pourront, le cas échéant, « *trouver le moyen de faciliter l'examen par le Parlement des textes nécessaires à la transposition* ».

Avec le traité établissant une Constitution pour l'Europe, il était prévu de remplacer les règlements par les lois européennes et les directives par les lois-cadres européennes. De tels actes sont qualifiés d'« *actes législatifs* ». Les termes « *lois européennes* » et « *lois-cadres européennes* » n'ont pas été repris par le traité de Lisbonne.

SECTION 3 – LES DÉCISIONS

Aux termes de l'article 288 alinéa 4 du TFUE, « *la décision est obligatoire dans tous ses éléments pour les destinataires qu'elle désigne* ». Le destinataire peut être un État, une personne morale ou même une personne physique. Il constitue un acte administratif individuel, notifié aux destinataires, et qui prend effet par cette notification. Une exception subsiste pour les décisions qui sont adoptées selon la procédure de la codécision de l'article 294. Celles-ci doivent être publiées au même titre que les décisions de la Banque centrale européenne.

La décision, qui n'a pas de portée générale, règle des situations concrètes. Elle dispose de l'effet direct.

SECTION 4 – LES RECOMMANDATIONS ET AVIS

Ils ne disposent d'aucun effet obligatoire. Ce sont des actes qui ne font pas grief et qui sont donc insusceptibles de faire l'objet d'un recours devant le juge communautaire.

Les recommandations fixent une ligne de conduite aux États sans leur créer de droits ni d'obligations.

SECTION 5 – LES ACTES « ATYPIQUES » ET « INNOMMÉS »

Les actes « *atypiques* » empruntent leur nom à la nomenclature sans en avoir les effets. À titre d'exemple, les règlements intérieurs des institutions européennes se distinguent des règlements de l'article 288 TFUE. Ces règlements régissent les principes d'organisation et de fonctionnement de chaque institution, institution qui les adopte par elle-même.

On trouve aussi des « *actes innommés* ». Ce sont les actes qui n'entrent dans aucune catégorie prévue par les traités comme les codes de conduite, les programmes d'action, les communications de la Commission... Sous certaines conditions liées au contenu et au degré d'achèvement de l'acte, ils sont susceptibles de produire des effets de droit. Des actes fixant une ligne de conduite très précise aux institutions communautaires sont susceptibles de produire certains effets de droit[7].

S'agissant des accords interinstitutionnels signés par les présidents du Conseil, de la Commission et du Parlement européen, ils ne sont pas en tant que tels sources de droit. Ainsi, la Charte européenne des droits fondamentaux, qui repose pour le moment sur un accord interinstitutionnel, ne possède pas actuellement de valeur juridique. Il s'agit juste d'un engagement des trois institutions d'adopter un certain comportement qui ne pourra pas être sanctionné juridiquement par le juge.

7. À titre d'exemple, la communication de la Commission relative à la coopération entre la Commission et les juridictions nationales pour l'application des articles 81 et 82 du traité CE.

FICHE 21 | LES SOURCES NON ÉCRITES DU DROIT DE L'UNION EUROPÉENNE

1. RÉFÉRENCES

- Kovar R., « La contribution de la Cour de Justice à l'édification de l'ordre juridique communautaire », *Recueil des cours de l'Académie de droit européen*, 1993, volume 4, livre 1, p. 15.
- Maillot J.-M., *La Théorie administrativiste des principes généraux du droit, Continuité et modernité*, coll. Nouvelle Bibliothèque des thèses, Dalloz, 2003.
- Mertens de Wilmar J., « Réflexions sur les méthodes d'interprétation de la Cour de Justice des communautés européennes », *Cahiers de droit européen*, n° 1, 1986, p. 5.
- Rambaud P., *Les Grandes Décisions de la jurisprudence communautaire, Hachette supérieur*, Les Fondamentaux, 2002.
- Simon D., « Y a-t-il des principes généraux du droit communautaire ? », *Droits*, 1991, p. 73.

2. REPÈRES

- **Principe de confiance légitime** : ce principe peut être invoqué par toute personne à l'égard de laquelle l'administration a fait naître des « espérances fondées ». En cas de changement brutal de réglementation, les opérateurs économiques, qui pouvaient légitimement s'attendre au maintien de la réglementation antérieure, ont droit à l'édiction de mesures transitoires destinées à atténuer les conséquences de la nouvelle réglementation[1].
- **Principe de l'effet utile** : il consiste pour le juge à choisir, entre plusieurs interprétations possibles, celle qui permettra de rendre la disposition d'un texte la plus efficace possible.
- **Raisonnement téléologique** : ce raisonnement s'appuie sur les buts énoncés par les traités pour déduire des dispositions de ceux-ci l'interprétation la plus favorable à la réalisation de ces buts. Ce mode de raisonnement inspire la CJCE dans les arrêts *Van Gend en Loos* du 5 février 1963 *et Costa c/Enel* du 15 juillet 1964.
- **Théorie des pouvoirs implicites** : elle permet de reconnaître aux communautés des droits, non directement attribués par les traités, mais qui découlent nécessairement de ceux qui leur ont été explicitement conférés.

1. JCE, 8 juin 1977, *Merkur c/Commission*, aff.97/76.

3. EXPLICATIONS

Les deux principales sources non écrites du droit de l'Union européenne sont la jurisprudence (chapitre 1) et les principes généraux du droit communautaire (chapitre 2). La coutume, contrairement à sa place en droit international public, ne joue pratiquement aucun rôle en droit de l'Union . Sans doute peut-on juste considérer que certaines pratiques pourraient à long terme donner naissance à des règles coutumières.

CHAPITRE 1 LA JURISPRUDENCE

La Cour de Justice de l'Union européenne et le Tribunal de première instance ont traditionnellement pour mission d'assurer le respect du droit dans l'interprétation et l'application des traités constitutifs. Le droit communautaire n'est pas aisé à interpréter : versions linguistiques multiples des textes, terminologie spécifique du droit communautaire, nécessité de replacer chaque disposition communautaire dans son contexte, de l'interpréter à la lumière de l'ensemble des dispositions de ce droit, de ses finalités et de l'état de son évolution à la date à laquelle l'application de la disposition en cause doit être faite[2].

La Cour complète et précise les dispositions des traités selon des méthodes d'interprétation dynamique. Parmi celles-ci, le juge communautaire recourt régulièrement au « *contexte* ». Les articles à interpréter sont ainsi replacés dans les grandes divisions du Traité ou dans l'ensemble des traités. Le juge utilise également la technique de « *l'effet utile* » et la méthode téléologique. La Cour a en particulier utilisé cette méthode pour développer une jurisprudence constructive en matière de libre circulation des personnes et des marchandises par la référence aux objectifs généraux visés par les articles liminaires des traités constitutifs[3].

Par ailleurs, dans l'arrêt *Commission des CE c/ Conseil des CE* du 31 mars 1971[4], la Cour écarte une interprétation purement littérale des traités, pour privilégier le « *système général* » du Traité et élargir le champ du contrôle de légalité pesant sur les actes communautaires et le domaine des compétences internationales détenues par la Communauté. Le juge entend ainsi participer à la consolidation et au développement de l'Ordre juridique communautaire.

CHAPITRE 2 LES PRINCIPES GÉNÉRAUX DU DROIT COMMUNAUTAIRE

Le recours à de tels principes s'inscrit dans le cadre de l'œuvre prétorienne du juge. La jurisprudence de la CJCE consacre de nombreux principes généraux du droit communautaire et leur reconnaît une valeur supérieure aux actes de droit communautaire dérivé

2. CJCE, 6 octobre 1982, *CILFIT c/ Ministère de la Santé,* aff. 283/81, *Recueil*, p. 3415.
3. J. Rideau, *Droit institutionnel de l'Union et des communautés européennes*, LGDJ, 4e édition, Paris, 2002, p. 183.
4. Aff. 22/70, *Recueil*, p. 263.

et aux accords conclus avec des pays tiers par la Communauté, seule ou conjointement avec les États membres. Les principes généraux du droit s'imposent tant aux institutions communautaires qu'aux États. La Cour a ainsi reconnu à un particulier le droit d'invoquer à l'encontre d'un État le principe de la confiance légitime[5].

Ils sont dégagés par le juge qui puise dans diverses sources[6] :

• les principes issus « *de la nature des Communautés, de l'économie du système établi par les traités et des objectifs qu'ils assignent aux institutions* », ce sont les principes du droit de l'Union. Tel est le cas du principe de non-discrimination issu de la règle de non-discrimination en raison de la nationalité consacrée par l'article 12 du traité CE. Ce principe a pris une importance renouvelée avec le traité de Lisbonne qui lui consacre, avec la citoyenneté, la deuxième partie du TFUE. Dans d'autres cas, la règle posée par les traités n'est que l'expression d'un principe plus général qu'il induit de façon audacieuse, comme le principe de libre circulation des marchandises et des personnes, le principe de préférence communautaire (notamment en matière agricole) ou encore le principe de solidarité entre les États qui fonde le transfert de souveraineté des États de l'Union en matière de politique commerciale ;

• les principes du droit international public. De tels principes sont repris en droit communautaire lorsqu'ils sont compatibles avec la nature juridique et institutionnelle des Communautés. Ainsi, il n'existe pas de principe de réciprocité en droit communautaire[7], mais le principe *Pacta sunt servanda* trouve à s'appliquer. De la même manière, la Cour mentionne le principe selon lequel l'État ne peut pas refuser à l'un de ses ressortissants l'accès à son territoire[8] ;

• les principes communs à tous les systèmes juridiques comme le principe de respect des règles essentielles de procédure. On peut citer le respect des droits de la défense[9], le principe de bonne foi[10] ou encore la sécurité juridique[11]. Ce dernier principe est cependant non reconnu en tant que tel en droit français ;

• les principes généraux communs aux droits internes des États membres. L'article 340 TFUE stipule que, en matière de responsabilité extra-contractuelle, l'Union doit réparer, conformément aux principes généraux communs aux droits internes des États membres, les dommages causés par ses institutions ou par ses agents dans l'exercice de leur fonction.

---

5. CJCE, 5 avril 1979, *Ministère public c/Ratti*, aff. 148/78, *Recueil*, p. 1629.
6. Pour les PGD en matière de droits fondamentaux, voir la fiche sur la Charte européenne des droits fondamentaux.
7. CJCE, 26 février 1976, *Commission c/Italie*, aff. 52/75, *Recueil*, p. 277.
8. CJCE, 4 décembre 1974, *Van Duyn c/ Home office*, aff. 41/74, *Recueil*, p. 1337.
9. CJCE, 10 mars 1970, *Commission c/Italie*, aff.7/69, *Recueil*, p. 111.
10. CJCE, 22 mars 1961, *SNUPAT c/HACECA*, aff. 42/59, *Recueil*, p. 103.
11. CJCE, 13 décembre 1967, *Neumann c/Frankfurt Main*, aff. 17/67, *Recueil*, p. 571.

On peut citer aussi le principe de retrait des Actes administratifs[12]. La même référence est reprise pour la réparation des dommages causés par la Banque centrale européenne ou par ses agents dans l'exercice de leurs fonctions (article 340, alinéa 2 TFUE).

En droit de l'Union , la hiérarchie des normes est donc la suivante :
- le droit originaire ;
- les principes généraux du droit ;
- les accords internationaux ;
- le droit dérivé ;
- les actes de base ;
- les actes d'exécution.

12. CJCE, 12 juillet 1957, *Algera/ Assemblée commune* CECA, aff. Jtes 7/56, 3/57 à 7/57, *Recueil*, p. 83.

FICHE 22 | LE RÔLE DU DROIT COMPARÉ DANS L'ÉLABORATION DU DROIT DE L'UNION EUROPÉENNE

1. RÉFÉRENCES

- Auby J-B. (dir.), *L'Influence du droit européen sur les catégories du droit public*, Paris, Dalloz, 2010.
- Idot L., « Droit communautaire et droit comparé, brèves observations sur une rencontre indispensable », *in De tous horizons. Mélanges Xavier Blanc-Jouvan*, Société de législation comparée, Paris, 2005, p. 281.
- Lenaerts K., « Le rôle du droit comparé dans le travail du juge communautaire », *Revue trimestrielle de droit européen*, 2001, p. 487.
- Mazeaud D., « Faut-il avoir peur d'un droit européen des contrats ? », *in De tous horizons. Mélanges Xavier Blanc-Jouvan*, Paris, Société de législation comparée, 2005, p. 309.
- *Pensée juridique française et harmonisation européenne du droit*, collection « Droit privé comparé et européen », dirigée par B. Fauvarque-Cosson, volume 1, Société de législation comparée, 2003.
- Pescatore P., « Le recours dans la jurisprudence de la CJCE à des normes déduites de la comparaison des droits des États membres », *Revue internationale de droit comparé*, 1980, Vol. 32 , pp. 337-359.
- Rambaud T., *Introduction au droit comparé : les grandes traditions juridiques dans le monde*, PUF Quadrige, 2014.
- Ruiz-Fabri H., « Principes généraux du droit communautaire et droit comparé », *Droits*, 2007-45, pp. 127-142.

2. EXPLICATIONS

Si le rôle du droit comparé dans l'élaboration du droit communautaire s'avère essentiel, les « *communautaristes* » n'ont pas toujours perçu la nécessité de la méthode comparative. La raison en est que le droit communautaire s'est pendant longtemps cantonné à des domaines techniques, de prime abord peu sensibles au poids de l'histoire, comme la politique agricole commune ou l'harmonisation de règles techniques. Ce n'est que récemment qu'il s'est intéressé aux matières qui constituent « *l'épine dorsale d'un système juridique* » comme le droit civil. Or, il est bien établi que le droit comparé est davantage développé dans les domaines du droit qui bénéficient d'une longue tradition nationale.

Ainsi, si les emprunts du droit de l'Union s'avèrent incontestables (chapitre 1), la question se pose à terme de l'émergence d'un « *droit commun à l'échelon européen* ». Il s'agit là d'une très belle et riche perspective dont on se contentera, au regard de la dimension de l'ouvrage, de donner quelques aperçus à travers l'exemple d'un éventuel droit européen des contrats tel qu'il commence à se dessiner au lendemain de la rédaction des premiers projets élaborés par des associations savantes et des communications de la Commission européenne (chapitre 2).

CHAPITRE 1 LES EMPRUNTS DU DROIT DE L'UNION AUX DROITS NATIONAUX

Il ne s'agit plus ici d'aborder les sources du droit de l'Union au sens formel du terme. Celles-ci, écrites ou non, renvoient à l'idée d'*instrumentum*. C'est l'instrument qui énonce l'acte qui est privilégié. De ce point de vue, les droits nationaux ne constituent pas une source du droit de l'Union. En revanche, ils constituent une source d'inspiration de la législation européenne. Confronté à une question de droit nouvelle, le droit de l'Union peut adopter diverses attitudes :

• face aux questions de droit les plus nouvelles, comme le droit des nouvelles technologies, il a tendance à s'abstraire des considérations nationales pour élaborer la solution la plus adéquate ;

• lorsqu'un droit national apporte une réponse idoine, le droit de l'Union a tendance à s'en inspirer très fortement et parfois à reprendre la solution telle quelle ;

• enfin, le droit de l'Union , le plus souvent, combine les solutions apportées par les divers droits nationaux. C'est le cas notamment du droit des sociétés où des emprunts au droit allemand, français et anglais peuvent être constatés.

Le rôle du droit comparé est fondamental tant en amont qu'en aval de la formation du droit de l'Union. En amont, il est évident que la norme européenne puise son origine dans les droits nationaux. Ce sont ces derniers qui l'inspirent. Le droit des sociétés, du moins pendant la première période de la construction communautaire, permet d'en fournir un exemple. Ainsi, les premières directives s'inspirent du droit allemand, alors que les directives, dites « *comptables* », ont été principalement influencées par le droit anglais. Le droit français, quant à lui, a inspiré le droit des structures communautaires. En effet, le règlement communautaire du 25 juillet 1985 sur le Groupement européen d'intérêt économique (GEIE) constitue la transposition communautaire de l'ordonnance française du 23 septembre 1967 sur le Groupement d'intérêt économique[1]. Par ailleurs, comme le note B. Saintourens, le projet d'*« association européenne »* est une adaptation de la fameuse loi de 1901[2]. Les directives européennes en matière de propriété intellectuelle et plus particulièrement celles consacrant des droits d'auteur en fournissent un autre exemple.

1. L. Idot, « Droit communautaire et droit comparé, brèves observations sur une rencontre indispensable », *in De tous horizons. Mélanges Xavier Blanc-Jouvan*, Société de législation comparée, Paris, 2005, p. 284.
2. « Des structures juridiques européennes pour l'économie sociale », *Europe*, août-septembre 2002, chronique. Voir également J.-F. Merlet, *Une grande loi de la IIIe République : la loi du 1er juillet 1901*, LGDJ, bibliothèque de droit public, tome 217, 2001, p. 229-231.

Les compromis communautaires ne s'expliquent qu'en raison de la différence d'approche entre la conception anglo-saxonne du copyright et la conception continentale du droit d'auteur dans laquelle le droit d'auteur joue un rôle fondamental[3].

Le rôle du droit comparé en amont est plus encore essentiel lorsque le droit de l'Union aborde des domaines qui s'inscrivent au cœur des traditions juridiques nationales. La force de ces dernières oblige à une comparaison très acérée, comparaison dont la fonction est de mettre en perspective les diverses familles juridiques en présence, plus que de parvenir à une unification fort peu souhaitable. Telle est notamment la comparaison à laquelle parviennent les comparatistes post-modernes. Pour ces derniers, la fonction du droit comparé réside dans une meilleure compréhension des cultures juridiques nationales et non dans l'harmonisation du droit ou l'emprunt de modèles juridiques étrangers[4]. De ce point de vue, le droit comparé apparaît essentiel lorsque le droit de l'Union aborde le droit civil et notamment le droit de la famille ou le droit des obligations. Un très vif débat doctrinal a ainsi suivi la communication de la Commission du 11 juillet 2001 sur la mise en œuvre à terme d'un droit européen des contrats[5].

En aval, le droit comparé joue également un rôle important dans la mesure où la plupart des actes européens nécessitent des mesures complémentaires d'application. Cela est naturellement vrai pour les directives dont c'est la nature profonde que de devoir être complétées. Les États transposent ces dernières au moyen d'actes de droit interne. Au-delà des directives, les règlements doivent souvent être complétés pour être effectifs dans l'ordre juridique interne des États. Le communautariste étudie alors les réglementations nationales en vue de procéder à une comparaison nécessaire à la mise en œuvre du droit communautaire (principe d'efficacité du droit communautaire).

Le droit comparé joue également un rôle essentiel dans l'élaboration de la jurisprudence de la Cour de Justice de l'Union européenne . Ce rôle est accentué notamment par la diversité des nationalités représentées à la Cour (un juge par État membre), mais aussi par la présence d'un avocat général dont la mission est, entre autres, de rassembler les diverses sources nationales pour orienter et dégager la solution européenne . En matière de droits fondamentaux, la Cour de Justice des Communautés européennes a créé des principes généraux du droit en se « *référant aux traditions constitutionnelles communes des États* ». Ceux-ci constituent la source matérielle au sein de laquelle puise la Cour pour créer des principes généraux de droit.

Par ailleurs, la Cour de Justice des Communautés européennes a consacré des principes généraux du droit communautaire empruntés aux droits des États membres. On songe

3. J.-S. Berge, *La Protection internationale et communautaire du droit d'auteur. Essai d'une analyse conflictuelle*, LGDJ, coll. Bibliothèque de droit privé, Paris, 1996.

4. Sur ce point, P. Legrand, *Le Droit comparé*, PUF, « Que sais-je ? », n° 3478. L'auteur, s'agissant plus spécifiquement du Code civil, a développé son argumentation dans une contribution à la *Revue internationale de droit comparé*, « Sens et non-sens d'un Code civil européen », 1996, p. 779.

5. « 2005 ; des avancées en droit européen du contrat, mais pas de code civil européen », *Europe*, janvier 2005, Repères 1. On lira avec profit, B. Fauvarque-Cosson et D. Mazeaud (dir.), *Pensée juridique française et harmonisation européenne du droit, Société de législation comparée*, Paris, 2003.

notamment au principe de non-rétroactivité des lois[6] ou à celui de la confidentialité des informations[7]. En droit privé, la détermination du « *statut du travailleur* » résulte d'une analyse comparative des diverses législations nationales.

CHAPITRE 2 VERS UN DROIT COMMUN À L'ÉCHELON EUROPÉEN ? L'EXEMPLE D'UN DROIT EUROPÉEN DES OBLIGATIONS

Les communications de la Commission des 11 juillet 2001, 12 février 2003 et 31 juillet 2004, ainsi que la résolution du Parlement européen du 15 novembre 2001 sur le rapprochement du droit civil et commercial des États membres, ont posé la question à terme de l'avènement d'un droit européen des obligations. Dans sa première communication, la Commission formule quatre propositions relatives au droit des contrats en Europe notamment en matière de consolidation de l'acquis communautaire et de détermination de principes communs. Dans la seconde communication, la Commission précise un plan d'action destiné à renforcer la cohérence du droit européen des contrats. Au-delà de la création d'un cadre commun de référence sur les concepts et règles essentiels et de l'élaboration de clauses contractuelles types, la Commission plaide ouvertement pour qu'à terme l'Union européenne dispose d'un instrument contractuel unique. À cet égard, il est à noter que des projets très élaborés existent déjà comme « *les publications du droit européen des contrats* » issues des travaux de la Commission Lando ou encore l'« *avant-projet de code européen des contrats* » rédigé par l'Académie des privatistes européens de Pavie[8]. À la suite de la publication de ces communications, de nombreux arguments furent échangés sur l'opportunité de doter l'Union européenne d'un droit européen des contrats[9]. Au sein de ces derniers, certains auteurs se sont inquiétés de l'atteinte grave qu'un tel droit ne manquerait pas de porter au Code civil dont le bicentenaire fut célébré en 2004.

Les arguments opposés à un droit européen des contrats sont les suivants :
• l'Union européenne n'a pas de compétence en la matière. Il n'existe pas de base juridique applicable l'autorisant à intervenir ;
• l'unification du droit des contrats risque de se solder par un appauvrissement culturel, une « *uniformité ennuyeuse*[10] » ;
• l'unification du droit des contrats porterait atteinte au Code civil ;

6. CJCE, 30 septembre 1982, *Amylum c/ Conseil* (*Isoglucose*), aff. 108/81, *Recueil*, p. 3107.
7. CJCE, 18 mai 1982, *AM et S c/ Commission*, aff. 155/79, *Recueil*, p. 1575.
8. J-P. Gridel, « Sur l'hypothèse d'un droit européen des contrats : les propositions de l'académie des privatistes européens de Pavie », *Gaz. Pal.*, 21 et 22 février 2003, p. 3.
9. D. Mazeaud, « Faut-il avoir peur d'un droit européen des contrats ? », *in De tous horizons. Mélanges Xavier Blanc-Jouvan*, Société de législation comparée, Paris, 2005, p. 309 ; C. Jauffret-Spinosi, « Le Code civil à l'épreuve des directives communautaires et des principes relatifs au contrat (principes européens du contrat et principes unidroit », *in De tous horizons. Mélanges Xavier Blanc-Jouvan*, Société de législation comparée, Paris, 2005, p. 297.
10. P. Malaurie, « Le Code civil européen des obligations et des contrats, une question toujours ouverte », *JCP*, 2002.I.110.

• le droit européen du contrat n'envisagerait l'individu que comme un producteur et un consommateur, contrairement au Code civil qui aborde l'individu sous tous ses aspects de citoyen.

Les arguments favorables à un droit européen des contrats peuvent être résumés de la manière suivante :

• l'Union européenne peut recourir à l'article 95 du traité CE qui permet au Conseil « *d'arrêter les mesures relatives au rapprochement des dispositions législatives, réglementaires et administratives des États membres qui ont pour objet l'établissement et le fonctionnement du marché intérieur* ». La réalisation d'un tel droit relève de la réalisation du marché intérieur. Par ailleurs, le principe de subsidiarité n'est pas opposable aux projets d'harmonisation basés sur l'article 95 du traité CE ;
• la réalisation d'un marché intérieur suppose nécessairement l'adoption d'un droit unifié des contrats. Les opérateurs économiques sont favorables à l'uniformisation du droit[11] ;
• l'unification du droit des contrats est au centre de la logique de la construction européenne. Elle constitue une nouvelle étape dans la construction de l'Europe au même titre que la réalisation d'une véritable politique de coopération judiciaire en matière pénale.

L'issue de ce débat reste ambiguë. Malgré le peu de succès rencontré auprès des groupes professionnels consultés, la Commission a soutenu la rédaction d'un « *Cadre commun de référence* » qui a été qualifié de « *véritable Code européen* » Ce travail aboutit à la présentation d'un proposition de règlement le 11 octobre 2012 portant « *instrument optionnel de droit de la vente* » Cette méthode présentait l'intérêt de pouvoir placer le texte dans le cadre d'une compétence européenne : l'article 114 du TFUE qui concerne le rapprochement des législations en vue de la mise en place du marché intérieur. Toutefois, ce projet demeure très limité malgré certaines dispositions qui posent les principes d'une théorie générale du contrat[12] : de nombreuses questions propres au droit du contrat ne sont pas traitées comme la question de la capacité, ce règlement ne serait applicable qu'aux ventes-transfrontalières. Même avec ces limites, cette proposition de règlement a soulevé une certaine hostilité de la part des États et des acteurs économiques[13].

11. J.-B. Racine, « Pourquoi unifier le droit des contrats en Europe ? Plaidoyer en faveur de l'unification », *Revue du droit de l'Union européenne*, 2003, n° 2, pp. 369 et s.
12. Y. Lequette, « Le droit européen – avant propos », *Revue des contrats*, 2012, n°4, pp. 1393 et s.
13. Y. Balensi et F. Baumgartner, « Opportunité et légitimité du projet de règlement relatif au droit commun européen de la vente », *Revue des contrats*, 2012, n°4, pp. 1400 et s.

PARTIE III

LA RÉPUBLIQUE FRANÇAISE ET LE DROIT EUROPÉEN

FICHE 23 | LES CARACTÉRISTIQUES PRINCIPALES DE L'ORDRE JURIDIQUE COMMUNAUTAIRE ET L'INSERTION DE LA NORME COMMUNAUTAIRE DANS L'ORDRE JURIDIQUE INTERNE FRANÇAIS

1. RÉFÉRENCES

- Eisenmann P.-M. (dir.), *L'Intégration du droit international et du droit communautaire dans l'ordre juridique national*, La Haye, Londres, Boston, Kluwer Law International, 1996.
- Kovar R., « Ordre juridique des Communautés européennes », *Jurisclasseur Europe*, fascicule 410-411.
- Manin P., « L'invocabilité des directives : quelques interrogations », *Revue trimestrielle de droit européen*, 1990, p. 669.
- « Les nouvelles formes de relations juridiques entre l'ordre communautaire et les ordres nationaux. Internormativité et réseaux d'autorité, colloque de Toulouse », *LPA*, n° 199 et 200, 5-6 octobre 2004.
- Roblot-Troizier A. et Rambaud T., « Chronique de jurisprudence constitutionnelle française et comparée », *Revue française de Droit administratif*, 2007-3, pp. 596 et s.
- Schockweiler F.-A., « Les effets des directives dans les ordres juridiques nationaux », *Revue du marché unique européen*, 1995, p. 9.
- Simon D., « Les exigences de la primauté du droit communautaire : continuité et métamorphoses ? », in *L'Europe et le droit, Mélanges Jean Boulouis*, Dalloz, Paris, 1991, pp. 481 et s.
- Simon D., *La Directive européenne*, Dalloz, Paris, 1997.
- Simon D., Article « Droit communautaire », *in Dictionnaire de culture juridique*, PUF, Paris, 2003.

2. REPÈRES

- **Arrêt *Administration des finances de l'État c/ Simmenthal* du 9 mars 1978**[1] : cet arrêt définit les conséquences qui s'attachent à l'effet direct et à la primauté du droit communautaire pour le juge national. Celui-ci est tenu « *d'appliquer intégralement le droit communautaire et de protéger les droits que celui-ci confère aux particuliers en laissant inappliquée toute disposition éventuellement contraire de la loi nationale, que celle-ci soit antérieure ou postérieure à la règle communautaire* ». Le juge national, pour assurer l'efficacité du droit communautaire, doit, lorsqu'il est chargé d'assurer l'application de ce dernier, laisser de côté toute disposition contraire de la législation nationale sans qu'il ait besoin de demander ou d'attendre l'élimination de celle-ci par voie législative ou constitutionnelle.

1. Aff. 106/77, 9 mars 1978, concl. Reischl, *Recueil*, p. 629.

3. EXPLICATIONS

Selon l'heureuse formule de Lord Dennings, un grand magistrat britannique de l'après Seconde Guerre mondiale, l'insertion du droit communautaire dans le droit national s'apparente à « *une marée montante qui s'engouffre dans les estuaires et remonte les rivières* »[2].

Le pilier communautaire est celui de l'intégration. J. Boulouis a proposé une typologie quadripartite des relations entre la norme communautaire et la norme nationale. Il distingue les relations de substitution, qui s'inscrivent dans le cadre d'une politique commune comme la politique agricole ou l'Union douanière, d'harmonisation avec la technique des directives, de coordination, situation dans laquelle la norme communautaire n'affecte pas le contenu de la norme nationale, mais se contente d'en coordonner les effets (droit de la sécurité sociale) et de coexistence, comme dans le cas du droit des sociétés ou du droit de la concurrence[3].

L'effectivité du droit communautaire tient beaucoup à deux principes essentiels : l'effet direct (chapitre 1) et la primauté (chapitre 2).

CHAPITRE 1 LE PRINCIPE DE L'EFFET DIRECT

Le principe de l'effet direct a été consacré par l'arrêt *Van Gend en Loos*, du 5 février 1963[4]. Il désigne l'aptitude qu'a la règle communautaire à créer directement des droits ou obligations dans le chef des particuliers. Ces droits et obligations pourront être invoqués par les particuliers devant le juge national, car ce dernier est tenu d'en assurer la sanction. Les traités communautaires ne créent pas de droits et d'obligations à la charge des seuls États membres. Les ressortissants sont également sujets du droit communautaire et peuvent s'en prévaloir devant leurs juridictions nationales. L'objectif est de créer un marché commun « *dont les sujets sont non seulement les États membres mais aussi leurs ressortissants* ». « *Le droit communautaire crée des charges dans le chef des particuliers et engendre des droits qui entrent dans leur patrimoine juridique.* »

Ainsi, le principe de l'effet direct impose le respect des droits conférés par la règle communautaire à l'encontre de l'État (« *effet direct vertical* »), mais aussi à l'encontre des personnes privées (« *effet direct horizontal* »). Quelles sont les normes qui sont dotées de l'effet direct ?

- Les règlements disposent, en raison de leur nature même, de l'effet direct ;
- pour les autres actes communautaires, la CJUE invoque certains critères pour déterminer s'ils sont ou non d'effet direct (caractère *self executing*).

2. Cité par G. Marcou, « Introduction », in G. Marcou (dir.), *Les mutations du droit de l'administration en Europe, pluralisme et convergences*, Paris, L'Harmattan, 1995, p. 11.
3. J. Boulouis, *Droit institutionnel des communautés européennes*, Montchrestien, Précis Domat, Paris, 1984, 1re édition, p. 166.
4. *Algemene Transport en Expeditie Onderneming Van Gend en Loos c/ Administration fiscale néerlandaise*, aff. 26/62, 15 juillet 1963, concl. Roemer, *Recueil*, p. 3 ; note J. Amphoux, *Revue générale de droit international public*, 1964, p. 110, J. Robert, *Recueil Sirey*, 1963, *Chronique*, p. 23.

A. Pour qu'il y ait effet direct des traités originaires, une disposition doit être « *suffisamment claire, précise et inconditionnelle* » (c'est-à-dire que son application ne doit requérir aucune mesure interne complémentaire en vue de son application). À titre d'exemples, l'article 18 TFUE sur l'interdiction des discriminations, les articles 101 et 102, qui prohibent les ententes et les abus de position dominante, disposent de l'effet direct. En revanche, les dispositions institutionnelles, les dispositions dont l'exécution est subordonnée à l'exercice d'une compétence communautaire et les dispositions, qui laissent une large marge d'appréciation aux États, ne disposent pas de l'effet direct.

B. Les directives peuvent bénéficier également de l'effet direct au nom de l'effet utile du droit communautaire. Celui-ci ne se produit qu'à l'expiration du délai imparti à l'État membre pour introduire ses dispositions dans le droit national, ou en cas de défaillance de l'État. Dans cette hypothèse, où la transposition est intervenue, il convient de conférer aux individus une « *garantie minimale* ». La Cour précise que « *dans tous les cas où les dispositions d'une directive apparaissent comme étant, du point de vue de leur contenu, inconditionnelles et suffisamment précises, ces dispositions peuvent être invoquées, à défaut de mesures d'application prises dans les délais, à l'encontre de toute disposition nationale non conforme à la directive, ou encore en tant qu'elles sont de nature à définir des droits que les particuliers sont en mesure de faire valoir à l'égard de l'État* ».

C. Les décisions ont également un effet direct au regard de la jurisprudence de la Cour. Telle est la solution de l'arrêt *Franz Grad* du 6 octobre 1970[5]. C'est l'argument de l'effet utile du droit communautaire, comme pour les directives, qui est évoqué : « *Il serait incompatible avec l'effet contraignant que l'article 189 reconnaît à la décision d'exclure en principe que l'obligation qu'elle impose puisse être invoquée par des personnes concernées ; que particulièrement, dans le cas où les autorités communautaires auraient obligé un État membre ou tous les États membres à adopter un comportement déterminé, l'effet utile d'un tel acte se trouverait affaibli si les justiciables de cet État étaient empêchés de s'en prévaloir en justice et les juridictions nationales empêchées de le prendre en considération en tant qu'élément du droit communautaire.* » Dès lors que les décisions comportent des dispositions « *suffisamment nettes et précises et inconditionnelles* », elles ont alors vocation à créer des droits au profit des particuliers.

D. Une possibilité d'effet direct est également reconnue pour le droit conventionnel dans la mesure où l'acte comporte une obligation claire et précise qui n'est pas subordonnée dans son exécution ou ses effets à l'intervention d'un acte ultérieur (exemple de la Convention de Yaoundé).

5. *Franz Grad c/ Finanzamt Traustein*, aff. 9/70, concl. Roemer, *Recueil*, p. 825 ; note D. De Ripainsel-Landry, *Cahiers de droit européen*, 1971, p. 453.

CHAPITRE 2 L'APPROCHE COMMUNAUTAIRE DU PRINCIPE DE PRIMAUTÉ

Sur la reconnaissance d'un principe de primauté du droit communautaire sur le droit interne des États membres, les traités originaires sont muets. Ils ne consacrent pas en effet explicitement une telle primauté. Cependant, certains articles des traités comportaient des indices quant à l'identification d'un tel principe. On peut songer à l'article 4-5 TUE relatif au devoir de « *coopération loyale* » qui oblige « *les États membres à s'abstenir de toutes mesures susceptibles de mettre en péril la réalisation des buts du présent traité* ». Dans le même sens, l'article 267 TFUE relatif aux mécanismes de renvoi préjudiciel vise à instaurer une application uniforme du droit communautaire, application qui implique qu'une mesure nationale contraire ne puisse être pas opposée à l'application d'un acte communautaire dans un ordre juridique interne.

Le principe de primauté a été explicitement dégagé dans l'arrêt *Costa c/ Enel* du 15 juillet 1964[6]. Il fut souvent réaffirmé par la suite :

• « *Le droit communautaire ne crée pas entre les États membres des relations interétatiques classiques* » ; « *en instituant une Communauté de durée illimitée dotée d'institutions propres, de la personnalité, de la capacité juridique, d'une capacité de représentation internationale et plus particulièrement de pouvoirs réels issus d'une limitation de compétence ou d'un transfert d'attributions des États à la Communauté, ceux-ci ont limité, bien que dans des domaines restreints, leurs droits souverains et créé ainsi un corps de droit applicable à leurs ressortissants eux-mêmes* » ;

• « *Issu d'une source autonome, le droit du Traité ne pourrait donc, en raison de sa nature spécifique et originale, se voir judiciairement opposer un texte interne quel qu'il soit, sans perdre son caractère communautaire et sans que soit mise en cause la base juridique de la Communauté elle-même.* » Le juge interne doit donner tout son effet à la norme communautaire.

Le principe de primauté constitue un élément de l'« *ordre public communautaire* ».

Quelle est l'étendue du principe de primauté en droit de l'Union ? Il s'étend à toutes les normes internes, y compris les normes constitutionnelles. Dans un arrêt important du 17 décembre 1970 *Internationale Handelsgesellschaf*[7], la Cour affirme que « *l'invocation d'atteintes portées, soit aux droits fondamentaux tels qu'ils sont formulés par la Constitution d'un État membre, soit aux principes d'une structure constitutionnelle, ne saurait affecter la validité d'un acte communautaire ou son effet sur le territoire de cet État* ». Le juge national ne doit pas tenir compte du droit national incompatible[8]. Dans l'arrêt *Simmenthal*, la CJCE précise que « *les dispositions du Traité et les actes des institutions directement applicables*

6. *Costa c/Enel*, aff.6/64, concl. Lagrange, *Recueil*, p. 1141 ; note R. Kovar, *Journal de droit international*, 1965-1966, p. 695.
7. *Internationale Handelsgesellschaft MBH c/Einfuhr und Vorratsstelle für Getreide und Futtermittel*, aff. 11/70, 17 décembre 1970, concl. Dutheillet de Lamothe, *Recueil*, p. 1125.
8. *Administration des finances de l'État c/Société Simmenthal*, aff. 106/77, 9 mars 1978, concl. Reischl, *Recueil*, p. 629.

ont pour effet, dans leurs rapports avec le droit interne des États membres, non seulement de rendre inapplicable de plein droit, du fait même de leur entrée en vigueur, toute disposition contraire de la législation nationale existante, mais encore (...) d'empêcher la formation valable de nouveaux actes législatifs dans la mesure où ils seraient incompatibles avec des normes communautaires ».

Dans une retentissante affaire, la CJCE, saisie d'une question préjudicielle par la Cour constitutionnelle de Karlsruhe, a estimé que les dispositions de la Loi fondamentale de Bonn relative aux forces armées qui réservaient aux seuls hommes le « *droit* » de participer aux unités combattantes étaient contraires au principe d'égalité des sexes, tel qu'il résulte du principe de non-discrimination consacré à l'article 13 du traité CE. Tel est le sens de l'arrêt *Kreil* du 11 janvier 2000[9].

La jurisprudence de la CJCE a été codifiée par l'article 10 du traité établissant une Constitution pour l'Europe : « *La Constitution et le droit adopté par les institutions de l'Union dans l'exercice des compétences qui lui sont attribuées ont la primauté sur le droit des États membres.* » Cette stipulation a été, de manière quelque peu surprenante, jugée conforme à la Constitution de 1958 par le Conseil constitutionnel dans sa décision du 19 novembre 2004. Dans la même décision, le Conseil constitutionnel affirme en effet que la Constitution française, dans l'ordre juridique interne français, reste la norme fondamentale. Reprenant le raisonnement utilisé par le juge administratif dans l'arrêt *Sarran* du Conseil d'État du 30 octobre 1998, le Conseil admet la primauté de la Constitution française sur les actes d'origine externe, qu'il s'agisse du droit international conventionnel ou des actes de droit communautaire dérivé.

Les rédacteurs du traité de Lisbonne n'ont pas souhaité donner suite à cette nouveauté. Désormais il n'est fait allusion au principe de primauté que dans la déclaration n° 17, déclaration qui ne dispose pas en tant que telle d'une valeur obligatoire. Ce texte n'en est pas moins intéressant par la formulation qu'il donne de la primauté : renvoyant à la formulation jurisprudentielle du principe, ce texte rappelle que « *les traités et le droit adopté par l'Union sur la base des traités priment le droit des États membres, dans les conditions définies par ladite jurisprudence* ».

Les juridictions internes françaises, quant à elles, dénient toute primauté à la norme européenne face aux normes constitutionnelles.

Il en va ainsi de la jurisprudence constante du Conseil constitutionnel, encore rappelée dans sa décision 560-2007 DC du 20 décembre 2007, décision traité de Lisbonne : « *Considérant que, tout en confirmant la place de la Constitution au sommet de l'ordre juridique interne, ces dispositions constitutionnelles permettent à la France de participer à la création et au développement d'une organisation européenne permanente, dotée de la personnalité juridique et investie de pouvoirs de décision par l'effet de transferts de compétences consentis par les États membres* ».

9. CJCE, 11 janvier 2000, *Tanja Kreil c/ Allemagne*, aff. C-285/98, *Recueil*, p. 69.

Tel est le sens également de l'arrêt du Conseil d'État du 30 octobre 1998, *Sarran, Levacher et autres*[10] et de celui de la Cour de cassation du 2 juin 2000, *Mlle Pauline Fraisse*[11]. En revanche, les juridictions françaises consacrent la pleine primauté du droit primaire et dérivé de l'Union sur les lois françaises, tant antérieures que postérieures. Pour les juridictions judiciaires, c'est l'arrêt de la Cour de cassation du 24 mai 1975, *Société des Cafés Jacques Vabre*. La Cour, pour consacrer la primauté, se fonde sur la nature spécifique du droit communautaire et sur l'article 55 de la Constitution. Pour les juridictions administratives, c'est l'arrêt du Conseil d'État du 20 octobre 1989 *Nicolo* (revirement par rapport à l'arrêt de principe du 1er mars 1968, *Syndicat général des Semoules de France*). Le Conseil d'État ne fonde le principe de primauté que sur l'article 55 de la Constitution et non sur la spécificité du droit communautaire. Cet arrêt est prolongé par l'arrêt *Boisdet* du 24 septembre 1990 sur la supériorité des règlements communautaires sur la loi et l'arrêt *SA Rothmans international France et SA Philip Morris France* du 28 février 1992 relative à la primauté des directives communautaires. Par l'arrêt *Syndicat national de l'Industrie pharmaceutique* du 3 décembre 2001, le Conseil d'État reconnaît la primauté des principes généraux du droit de l'Union sur la loi interne[12]. Le Conseil d'État justifie cette primauté par le rattachement des principes généraux du droit au Traité lui-même. Ils feraient ainsi partie du droit originaire.

Dans l'ordre juridique de l'Union, la CJUE fait primer le droit de l'Union , y compris dérivé, sur toutes les règles nationales dont la règle constitutionnelle. En droit français, les juridictions internes rappellent que la Constitution constitue la norme fondamentale de l'ordre juridique interne français. À ce titre, elle ne saurait être écartée au nom de l'application d'un acte de l'Union . Il y a donc là une divergence évidente de jurisprudence, divergence qui est en pratique tempérée par la volonté des juridictions françaises de retenir, dans la très grande majorité des cas, une interprétation « *euro-compatible* » des règles nationales. Il existe très peu d'exemples de contrariété en jurisprudence.

Ce qui est en jeu avec l'affirmation des principes d'effet direct et de primauté réside dans l'efficacité du droit de l'Union.

Celle-ci implique que « *les États membres prennent toutes mesures générales ou particulières, propres à assurer l'exécution des obligations découlant du présent Traité ou résultant des actes des institutions de la Communauté...* » (art. 4 TUE-3).

À ce titre, les États doivent :

• exécuter les décisions prises par les organes de l'Union ;

• prendre les dispositions requises et agir dans les délais fixés ;

• ne pas contrarier les règles du droit de l'Union . Lorsqu'il n'existe pas de règle européenne , les États membres doivent agir dans le respect des objectifs et des principes du Traité et ne pas mettre en péril la réalisation des buts du Traité.

10. *AJDA*, 1998, p. 962, chron. Raynaud et Fombeur ; *RFDA*, 1998, p. 1081, concl. Maugüe, note Alland ; *AJDA*, 1999, p. 57, note Dubouis, Mathieu et Verpeaux ; *RDP*, 1999, p. 919, note Flauss.

11. *Dalloz*, 2000, p. 865, note Mathieu et Verpeaux ; *RDP*, 2000, p. 811, note Prétot.

12. *Dr Fisc. Comm.* 806, conclusion P. Fombeur.

À cet égard, différentes procédures destinées à sauvegarder l'efficacité du droit de l'Union sont aménagées. La première garantie est naturellement d'ordre politique. C'est la pression exercée par les autres États qui oblige l'État défaillant à faire le choix de la légalité communautaire. À cette contrainte politique s'ajoute une contrainte juridique. Un recours en manquement peut être exercé à l'encontre de l'État fautif, sur le fondement de l'article 258 du traité TFUE (la procédure de recours en manquement est régie par les articles 258, 259 et 260 du TFUE) De la même manière, un État membre peut être financièrement responsable des effets de la non-transposition d'une directive à laquelle la Cour n'a pourtant pas reconnu d'effet direct. Des amendes peuvent être adressées aux entreprises méconnaissant certaines dispositions du droit européen de la concurrence.

4. LECTURE

Arrêt de la Cour du 11 janvier 2000, *Tanja Kreil contre Bundesrepublik Deutschland*

« *S'il appartient aux États membres, qui ont à arrêter les mesures propres à assurer leur sécurité intérieure et extérieure, de prendre les décisions relatives à l'organisation de leurs forces armées, il n'en résulte pas, cependant, que de telles décisions doivent échapper totalement à l'application du droit communautaire. On ne saurait, en effet, sous peine de porter atteinte au caractère contraignant et à l'application uniforme du droit communautaire, admettre que le Traité, en dehors des hypothèses spécifiques visées par certaines de ses dispositions, comporte une réserve générale concernant toute mesure adoptée par un État membre au titre de la sauvegarde de la sécurité publique. S'agissant de la directive 76/207, relative à la mise en œuvre du principe de l'égalité de traitement entre hommes et femmes en ce qui concerne l'accès à l'emploi, à la formation et à la promotion professionnelles, et les conditions de travail, elle est dès lors applicable aux mesures susmentionnées.*

Lorsque, dans le cas de l'organisation des forces armées en république fédérale d'Allemagne, les autorités nationales compétentes font usage de la faculté qui leur est offerte par l'article 2, paragraphe 2, de la directive d'exclure de son champ d'application les activités professionnelles pour lesquelles, en raison de leur nature ou des conditions de leur exercice, le sexe constitue une condition déterminante, elles ne peuvent, sans méconnaître le principe de proportionnalité, considérer d'une manière générale que la composition de toutes les unités armées de la Bundeswehr doit demeurer exclusivement masculine. En effet, étant donné que les dérogations prévues par cette disposition ne peuvent viser que des activités spécifiques, une telle exclusion, qui s'applique à la quasi-totalité des emplois militaires de la Bundeswehr, ne peut être regardée comme une mesure dérogatoire justifiée par la nature spécifique des emplois en cause ou par les conditions particulières de leur exercice.

S'agissant, par ailleurs, de l'application éventuelle de l'article 2, paragraphe 3, de la directive, admettant des différences de traitement dans un souci de protection de la femme, l'exclusion totale des femmes de tout emploi militaire comportant l'utilisation d'armes ne rentre pas dans le cadre de ces différences.

Il s'ensuit que la directive 76/207 s'oppose à l'application de dispositions nationales, telles que celles du droit allemand, qui excluent d'une manière générale les femmes des emplois militaires comportant l'utilisation d'armes et qui autorisent seulement leur accès aux services de santé et aux formations de musique militaire. »

FICHE 24 | LES BASES CONSTITUTIONNELLES DE L'APPARTENANCE DE LA FRANCE À L'UNION EUROPÉENNE

1. RÉFÉRENCES

- De Berranger T., *Constitutions nationales et construction communautaire. Essai d'approche comparative sur certains aspects constitutionnels nationaux de l'intégration européenne*, LGDJ, collection « Droit public », Paris, 1995, tome 178.
- Delpérée F., *Recueil des Constitutions européennes*, Bruxelles, Bruylant, 1994.
- Fromont M., « Le droit constitutionnel national et l'intégration européenne », *Revue des affaires européennes*, 1997, n° 2, p. 191.
- Gaudin H. (dir.), *Droit constitutionnel et droit communautaire, vers un respect réciproque*, Economica, Paris, 2001.
- .Gerkrath J., *L'émergence d'un droit constitutionnel pour l'Europe*, Bruxelles, ULB, 1997.
- Gohin O., note sous CC, 10 juin 2004, « Économie numérique », *JCP A*, 2004, p. 1620.
- Grewe C., Weber A., « Le traité sur l'Union devant les juridictions constitutionnelles », *Annuaire international de justice constitutionnelle*, 1995, p. 11.
- Haguenau C., *L'Application effective du droit communautaire en droit interne. Analyse comparative des problèmes rencontrés en droit français, anglais et allemand*, Bruylant, Editions de l'Université, Bruxelles, 1995.
- Prétot X., « Constitution et communauté », *in Répertoire communautaire*, Dalloz, Paris, 1992.
- Rideau J. (dir.), *Les États membres de l'Union européenne : adaptations, mutations, résistances*, LGDJ, Paris, 1997.
- Roblot-Troizier A., *Contrôle de constitutionnalité et normes visées par la Constitution*, préface de M. Verpeaux, Dalloz, Nouvelle bibliothèque des thèses, Volume 65, 2007.

2. REPÈRES

Titre XV De l'Union européenne :

• ARTICLE 88-1.

La République participe à l'Union européenne constituée d'États qui ont choisi librement d'exercer en commun certaines de leurs compétences en vertu du traité sur l'Union européenne et du traité sur le fonctionnement de l'Union européenne, tels qu'ils résultent du traité signé à Lisbonne le 13 décembre 2007.

• ARTICLE 88-2.

La loi fixe les règles relatives au mandat d'arrêt européen en application des actes pris par les institutions de l'Union européenne.

• ARTICLE 88-3.

Sous réserve de réciprocité et selon les modalités prévues par le traité sur l'Union européenne signé le 7 février 1992, le droit de vote et d'éligibilité aux élections municipales peut être accordé aux seuls citoyens de l'Union résidant en France. Ces citoyens ne peuvent exercer les fonctions de maire ou d'adjoint ni participer à la désignation des électeurs sénatoriaux et à l'élection des sénateurs. Une loi organique votée dans les mêmes termes par les deux assemblées détermine les conditions d'application du présent article.

• ARTICLE 88-4.

Le Gouvernement soumet à l'Assemblée nationale et au Sénat, dès leur transmission au Conseil de l'Union européenne, les projets d'actes législatifs européens et les autres projets ou propositions d'actes de l'Union européenne.

Selon des modalités fixées par le règlement de chaque assemblée, des résolutions européennes peuvent être adoptées, le cas échéant en dehors des sessions, sur les projets ou propositions mentionnés au premier alinéa, ainsi que sur tout document émanant d'une institution de l'Union européenne.

Au sein de chaque assemblée parlementaire est instituée une commission chargée des affaires européennes.

• ARTICLE 88-5.

Tout projet de loi autorisant la ratification d'un traité relatif à l'adhésion d'un État à l'Union européenne est soumis au référendum par le président de la République.

Toutefois, par le vote d'une motion adoptée en termes identiques par chaque assemblée à la majorité des trois cinquièmes, le Parlement peut autoriser l'adoption du projet de loi selon la procédure prévue au troisième alinéa de l'article 89.

[cet article n'est pas applicable aux adhésions faisant suite à une conférence intergouvernementale dont la convocation a été décidée par le Conseil européen avant le 1er juillet 2004]

• ARTICLE 88-6.

L'Assemblée nationale ou le Sénat peuvent émettre un avis motivé sur la conformité d'un projet d'acte législatif européen au principe de subsidiarité. L'avis est adressé par le président de l'assemblée concernée aux présidents du Parlement européen, du Conseil et de la Commission européenne. Le Gouvernement en est informé.

Chaque assemblée peut former un recours devant la Cour de Justice de l'Union européenne contre un acte législatif européen pour violation du principe de subsidiarité. Ce recours est transmis à la Cour de Justice de l'Union européenne par le Gouvernement.

À cette fin, des résolutions peuvent être adoptées, le cas échéant en dehors des sessions, selon des modalités d'initiative et de discussion fixées par le règlement de chaque assemblée. À la demande de soixante députés ou de soixante sénateurs, le recours est de droit.

• ARTICLE 88-7.

Par le vote d'une motion adoptée en termes identiques par l'Assemblée nationale et le Sénat, le Parlement peut s'opposer à une modification des règles d'adoption d'actes de l'Union européenne dans les cas prévus, au titre de la révision simplifiée des traités ou de la coopération judiciaire civile, par le traité sur l'Union européenne et le traité sur le fonctionnement de l'Union européenne, tels qu'ils résultent du traité signé à Lisbonne le 13 décembre 2007.

Délégations parlementaires pour l'Union européenne de l'Assemblée nationale et du Sénat : avant son élection au suffrage universel en 1979, le Parlement européen était composé de parlementaires nationaux. Ceux-ci étaient donc associés institutionnellement à la construction européenne. Pour atténuer la rupture de ce lien, la loi du 6 juillet 1979 a créé une Délégation parlementaire pour les Communautés européennes (pour l'Union européenne depuis 1994) dans chaque chambre. Elles sont composées chacune de 36 parlementaires et ont un fonctionnement proche de celui des commissions permanentes. Depuis l'origine, les délégations ont un rôle qui n'est pas seulement d'information, mais également de contrôle. Ce contrôle s'effectue en particulier en application de l'article 88-4 de la Constitution introduit par la loi constitutionnelle du 25 juin 1992 et modifié par la loi constitutionnelle du 25 janvier 1999 qui dispose que « *le Gouvernement soumet à l'Assemblée nationale et au Sénat, dès leur transmission au Conseil de l'Union européenne, les projets ou propositions d'actes des Communautés européennes et de l'Union européenne comportant des dispositions de nature législative. Il peut également leur soumettre les autres projets ou propositions d'actes ainsi que tout document émanant d'une institution de l'Union européenne. Selon des modalités fixées par le règlement de chaque assemblée, des résolutions peuvent être votées, le cas échéant en dehors des sessions, sur les projets, propositions ou documents mentionnés à l'alinéa précédent* ». Par ailleurs, la loi Josselin du 10 mai 1990, qui a procédé au doublement du nombre de membres de 18 à 36, a ouvert la possibilité d'auditionner des membres du Gouvernement ou des représentants des institutions européennes. Toujours dans un but de renforcement, la loi Pandraud du 10 juin 1994 contraint le Gouvernement à communiquer aux délégations « *tout document nécessaire établi par les différentes institutions de l'Union européenne* ». Enfin les délégations entretiennent des relations avec les parlements des autres États membres par l'organisation de réunions ou de rencontres, mais surtout par la participation à la Conférence des organes spécialisés dans les affaires communautaires (Cosac) qui regroupe six parlementaires de chaque pays, ainsi que 6 représentants du Parlement européen. Le protocole n° 13 au traité d'Amsterdam sur le rôle des parlements nationaux a donné au Cosac un statut officiel ainsi que la possibilité de soumettre des contributions aux institutions de l'Union. Le traité établissant une Constitution pour l'Europe reprend ce protocole en étendant les contributions à la politique étrangère, de sécurité et de défense.

3. EXPLICATIONS

CHAPITRE 1 LES DISPOSITIONS CONSTITUTIONNELLES

Dans un premier temps, le Conseil constitutionnel se fondait, pour juger de la conformité d'un engagement international à la Constitution, sur la distinction entre les « *limitations de souveraineté* », autorisées par la Constitution (alinéa 15 du préambule de la Constitution de 1946 : « *sous réserve de réciprocité, la France consent aux limitations de souveraineté nécessaires à l'organisation et à la défense de la paix* ») et les transferts de souveraineté jugés proscrits par le texte constitutionnel.

Un tournant se produit en 1992 dans la mesure où, pour la première fois, un traité international, le traité sur l'Union européenne, est jugé contraire par le Conseil constitutionnel à la Constitution de 1958. À la suite de cette décision du Conseil constitutionnel du 9 avril 1992, une révision de la Constitution s'imposait alors. La technique de la « *révision-adjonction* » fut alors privilégiée. En vertu de cette dernière, le traité international est inséré dans le texte même de la Constitution. Cette dernière précise alors que la République française participe aux Communautés européennes dans les conditions et dans les limites posées par le traité international en question. La révision constitutionnelle du 25 juin 1992 précise ainsi selon l'article 88 alinéa 1er : « *La République participe aux Communautés européennes et à l'Union européenne, constituées d'États qui ont choisi librement, en vertu des traités qui les ont instituées, d'exercer en commun certaines de leurs compétences.* » La définition ainsi donnée de l'Union européenne s'avère minimaliste. Il est mentionné l'« *exercice en commun de compétences* » sans qu'il soit opéré de renvoi au droit communautaire dérivé ou à la mise en œuvre du principe de primauté. La spécificité de l'ordre juridique communautaire n'est pas mentionnée au profit d'une définition de l'Union européenne qui rapproche cette dernière d'une organisation internationale classique de type intergouvernemental.

Une telle définition renvoie à celle donnée par le Conseil constitutionnel dans la décision du 9 avril 1992 : « *Une organisation internationale permanente, dotée de la personnalité juridique et investie de pouvoirs de décision par l'effet de transferts de compétences consentis par les États membres.* » La notion de « *transfert de compétences* » implique l'existence d'institutions dotées de pouvoirs de décisions.

La Cour constitutionnelle de Karlsruhe, quant à elle, précise, dans un arrêt du 12 octobre 1993, que « *le Traité fonde un regroupement d'États basé sur les États membres et qui respecte leur identité nationale* ». La Cour précise par la suite que le Traité est relatif à la participation de l'Allemagne à une organisation de type supranational et non pas à un État européen. En effet, pour reprendre une expression de G. Jellinek, l'Union européenne ne dispose pas de « *la compétence de la compétence* ».

Aux termes de l'article 88 alinéa 2 de la Constitution de 1958, il est prévu que, « *sous réserve de réciprocité et selon les modalités prévues par le traité sur l'UE signé le 7 février 1992, la France consent aux transferts de compétence nécessaires à l'établissement de l'Union économique et monétaire européenne* ». Lors de la révision constitutionnelle rendue nécessaire pour la ratification du traité d'Amsterdam, il est ajouté que « *sous la même réserve et selon les modalités prévues par le traité instituant la Communauté européenne, dans sa rédaction résultant du traité signé le 2 octobre 1997, peuvent être consentis les transferts de compétences nécessaires à la détermination des règles relatives à la libre circulation des personnes et des domaines qui lui sont liés* ».

L'article 88-3 de la Constitution précise : « *Sous réserve de réciprocité et selon les modalités prévues par le traité sur l'UE signé le 7 février 1992, le droit de vote et d'éligibilité aux élections municipales peut être accordé aux seuls citoyens de l'Union résidant en France. Ces citoyens ne peuvent exercer les fonctions de maire ou d'adjoint ni participer à la désignation des électeurs sénatoriaux et à l'élection des sénateurs.* »

Aux termes des révisions rendues nécessaires par la ratification des traités de Maastricht et d'Amsterdam et de Lisbonne, l'idée qui prévaut est donc celle d'une constitutionnalisation *a minima*. Si l'appartenance de la République française à l'Union européenne dispose désormais d'un fondement constitutionnel (article 88-1), ce dernier revêt un caractère restrictif. Nulle mention n'est faite de la monnaie unique. De la même manière, la formulation de l'article 88-3 se caractérise par les multiples garde-fous qu'il aménage : deux élections seulement sont concernées, pas d'accès à la fonction de maire ou d'adjoint susceptible de participer à la désignation des grands électeurs sénatoriaux...

Le Conseil constitutionnel n'ayant pas été saisi de la conformité à la Constitution du traité de Nice, nulle révision de la Constitution n'est intervenue. C'est dans ce contexte qu'intervient la décision du Conseil du 19 novembre 2004 qui, malgré certains infléchissements, s'inscrit néanmoins notablement dans le prolongement de la décision du 9 avril 1992. Cette décision comporte plusieurs points importants :

- le traité établissant une Constitution pour l'Europe constitue un traité international au regard de ses stipulations relatives à son entrée en vigueur, sa révision et la possibilité de le dénoncer (considérant 9) ;
- la Constitution française reste au sommet de l'ordre juridique interne (considérant 10) ;
- l'Union européenne, qui dispose désormais de la personnalité juridique, ne change pas de nature (considérant 13) ;
- la Charte européenne des droits fondamentaux est conforme à la Constitution française (considérant 22) ;
- certaines stipulations du Traité sont contraires aux « *conditions essentielles d'exercice de la souveraineté nationale* ». En effet, les « *clauses du Traité qui transfèrent à l'Union européenne des compétences affectant les conditions essentielles d'exercice de la souveraineté nationale dans des domaines ou selon des modalités autres que ceux prévus par les traités mentionnés à l'article 88-2* » appellent une révision de la Constitution. Ainsi, dans une matière inhérente à l'exercice de la souveraineté nationale, un transfert à l'Union européenne de compétences régies par la procédure de codécision porte atteinte « *aux conditions essentielles d'exercice de la souveraineté nationale* ». C'est le cas notamment, relaté au considérant 27, des transferts dans les domaines du contrôle aux frontières, de la coopération judiciaire en matière civile, et de la coopération judiciaire en matière pénale,

Une révision constitutionnelle s'imposait alors. La loi constitutionnelle du 1er mars 2005, fidèle à la technique de la « *révision-adjonction* » crée un nouvel aliéna 1 à l'article 88-1 : « *La France peut participer à l'Union européenne dans les conditions prévues par le traité établissant une Constitution pour l'Europe signé le 29 octobre 2004* ». La définition de l'Union européenne n'est pas modifiée : « *La République française participe à l'Union européenne constituée d'États qui ont librement choisi d'exercer en commun certaines de leurs compétences. En vue de la ratification du traité de Lisbonne, une autre révision constitutionnelle a été adoptée par la loi 2008-103 de révision constitutionnelle qui modifie le Titre XV de la Constitution. Cette révision était rendue nécessaire par la décision de non-conformité rendue par le Conseil constitutionnel (décision n°2007-560 DC du 20 décembre 2007, traité de Lisbonne).* »

CHAPITRE 2 LA JURISPRUDENCE CONSTITUTIONNELLE ET ADMINISTRATIVE RÉCENTE RELATIVE À LA MISE EN ŒUVRE DU DROIT DE L'UNION EUROPÉENNE

• La décision n° 2004-496 DC du 10 juin 2004, *Loi pour la confiance dans l'économie numérique*[1] ;

• la décision n°2004-497 DC, *Loi relative aux communications électroniques et aux services de communication audiovisuelle* ;

• La décision du 29 juillet 2004, *Loi relative à la bioéthique*[2] ;

• la décision n°2004-499 DC, *Loi relative à la protection des personnes physiques à l'égard des traitements de données à caractère personnel et modifiant la loi n°78-17 du 6 janvier 1978 relative à l'informatique, aux fichiers et aux libertés*[3] ;

• la décision n°2006-535 DC du 30 mars 2006, *Loi pour légalité des chances*[4] ;

• la décision 2006-540 DC du 27 juillet 2006 : il s'agit de la première décision dans laquelle le Conseil constitutionnel constate la méconnaissance manifeste par la loi d'une directive communautaire qu'elle a pour objet de transposer. Le CC rappelle que la « *transposition en droit interne d'une directive communautaire résulte d'une exigence constitutionnelle* » déduite de l'article 88-1 de la Constitution de 1958. En conséquence, il appartient au CC, « *saisi dans les conditions prévues par l'article 61 de la Constitution d'une loi ayant pour objet de transposer une directive communautaire, de veiller au respect de cette exigence* ». Ce contrôle est néanmoins soumis à une double limite :

- l'identité constitutionnelle de la France qui correspond « *aux règles inhérentes à notre ordre constitutionnel* »,

1. *JORF*, 22 juin 2004.
2. *JORF*, 7 août 2004, p. 14077.
3. *JORF*, 7 août 2004, p. 14087.
4. D. Simon, « L'obscure clarté de la jurisprudence du Conseil constitutionnel relative à la transposition des directives communautaires », *Dr. adm.*, 2006, n°10, p. 31.

- le CC ne sanctionne que les dispositions législatives manifestement incompatibles avec la directive qu'elle a pour objet de transposer. Par cette jurisprudence, le Conseil a apporté une nouvelle dérogation à sa jurisprudence *IVG* du 15 janvier 1975, selon laquelle les engagements internationaux, et donc le droit dérivé, sont exclus des normes de référence du contrôle de constitutionnalité.

Dans le prolongement de cette jurisprudence, le Conseil d'État, dans un arrêt du 8 février 2007, a considéré que, « *eu égard aux dispositions de l'article 88-1 de la Constitution* (...) *dont découle une obligation constitutionnelle de transposition des directives, le contrôle de constitutionnalité des actes réglementaires assurant directement*[5] *cette transposition est appelée à s'exercer selon des modalités particulières dans le cas où sont transposées des dispositions précises et inconditionnelles* »[6]. Le CE estime qu'il « *appartient au juge administratif, saisi d'un moyen tiré de la méconnaissance d'une disposition ou d'un principe de valeur constitutionnelle, de rechercher s'il existe une règle ou un principe général de droit communautaire qui, eu égard à sa nature et à sa portée, tel qu'il est interprété en l'état actuel de la jurisprudence du juge communautaire, garantit par son application l'effectivité du respect de la décision ou du principe constitutionnel invoqué* ». Il en déduit que « *dans l'affirmative, il y a lieu pour le JA, afin de s'assurer de la constitutionnalité du décret, de rechercher si la directive que ce décret transpose est conforme à cette règle ou à ce principe général de droit communautaire ; qu'il lui revient, en l'absence de difficulté sérieuse, d'écarter le moyen invoqué ou, dans le cas contraire, de saisir la CJCE d'une question préjudicielle, dans les conditions prévues par l'article 234 du Traité CE* ».

Le Juge administratif opère ainsi un contrôle de la directive transposée au droit communautaire supérieur.

En revanche, « *s'il n'existe pas de règle ou de principe général communautaire garantissant l'effectivité du respect de la disposition ou du principe constitutionnel invoqué, il revient au juge administratif d'apprécier directement la constitutionnalité des dispositions réglementaires* ». Par ce biais, le juge opère un contrôle de constitutionnalité de la directive dans la mesure où, par hypothèse, l'acte réglementaire ne fait qu'en reprendre les dispositions inconditionnelles et précises[7].

5. Aucune loi de transposition ne doit faire obstacle au contrôle de la constitutionnalité de l'acte réglementaire.

6. CE, 8 février 2007, *Société Arcelor Atlantique et Lorraine et autres*, *RFDA*, 2007, p. 384, concl. M. Guyomar ; *AJDA*, 2007, p. 577, chron. F. Lenica et J. Boucher.

7. Voir la note d'A. Roblot-Troizier, *Revue française de Droit administratif*, 2007-3, pp. 601-603 ; A. Levade, « Le Palais-Royal aux prises avec la constitutionnalité des actes de transposition des directives communautaires », *ibid.*, 2007-3, pp. 564 et s.

FICHE 25 | LA NATURE JURIDIQUE DE L'UNION EUROPÉENNE

1. RÉFÉRENCES

- Beaud O., *La Puissance de l'État*, Paris, PUF Léviathan, 1994.
- Beaud O., « Fédéralisme et souveraineté : notes pour une théorie constitutionnelle de la Fédération », *Revue du droit public*, 1998, p. 83.
- Beaud O., « Fédération et État fédéral », *Dictionnaire de la culture juridique*, PUF, 2003.
- Beaud O., "L'Europe vue sous l'angle de la Fédération. Le regard paradoxal de Paul Reuter », *Droits,* 2007-45, pp. 47-71.
- Croisat M., *Les Fédéralismes dans les démocraties occidentales*, Montchrestien, Clefs, 3e édition, Paris, 1999.
- Ferry J.-M., *La Question de l'État européen*, Gallimard, Paris, 2001.
- Le Fur L., *État fédéral et confédérations d'États*, thèse de 1896, rééditée, Editions Panthéon-Assas, collection « Les Introuvables », avant-propos de Charles Leben, Paris, 2000.
- Leben C., « À propos de la nature juridique des Communautés européennes », *Droits*, n° 14, 1991, p. 61.
- Leben C., « Fédération d'États-nations ou État fédéral ? », *Harvard Law School*, Cambridge, MA 02138.
- Renouvin P., *L'Idée de fédération européenne dans la pensée politique du XIXe siècle*, Oxford, 1949.
- Schmitt C., *La Théorie de la Constitution*, 1928, rééditée, PUF Léviathan, Paris, 1993.
- Troper M., « L'Europe politique et le concept de souveraineté », *in* O. Beaud, A. Lechevalier, I. Pernice, S. Strudel (dir.), *L'Europe en voie de constitution. Pour un bilan critique*, , Bruylant, 2004, p. 117.
- Zoller E., « Aspects internationaux du droit constitutionnel. Contribution à la théorie de la fédération d'États », *Cours de l'Académie de droit international de La Haye*, 294 (1), Kluwer international, La Haye, 2002, p. 43 (disponible également sur le site Internet du Centre de droit américain de l'université Paris II).

2. REPÈRES

- **Nature juridique de l'Union européenne en droit constitutionnel allemand** : par un arrêt du 12 octobre 1993[1], la Cour constitutionnelle de Karlsruhe écarte toute analyse fédérale de l'Union européenne. Après avoir nié que l'Union européenne constitue un État fédéral, elle rappelle qu'elle ne dispose que d'une compétence d'attribution et non pas de la « *compétence de la compétence* ».

3. EXPLICATIONS

En droit constitutionnel français, l'Union européenne se définit comme une « *organisation internationale à caractère permanent à laquelle l'État a transféré des compétences* ».

Étudier la nature juridique de l'Union européenne implique de relier cette dernière au concept de souveraineté, concept nodal de la théorie de l'État depuis les *Six Livres de la République* de Jean Bodin en 1576. Quel(s) rapport(s) entretiennent l'Union européenne et la souveraineté ? Répondre à cette question permet de déterminer que l'Union, alors qu'elle possède certains attributs de la qualité étatique, n'est pas pour autant un État. Elle n'est en effet ni un État unitaire ni un État fédéral. Une telle affirmation implique de revenir, dans un premier temps, sur le sens du concept de « *souveraineté* » (chapitre 1) pour, dans un second temps, souligner que, dans l'Union européenne, ce sont les États qui disposent de la « *compétence de la compétence* » et donc, de ce que les Allemands qualifient de *Souveränität* (chapitre 2). Enfin, il s'agira de montrer, dans le prolongement des analyses décisives de Carl Schmitt, dans la *Théorie de la Constitution* de 1928, et d'O. Beaud, que l'Union européenne, qui n'est ni une Confédération d'États ni un État unitaire, invite à repenser le concept de « *fédération* ». En effet, le concept, si souvent décrié par les juristes, de « *fédération d'États nations* » est sans doute le plus à même de rendre compte de la spécificité de sa nature juridique. Cependant, par « *fédération d'États nations* », il s'agit d'un modèle parfaitement original qui ne correspond pas à la description qu'en fait J. Fischer qui, derrière cette expression, dissimule en réalité un État fédéral qui n'ose dire son nom. Dans la « *Fédération d'États nations* », il importe de souligner clairement que les rapports entre Fédération et États se placent sous le signe de l'égalité et non pas de la subordination (chapitre 3). Il s'agit de deux communautés politiques qui coexistent. Là est sans doute la nature profonde de l'Union européenne, par opposition aux États-Unis d'Amérique. Dans le cadre de cet état,, depuis la fin de la guerre de Sécession en 1865, le principe est celui de la primauté de l'État fédéral qui dispose, malgré une évolution très récente de la Cour suprême des États-Unis, du pouvoir « *de dernier mot* ». Or, si l'Union obéit à certains égards à une logique de type fédéral, elle ne constitue pas pour autant un État fédéral.

Un détour par la jurisprudence de la Cour constitutionnelle allemande apporte un éclairage intéressant au sujet de la nature juridique de l'Union européenne.

---

1. *BverfGE*, 89, p. 155.

CHAPITRE 1 *LE SENS DU CONCEPT DE « SOUVERAINETÉ »*

Le grand juriste R. Carré de Malberg, qui fut professeur à l'université de Strasbourg et auteur de la remarquable *Contribution à la théorie générale de l'État*, récemment rééditée, invite à une réflexion approfondie sur le sens du mot « *souveraineté* ». Là où le droit français n'utilise qu'un terme, celui de « *souveraineté* » pour nommer trois choses différentes, le droit allemand en utilise trois : *die Souveränität, die Staatsgewalt, die Herrschaft*.

SECTION 1 – *DIE SOUVERÄNITÄT*

Die Souveränität désigne le « *caractère suprême de la puissance étatique* ». C'est la *summa potestas*, c'est-à-dire « *le pouvoir ultime de tout faire, c'est-à-dire de tout reprendre, cela ne peut se transférer, et c'est d'ailleurs la question suprême...* »

En ce premier sens, il importe de distinguer la face interne de la face externe de la souveraineté :

• sur le plan interne : l'État dispose d'une puissance suprême de domination, puissance irrésistible et inconditionnée. Il s'agit d'un pouvoir de commandement unilatéral non seulement sur ses nationaux, mais également sur ceux qui résident sur son territoire. Bien plus, il peut assurer l'exécution de ses propres règles. Il a, comme le soulignait Max Weber, le « *monopole de la contrainte physique légitime*[2] ». Cette thèse est confirmée par H. Kelsen, pour lequel c'est le monopole de la contrainte qui permet de caractériser l'État moderne parmi les autres ordres normatifs[3] ;

• sur le plan international : la souveraineté n'est plus perçue comme une puissance suprême de domination, mais comme une « *indépendance* » (C. Rousseau). C'est l'absence de tout lien de subordination. L'État souverain ne reconnaît aucune autorité supérieure à la sienne. Chaque État est également souverain : il est protégé contre les empiètements possibles d'un autre État. Tel est le sens du principe de non-ingérence en droit international public, principe rappelé par l'article 2 paragraphe 1er de la Charte des Nations unies. L'État ne peut être lié que par son consentement. Selon la Cour permanente de justice internationale, dans l'arrêt du 17 août 1923, affaire du Vapeur Wimbledon : « *La faculté de contracter des engagements internationaux est précisément un attribut de la souveraineté.* »

SECTION 2 – *DIE STAASTSGEWALT*

Die Staastsgewalt désigne « *l'ensemble des pouvoirs compris dans la puissance d'État* » ; c'est la somme des compétences qui peut être exercée par l'État. En ce sens, l'idée de « *souveraineté divisée ou partagée* » peut avoir un sens. Ce n'est pas l'essence de la souveraineté qui est partagée, mais les prérogatives constitutives de son exercice. Il existe des

2. M. Weber, *Économie et société*, Plon, Paris, 1971.
3. *Théorie pure du droit*, LGDJ, Paris, 1999, p. 50.

« *marques de souveraineté* » qui peuvent être réparties entre l'Union et les États membres. Ainsi, la compétence monétaire relève de l'Union européenne, alors que la politique étrangère continue d'appartenir aux États. C'est en ce sens que la Cour suprême des États-Unis, dans l'arrêt *Alden* de 1999, évoque la « *souveraineté des États fédérés* » et renvoie ainsi à l'idée d'un partage de la souveraineté entre l'État fédéral et les États fédérés.

SECTION 3 – *DIE HERRSCHAFT*

Die Herrschaft désigne la « *puissance de domination d'un organe dans l'État* ». C'est l'organe qui dispose de la puissance la plus élevée au sein de l'État (le Parlement sous la IIIe République et le peuple sous la Ve République). De ce point de vue, la primauté des actes communautaires, dont on ne sait pas trop à qui ils peuvent être juridiquement imputés (pas de « *peuple européen* » au sens juridique du terme), sur la loi nationale, expression de la volonté du peuple souverain, est susceptible de soulever des difficultés importantes au regard de la théorie de la démocratie.

CHAPITRE 2 *LA NATURE DES COMPÉTENCES EXERCÉES PAR L'UNION EUROPÉENNE*

L'Union européenne ne dispose que de compétences d'attribution, c'est-à-dire qu'elle ne peut agir que dans les domaines où les traités communautaires lui ont donné compétence pour le faire. Ces compétences peuvent être exclusives, comme dans le cadre de la politique commerciale commune, ou partagées, dans le cas de la politique industrielle. La compétence de droit commun revient aux États.

Ce schéma n'est pas sans rappeler celui en vigueur dans des États fédéraux comme les États-Unis ou l'Allemagne où le principe est également celui de la compétence d'attribution pour l'échelon fédéral.

Cependant, à la différence de ce dernier modèle, l'Union européenne ne dispose pas de la « *compétence de la compétence* » qui constitue la caractéristique essentielle de l'État souverain. Certes, l'Union bénéficie de compétences qui lui ont été transférées, mais il n'en reste pas moins que « *la souveraineté elle-même, c'est-à-dire la puissance absolue, ultime, celle qui n' a pas de supérieur, qui est aussi le pouvoir ultime de tout faire, c'est-à-dire de tout reprendre, celle-là ne peut se transférer, et c'est d'ailleurs la question suprême... il n'y a pas de souveraineté européenne tant qu'il reste une souveraineté des États, c'est-à-dire le pouvoir de décider, de reprendre des compétences exercées antérieurement*[4] ». L'article I-60

4. Sur ce point, voir la très remarquable contribution de Michel Troper, « L'Europe politique et le concept de souveraineté », *in L'Europe en voie de Constitution. Pour un bilan critique des travaux de la Convention*, sous la direction d'O. Beaud, A. Lechevalier, I. Pernice et S. Strudel, Bruylant, 2004, pp. 117 et s. Ces développements font suite aux travaux de l'auteur sur la souveraineté, *La Théorie du droit, le droit, l'État*, PUF, Léviathan, 2001, 5e partie sur l'État.

du traité établissant une Constitution pour l'Europe confirme cette analyse en consacrant explicitement un droit de retrait de l'Union pour les États. Ce sont les États qui restent les maîtres du jeu communautaire dans la mesure où ils disposent du pouvoir ultime de reprendre les compétences attribuées à l'Union et même du pouvoir de se retirer.

Cela distingue clairement l'Union européenne d'un État fédéral. Il suffit de songer à l'exemple historique de la Bavière contrainte d'adhérer à la Loi fondamentale de Bonn de 1949 ou encore aux conséquences de la guerre de Sécession aux États-Unis. À la suite de cette dernière, le droit de sécession était définitivement condamné et un État ne pouvait plus se retirer de l'Union. Les États-Unis cessaient d'être une authentique fédération se caractérisant par un rapport d'égalité entre la Fédération et les États (la « *souveraineté plane dans les airs* », selon l'expression de C. Schmitt) pour devenir un État fédéral caractérisé par la primauté du niveau fédéral sur le niveau fédéré. Désormais, seul l'État fédéral disposait du pouvoir de dernier mot.

Ainsi, au regard des éléments classiques de la théorie de l'État, l'Union européenne ne constitue pas un « *État* ». Il est juridiquement impossible de parler d'« *État européen* ». À l'appui de cette thèse, on peut donc invoquer les arguments suivants :

- l'Union européenne n'exerce pas la « *compétence de la compétence* » ;
- l'Union européenne est dépourvue du monopole de la contrainte légitime. Seuls les États disposent de la puissance de contraindre sur leurs territoires. En d'autres termes, l'effectivité de la production normative de l'Union « *reste tout entière suspendue à l'efficacité des mécanismes de collaboration fonctionnelle entre l'Union et les autorités nationales* ». Il en résulte que ces normes ne sont pas autonomes, en ce sens qu'elles peuvent prévoir des sanctions qui ne s'imposent que par la force émanant des autorités étatiques. Il n'existe en effet ni police ni armée européenne.

L'Union européenne n'est donc pas un État, même fédéral. Néanmoins, elle emprunte des caractéristiques au modèle de l'État fédéral :

- le principe de primauté de la norme communautaire sur la norme nationale ;
- le principe de l'effet direct ;
- la « *double citoyenneté* » ;
- une répartition des compétences calquée sur le modèle fédéral...

Tous ces éléments soulignent la logique de type fédéral qui anime la construction européenne. Cette logique fédérale incontestable, qui interdit de parler de confédération d'États, n'autorise cependant pas, en l'état actuel du droit, à qualifier l'Union européenne d'État fédéral.

CHAPITRE 3 *L'UNION EUROPÉENNE COMME « FÉDÉRATION D'ÉTATS NATIONS[5] »*

Le concept de « *fédération* » s'inscrit dans une longue et prestigieuse tradition de théorie politique et constitutionnelle. Montesquieu, dans *L'Esprit des Lois*, examinait déjà ce qu'il appelait la « *République fédérative* » comprise comme une « *société de sociétés* ». Il en trouvait des exemples en Grèce, à Rome sous l'Empire, mais également dans les Provinces unies ou encore dans « *la république fédérative d'Allemagne* ». Dans ce modèle, des instances communes sont instituées en vue d'exercer un « *idéal commun de paix et de tranquillité* ».

E. Kant, dans l'*Essai sur la paix perpétuelle* en 1795, évoque l'idée d'une « *Fédération d'États libres* » qu'il distingue de l'État fédératif. La Fédération d'États libres repose sur la conclusion de pactes et de traités qui permettent aux États de sceller entre eux des alliances volontaires, alliances aux termes desquelles ils s'engagent mutuellement les uns envers les autres. L'objectif réside dans la sauvegarde de la liberté et de la souveraineté de chaque État membre. Pour Kant, la fédération constitue une « *idée de la raison* » correspondant à cet impératif rationnel qui enjoint aux individus de s'arracher à l'état de guerre.

Cette fédération serait seule apte à rendre la paix « *possible* » ou légitimement « *pensable* » entre les peuples. L'État fédératif, quant à lui, défini comme une « *République cosmopolitique sous un chef* » constitue une sorte de « *super-État* » qui s'imposerait à tous les autres États. Néanmoins, chez Kant, l'idée « *fédéraliste* » reste imprécise. Il ne parvient pas à distinguer clairement les structures confédérales et les structures fédérales. Le schéma qu'il décrit d'une alliance interétatique permettant, par voie de pactes et de conventions, le rapprochement des États en vue d'une fin commune, la paix, correspond en droit constitutionnel contemporain à une confédération d'États dans laquelle chaque État membre conserve sa souveraineté. Ce qu'il qualifie de « *fédérations d'États libres* » constitue en réalité une confédération d'États.

La réflexion sur le concept de « *fédération* » a été profondément renouvelée par Carl Schmitt. La fédération repose sur un pacte constitutionnel fédératif. Il s'agit d'un pacte qui résulte d'un acte de volonté des États. Ce pacte constitue une émanation du pouvoir constituant des États membres et exprime l'idée d'une autodétermination politique. Il ne saurait y avoir d'obligation d'entrer dans une fédération.

La fédération est définie par C. Schmitt comme « *une union durable, reposant sur une libre convention, servant au but commun de la conservation politique de tous les membres de la Fédération en fonction de ce but commun* ». La Fédération et les États membres disposent d'une existence politique spécifique. La Fédération se caractérise fondamentalement par le « *dualisme de l'existence politique* ». Elle sauvegarde les deux niveaux de « *communauté politique* ».

---

5. L'utilisation d'une telle notion postule que, dans l'Union européenne, à chaque État corresponde une nation. Cela est sans aucun doute à nuancer, mais il n'en reste pas moins que le modèle typique de « *communauté politique* » au fondement de l'Europe moderne est celui de « *l'État-nation* ».

La Fédération exige une certaine « *homogénéité fédérative* » qui peut être juridique, religieuse, culturelle... Pour Carl Schmitt, l'État fédéral reste une forme de fédération.

C'est sans doute sur ce point que la critique du professeur Olivier Beaud envers la théorie de Carl Schmitt est la plus vive. Pour O. Beaud, il importe de distinguer l'État, qui se définit par le critère de la souveraineté, de la Fédération qui, pour sa part, ne peut pas se définir par référence à ce critère puisqu'il caractérise déjà l'État. Or, Carl Schmitt refusait de trancher définitivement la question du lien entre fédération et souveraineté. Pour ce dernier, celle-ci « *planait dans les airs* » et ne devait en aucun cas « *s'actualiser* » à l'occasion d'un « *conflit politique existentiel* », car une hypothèse marquerait la fin de l'existence de la Fédération. Si, au terme d'un tel conflit, la souveraineté penche du côté de la fédération, celle-ci devient un véritable État fédéral. Si, en revanche, la souveraineté bascule du côté des États, c'est le modèle de la Confédération d'États qui l'emporte. Or, un tel modèle n'est pas celui d'une authentique Communauté politique.

O. Beaud, reprenant et précisant la théorie de C. Schmitt, propose de distinguer clairement entre d'un côté le type « *Fédération* », qui regroupe la Confédération d'États et l'Union européenne et, de l'autre, le type « *État* », dont le critère est la souveraineté, qui comprend les États unitaires et les États fédéraux.

Le concept de « *fédération* » permet de qualifier juridiquement l'Union européenne sous certaines réserves :

• il permet de rendre compte de cette dualité de « *communautés politiques* » et donc d'ordres juridiques ;

• il permet d'intégrer la logique d'essence fédérale qui caractérise l'Union européenne : primauté, effet direct... ;

• il permet de rendre compte de l'idée profonde qui anime l'Union européenne. Le but de toute fédération réside dans « *la conservation d'États forcément divers, dans un ensemble, la Fédération qui les englobe, sans les absorber* ». C'est le sens même de la construction européenne. Il suffit de se référer à la devise de l'Union « *Unie dans la diversité* », qui manifeste une tension entre la volonté de s'unir, de s'associer et la volonté contraire de conserver une certaine autonomie.

Des limites néanmoins viennent tempérer cette thèse :

• la faiblesse des engagements réciproques en matière de défense. Cela permet de douter de la volonté de « *constituer une nouvelle Communauté politique* » ;

• l'absence de « *principe de confiance » entre les États. Existe-t-il une « identité de l'Europe à la fois dans sa composition et dans sa finalité* » ? Existe-t-il cette « *homogénéité fédérative* » nécessaire à la réalisation d'une authentique « *fédération* » ? Peut-on parler d'un « *espace public européen* » ? Existe-t-il un « *telos européen* » ?

Certes, l'article I-2 du traité établissant une Constitution pour l'Europe énumère des valeurs communes (idéal de paix et de démocratie), mais de telles valeurs sont-elles propres aux Européens ? L'Europe ne reste-t-elle pas pour le moment un grand marché économique sans projet politique fort[6] ?

6. O. Beaud et S. Strudel, « Démocratie, fédéralisme et constitution », *in L'Europe en voie de constitution. Pour un bilan critique des travaux de la Convention*, Bruylant 2004, pp. 24 et s.

Le professeur Michel Clapié a contesté, dans la seconde édition de son manuel d'*Institutions européennes*, la thèse de la nature de l'Union européenne comme une « *Fédération d'États nations* »[7]. Il a également consacré à cette question une étude tout à fait passionnante. Il souligne que le modèle schmittien suppose une « *similitude nationale* » entre les peuples de la fédération qui correspond à la Constitution bismarckienne du IIe Reich allemand promulguée le 16 avril 1871. Il en conclut que le modèle schmittien n'est qu'une solution à la question existentielle de l'unité allemande[8]. Néanmoins, si ses objections nous paraissent justes, il n'en reste pas moins que l'Union européenne constitue une construction d'un type particulier que seul le concept de Fédération, compris comme ne se résumant pas à l'État fédéral, permet de comprendre. Cette Fédération d'États-nations, pour le moment, revêt un objet plus économique que politique au sens où C. Schmitt entendait ce terme. Mais est-il concevable d'établir une césure complète entre ces dimensions constitutives du corps social ? La prise en considération des impératifs d'ordre économique n'ouvre-t-elle pas la voie, comme l'a déjà montré le traité de Maastricht de 1992, à une communauté à dimension davantage politique.

CHAPITRE 4 *L'APPORT DE LA COUR CONSTITUTIONNELLE ALLEMANDE À L'ANALYSE DE LA NATURE JURIDIQUE DE L'UNION EUROPÉENNE*

SECTION 1 - L'INSERTION DU TRAITÉ DE LISBONNE DANS L'ORDRE JURIDIQUE ALLEMAND

La signature du traité de Lisbonne (**voir *supra***) par le Président de la République fédérale d'Allemagne Horst Köhler, le 25 septembre 2009, a été accueillie avec soulagement dans l'ensemble des capitales européennes. En effet, cette ratification avait été suspendue au jugement de la Cour constitutionnelle de Karlsruhe[9], jugement qui fut rendu le 30 juin 2009[10].

7. *Manuel d'Institutions européennes*, Paris, Flammarion, Champs Université, 2006, 2e édition, 415 pages, et spécialement, p. 40.

8. M. Clapié, « Le Pacte fédératif : un "contrat public" qui s'ignore. Contribution à l'étude du traité établissant une Constitution pour l'Europe », *in Contrats publics, Mélanges Michel Guibal*, Presses de la faculté de droit de Montpellier, 2006, pp. 403-416.

9. Le dernier Président de la République à signer fut le Président tchèque Vaclav Klaus en novembre 2009. Après avoir maintenu le suspense pendant plusieurs semaines, il se résigna néanmoins à signer sous la pression interne, comme internationale.

10. Jugement de la seconde chambre, www.bundesverfassungsgericht.de. Sur la jurisprudence communautaire de la Cour constitutionnelle, on se reportera à la décision du 29 mai 1974 (*Solange I*), RTDE, 1975, note M. Fromont, p. 316, à celle du 22 octobre 1986 (*Solange II*), note V. Constantinesco, « Cour constitutionnelle allemande, droits fondamentaux et droit communautaire : une musique nouvelle sur un air ancien... », *RTDE*, 1987, p. 537, à celle du 12 octobre 1993 (Maastricht) et enfin à la décision du 18 juillet 2005, *RUDH*, p. 258. Il ressort de cette jurisprudence, que confirme l'arrêt ici annoté du 30 juin 2009, que la Cour constitutionnelle allemande s'est toujours montrée très vigilante sur les conditions par lesquelles la République fédérale allemande intégrait l'Union européenne. Cette intégration ne saurait remettre le haut degré de protection dont jouissent les droits fondamentaux dans l'ordre constitutionnel allemand, ainsi que « *le principe démocratique* » qui est au fondement du Droit public allemand.

Dans cet arrêt fondamental[11], la Cour de Karlsruhe a certes considéré que le traité de Lisbonne était conforme à la Loi fondamentale, mais avait également ajouté une condition suspensive à la ratification du dit Traité[12]. En effet, cette dernière était conditionnée par le vote d'une loi renforçant le pouvoir des deux chambres du Parlement allemand dans le processus décisionnel communautaire : « *Le traité de Lisbonne est compatible avec la Loi fondamentale. Mais la loi étendant et renforçant les pouvoirs du Parlement viole les articles 38, par. 1 et 23, par. 1 de la Loi fondamentale dès lors que le Parlement allemand ne se voit pas accorder de pouvoirs suffisants dans la participation à la procédure législative et à la procédure d'amendement des traités. La ratification par la République fédérale d'Allemagne ne peut donc intervenir tant que la loi relative aux droits de participation du Parlement n'est pas entrée en vigueur* ».

En droit constitutionnel allemand, où il n'existe quasiment pas de référendum au niveau national[13], la ratification du traité de Lisbonne obéit à une procédure parlementaire qui implique par l'adoption de trois lois :

• une « *loi d'accord* » qui reprend l'ensemble du texte du traité. En effet, l'Allemagne constitue un modèle dualiste en matière d'insertion du Droit international conventionnel dans le cadre de l'ordre juridique interne allemand. Une telle loi remplit une double fonction. En premier lieu, elle autorise le Président de la république à ratifier le traité. En second lieu, elle vise à incorporer le texte du traité en droit interne allemand. Après son adoption par le Bundestag en mai 2008 et par le Bundesrat en juin 2008, cette « *loi d'accord* » est entrée en vigueur le 15 octobre 2008 ;

• une loi de révision constitutionnelle qui modifie la Loi fondamentale allemande. Cette loi a pour objet d'intégrer les nouveaux droits attribués aux parlements nationaux par le traité de Lisbonne. Ces nouveaux droits concernent le principe de subsidiarité et la possibilité de déposer un recours en ce sens devant la CJCE. Cette loi, publiée le 16 octobre 2008, n'entrera en vigueur que le jour suivant l'entrée en vigueur du traité de Lisbonne ;

• une « *loi d'accompagnement* » (*Begleitgesetz*), dont le nom officiel est « *loi portant sur l'élargissement et le renforcement des droits du Bundestag et du Bundesrat dans le cadre des affaires européennes* ». Cette loi organise les droits de participation et de contrôle accordés aux parlements nationaux dans le cadre du nouveau traité. Son entrée en vigueur est conditionnée par l'entrée en vigueur de la loi constitutionnelle modifiant la Loi fondamentale.

11. Dans un commentaire publié sur le site de la fondation Res publica, Madame Marie-Françoise Bechtel, Conseiller d'état, s'est même interrogée sur la « *Révolution juridique qu'il constituait* ».
12. On se rappellera que la Cour avait sursis à statuer le 1er novembre 2006 au sujet du Traité établissant une Constitution pour l'Europe ; note T. Rambaud sous le communiqué de la Cour constitutionnelle du 1er novembre 2006, *RFDA*, mai-juin 2007, pp. 605-606. L'arrêt rendu par la Cour avait déjà produit d'importantes conséquences sur la conduite de la politique européenne de l'Allemagne, puisque le Président de la République ne pouvait pas ratifier le Traité établissant une Constitution pour l'Europe.
13. Voir, néanmoins, l'article 29 de la Loi fondamentale sur la restructuration du territoire fédéral et l'article 146 qui prévoit un référendum décisoire, mais facultatif, dans l'hypothèse de la reconstitution de l'Allemagne réunifiée.

SECTION 2 - LA SOLUTION DE LA COUR CONSTITUTIONNELLE

Dans cet arrêt, la Cour procède à une sévère dénonciation du déficit démocratique du fonctionnement du système politique de l'Union européenne et plaide pour l'ouverture d'un débat sur le contrôle par le parlement allemand de l'élaboration des normes européennes. Elle appelle le parlement allemand à participer plus étroitement à l'élaboration des normes européennes et souligne qu'elle même sera appelée à intensifier son contrôle en la matière. Décidée à jouer pleinement son rôle, la Cour montre sa détermination à garantir certaines valeurs fondamentales de l'ordre constitutionnel allemand face à la Cour de Justice des communautés européennes.

Le point de départ de l'analyse de la Cour réside dans le constat du déficit démocratique de l'Union européenne : celle-ci, selon la Cour, ne fonctionne pas de manière suffisamment démocratique, car il n'existe pas de véritable Parlement européen qui représenterait un « *peuple européen* ».

La Cour considère que le mode d'élection au Parlement européen est « *inéquitable* »[14], car il ne respecte pas le principe constitutionnel « *un homme-une voix* » en raison de la pondération opérée entre les circonscriptions électorales nationales. Or, ce principe est au fondement même du principe constitutionnel d'égalité de tous devant le suffrage, qui implique que chaque élu représente un nombre à peu près équivalent d'électeurs au sein d'une Assemblée donnée. En effet, un découpage électoral doit s'effectuer, selon la formule célèbre du Conseil constitutionnel, sur des « *bases essentiellement démographiques* », sauf prise en considération de motifs d'intérêt général que l'on pourrait qualifier d'« *impérieux* ».

Afin de compenser ce déficit démocratique inhérent au fonctionnement des institutions européennes, la Cour juge qu'il s'avère indispensable de renforcer la place des parlements nationaux au sein du processus décisionnel européen. Partant du constat que la démocratie transnationale européenne ne fonctionne pas de manière réellement satisfaisante, elle en tire la conclusion implicite que le cadre normal d'exercice de la démocratie reste celui de l'État-nation. Ce constat opéré par la Cour n'est pas sans rappeler les analyses lucides du doyen G. Vedel qui s'interrogeait sur les conditions d'émergence d'une démocratie supranationale, c'est-à-dire une démocratie qui se constitue au niveau européen.

La Cour apporte également d'intéressantes précisions sur la manière dont elle analyse la nature juridique de l'Union européenne.

SECTION 3 - LA NATURE JURIDIQUE DE L'UNION EUROPÉENNE

Les juges qualifient l'Union européenne d'« *Union conventionnelle d'États souverains* » (*Staatenverbund*). Cette expression avait déjà été utilisée par la Cour constitutionnelle de Karlsruhe dans la décision *Maastricht* du 12 octobre 1993. La Cour, afin de qualifier d'un point de vue juridique le système politique de l'Union européenne, avait forgé l'expression d'« *Union conventionnelle d'États souverains* ». Elle avait refusé de qualifier l'Union

14. « *Keine Erfolgswertgleichheit* ».

européenne d'État fédéral (*Bundesstaat*) ou de Confédération (*Staatenbund*). En forgeant ainsi un nouveau concept de Droit constitutionnel, la Cour s'est efforcée de rendre compte de la spécificité de ce « *nouvel objet politique non identifié* » qu'est l'Union européenne. Cette dernière est certes composée d'États souverains, mais la prise en considération, notamment, des principes d'effet direct, de primauté du Droit communautaire sur les droits nationaux oblige à souligner le caractère *sui generis* de cette organisation internationale[15]. La Cour note ainsi « *que l'Union a connu une extension considérable de son champ d'action de sorte que, en certains domaines, elle revêt une forme qui s'apparente à celle d'un État fédéral* », mais elle ajoute que « *le pouvoir interne de décision en reste au modèle prédominant d'une organisation internationale dont la structure répond pour l'essentiel au principe d'égalité entre les États* ».

Cette qualification s'appuie sur l'article 23 de la Loi fondamentale qui autorise la République fédérale d'Allemagne à transférer des compétences au niveau européen, mais de manière limitée et ponctuelle. C'est le principe des compétences d'attribution, par opposition au « *principe de la compétence de la compétence* ». Or, juge la Cour, le principe des compétences d'attribution impose des « *limites absolues* », qui correspondent aux compétences relevant du domaine de l'État-nation, afin que ce dernier puisse être qualifié de souverain. Il est un seuil au-delà duquel l'État ne peut se déposséder de certaines compétences sous peine de ne plus pouvoir être qualifié de « *souverain* ». La théorie allemande de l'État, ici développée par la Cour constitutionnelle, n'est pas sans rappeler la conception matérielle de la souveraineté en Droit international public. Selon cette théorie, il est des compétences qu'un État ne peut pas transférer à une organisation internationale ou à un autre État sous peine de perdre sa qualité « *d'État souverain* » au sens du Droit international. Cette conception s'oppose à la conception formelle de la souveraineté.

En l'espèce, les juges procèdent à une énumération des domaines qui doivent selon eux rester dans la sphère de la souveraineté étatique nationale : la citoyenneté, le monopole de la violence légitime, le droit pénal, les revenus et dépenses de l'État, ainsi que l'engagement de crédit, l'organisation des relations sociales, le droit de la famille et les questions d'Education, la liberté de la presse et, enfin, de manière très surprenante les questions de confessions religieuses (considérant 249, par. 3). Cette liste est très surprenante, à plus d'un titre. Il s'agit d'une vision très extensive des domaines considérés comme consubstantiels à la qualité d'État-nation souverain. Ces limites absolues sont elles véritablement et fondamentalement juridiques ? Peut on estimer qu'un État qui conclurait une convention internationale portant transfert d'une de ces compétences ne soit plus véritablement un État souverain au sens du Droit international ?

15. Pour notre part, nous avons privilégié le concept de « *Fédérations d'États nations* ». Voir T. Rambaud, E. Perrin, *Institutions européennes et principes généraux de droit européen*, Studyrama, Levallois-Perret, 2007, 2e édition. Cette thèse, reprise et amendée des travaux de C. Schmitt et d'O. Beaud, a été discutée et contestée par Michel Clapié dans son manuel d'*Institutions européennes*, Paris, 2006, Champs Université, Flammarion, p. 40. Selon M. Clapié, le modèle schmittien, qui suppose une « *similitude nationale* » entre les peuples de la fédération correspond à la Constitution bismarckienne du IIe Reich allemand, promulguée le 16 avril 1871, ce qui incite à penser que cette Fédération n'est qu'une solution à la question existentielle de l'unité allemande. On lira également avec intérêt de M. Clapié, « Le Pacte fédératif : un «contrat public» qui s'ignore. Contribution à l'étude du Traité établissant une Constitution pour l'Europe », *in Contrats publics. Mélanges Michel Guibal*, Presses de la faculté de droit de Montpellier, 2006, pp. 403-416.

Par ailleurs, la Cour ne peut pas citer le critère de la monnaie, pourtant considéré généralement comme un des attributs essentiels de la souveraineté d'un État, en raison de la mise en œuvre d'une politique monétaire commune. De la même manière, lorsque la Cour insiste pour réaffirmer la compétence exclusive nationale en matière de budget, elle ignore la réalisation et les acquis de l'Union économique et monétaire, puisque les critères de Maastricht et le pacte de stabilité ont pour objet de limiter de façon contraignante les politiques budgétaires des États membres de la zone Euro.

Au-delà, la Cour constitutionnelle évoque l'idée d'une « *identité constitutionnelle intangible* » (*der unantastbare Kerngehalt der verfassungsidentität des Grundgesetzes*), expression qui n'est pas sans rappeler celle utilisée par le Conseil constitutionnel français de l' *identité constitutionnelle de la France* »[16]. Cette formule repose sur un double pilier :

- le peuple souverain qui décide de son avenir par les élections ;
- l'État détenteur d'un champ de compétences et gardien de la souveraineté de la nation.

La Cour constitutionnelle retient ainsi une conception très politique et institutionnelle de la souveraineté de l'État allemand. On notera également l'absence de référence à la garantie des Droits fondamentaux comme élément constitutif de « *l'identité constitutionnelle allemande* ».

À la lecture de l'arrêt, il semblerait que la Cour constitutionnelle estime que l'Union européenne est arrivée à la limite des transferts de compétences autorisées, pour une « *Union conventionnelle d'États souverains* ». La Cour constitutionnelle semble ainsi déterminée à marquer de son empreinte la politique européenne de l'Allemagne en renforçant sur les contrôles sur les mesures nationales de mise en œuvre du Droit de l'Union européenne. Elle s'invite ainsi comme un acteur à part entière de la politique européenne allemande. Les réactions vives qui ont accompagné cet arrêt ne font que rappeler ce que les commentateurs avaient perçu dès la célèbre décision *Solange I* de 1974.

4. LECTURE

Discours prononcé par Joschka Fischer, ministre allemand des Affaires étrangères, à l'université Humboldt de Berlin, le 12 mai 2000

« [...] *Permettez-moi donc, Mesdames et Messieurs, de laisser maintenant «le ministre des Affaires étrangères» vraiment loin derrière moi pour m'adonner à quelques réflexions concernant aussi bien la nature de ce que nous appelons la «finalité de l'Europe» que la façon dont nous pourrions nous rapprocher de cet objectif et finalement l'atteindre. Et à tous les eurosceptiques de part et d'autre de la Manche, il est recommandé de ne pas tirer tout de suite une fois encore les plus gros titres car, premièrement, il s'agit d'une vision person-*

16. Décision n°2006-543 DC du 30 novembre 2006, *Loi relative au secteur de l'énergie*, note A. Roblot-Troizier et T. Rambaud, *RFDA*, mai-juin 2007, p. 596 ; A. Levade, « à propos de la décision du Conseil constitutionnel, n°2006-543 du 30 novembre 2006, *Loi relative au secteur de l'énergie* et de l'arrêt du Conseil d'État du 8 février 2007, *Société Arcelor Atlantique et Lorraine et autres* », *RFDA*, mai-juin 2007, pp. 564 et s.

nelle future du règlement des problèmes européens. Et deuxièmement, nous parlons ici du long terme, bien au-delà de la Conférence intergouvernementale. Nul n'a donc besoin de redouter ces thèses.

L'élargissement rendra indispensable une réforme fondamentale des institutions européennes. Comment s'imaginer en effet un Conseil européen à trente chefs d'État et de gouvernement ? Trente présidences ? Combien de temps les réunions du Conseil dureront-elles dans ce cas ? Des jours, voire des semaines entières ? Comment parvenir à 30, dans le tissu actuel des institutions de l'Union européenne, à concilier des intérêts différents, à adopter des décisions et encore à agir ? Comment veut-on éviter que l'Union ne perde définitivement toute transparence, que les compromis soient de plus en plus impalpables et étranges, et que l'intérêt manifesté à l'égard de l'Union par ses citoyens ne finisse par tomber bien au-dessous de zéro ? Autant de questions auxquelles toutefois il existe une réponse toute simple : le passage de la Confédération de l'Union à l'entière parlementarisation dans une Fédération européenne que demandait déjà Robert Schuman il y a cinquante ans. Et cela ne veut pas dire moins qu'un Parlement européen et un gouvernement, européen lui aussi, qui exercent effectivement le pouvoir législatif et le pouvoir exécutif au sein de la Fédération. Cette Fédération devra se fonder sur un traité constitutionnel.

[...] *Il est clair que l'on reprochera immédiatement à cette solution simple d'être impraticable ; que l'Europe n'est pas un continent nouveau, mais un continent rempli de peuples différents et de cultures, de langues et d'histoires différentes ; que les États-nations sont des réalités indispensables et que plus la mondialisation et l'européanisation créent de superstructures éloignées du citoyen et des acteurs anonymes, plus les êtres humains s'accrocheront à la sécurité et à l'abri moral que leur apportent les États-nations. Toutes ces objections, je les partage car elles sont fondées. Ce serait donc commettre une erreur de construction irréparable que de tenter de parachever l'intégration politique à l'encontre des institutions et des traditions nationales existantes et non en cherchant à les associer au processus. Une telle entreprise serait appelée à échouer dans les conditions historiques et culturelles européennes. C'est uniquement si l'intégration européenne conserve les États-nations dans une telle Fédération, qu'elle ne dévalorise pas, voire ne fait pas disparaître complètement leurs institutions, qu'un tel projet sera réalisable, en dépit des énormes difficultés qu'il présente. Autrement dit, la conception qui prévalait jusqu'à présent d'un État fédéral européen, qui remplacerait comme nouveau souverain les anciens États-nations et leurs démocraties, s'avère être une élucubration artificielle qui se situe en dehors des réalités européennes traditionnelles. Parachever l'intégration européenne n'est concevable que si ce processus s'effectue sur la base d'un partage de souveraineté entre l'Europe et l'État-nation.* [...] »

FICHE 26 | LA GOUVERNANCE EUROPÉENNE

1. RÉFÉRENCES

- Candela Castillo J., « La bonne gouvernance comprise comme intégration des principes de légitimité, efficacité et justice », *Revue du droit de l'Union européenne*, 2005 n°2, pp. 239-271.
- Constantin S., « La nouvelle gouvernance européenne : bilan et perspectives », *Cahiers de droit européen*, 2006, n°5-6, pp. 581-627.
- Lliopoulou A., « La méthode ouverte de coordination : un nouveau mode de gouvernance dans l'Union européenne », *Cahiers de droit européen*, 2006 n°3-4, pp. 315-341.
- Richez B., « Lobbying européen et lobbying américain : vers une plus grande convergence des pratiques ? », *Revue du Marché commun et de l'Union européenne*, 2005-10/11) n°492, pp. 601-605.
- Vaccari B., « Le processus Lamfalussy : une réussite pour la comitologie et un exemple de "bonne gouvernance européenne" », *Revue du droit de l'Union européenne*, 2005 n°4, p.803-821.
- http://ec.europa.eu/governance/index_fr.htm (site de la Commission sur la gouvernance, archivé le 31/07/2007)

2. REPÈRES

- Le concept de gouvernance est apparu en Science politique dans les années 1960. Il repose sur la mise en question de l'efficacité et de la légitimité réelles des systèmes politico-administratifs, s'interrogeant plus particulièrement sur le formalisme de la démocratie pour s'intéresser à l'extension de l'expression et de la participation des citoyens. Plusieurs sens sont envisageables :
  - la gouvernance d'entreprise concerne les conditions dans lesquelles une société commerciale est organisée et dirigée et les règles qu'elle s'impose, ou qu'elle se voit imposer, pour le contrôle de ses activités sensibles ;
  - dans le domaine du développement, l'idée de gouvernance a été particulièrement utilisée par les organismes internationaux pour définir des bonnes pratiques économiques et politiques. Elle est liée à la conditionnalité des aides pratiquée par le FMI ou la Banque mondiale ;
  - dans ce prolongement, la gouvernance mondiale vise l'ensemble des mécanismes qui tentent de réguler, notamment au travers des organisations internationales et du droit qui en découle, les rapports entre les acteurs internationaux, publics et privés ;
  - concernant l'administration publique la gouvernance s'attache au fonctionnement des organisations plus particulièrement sous l'angle de l'efficacité, de la responsabilité et de la transparence. Elle peut s'inspirer de la gouvernance d'entreprise en

adaptant des méthodes telles que l'étalonnage (*benchmarking*) et les bonnes pratiques, l'évaluation par les pairs (*peer review*), les codes de conduite et les modes de régulations alternatifs (*soft law*) ;
- dans le sens qui nous intéresse en l'espèce, la gouvernance concerne l'utilisation concrète des pouvoirs conférés par les citoyens. D'un point de vue fonctionnel, la gouvernance se traduit par l'usage de dispositifs informels, ayant pour objectif d'impliquer les acteurs non-institutionnels, de la *soft law* et des procédures souples dépourvues de sanctions.

• **La Commission Prodi avait fait de la « promotion de nouvelles formes de gouvernance européenne » une de ses quatre priorités stratégiques. Le 25 juillet 2001, la Commission européenne a publié un livre blanc sur la gouvernance européenne. Celui-ci est animé par le constat paradoxal de la coexistence d'attentes fortes des citoyens vis-à-vis de l'Union en vue d'obtenir des améliorations de leurs conditions de vie avec un désintérêt et une défiance croissants pour les institutions politiques. Pour surmonter ce paradoxe, la Commission propose d'accroître la participation des acteurs, d'améliorer les politiques, les réglementations et donc les résultats, de renforcer la contribution de l'Union européenne à la gouvernance mondiale et de recentrer l'action des politiques et des institutions. À cet égard, cinq principes de gouvernance sont définis :**

- ouverture : le fonctionnement des institutions devrait être plus transparent et compréhensible ;
- participation : la participation des citoyens est nécessaire à la qualité et à l'efficacité des politiques de l'Union ;
- responsabilité : une clarification des rôles permettrait de dégager les responsabilités de chaque acteur institutionnel, à quel que niveau qu'il se situe ;
- efficacité : les mesures prises doivent produire les résultats requis en utilisant l'expérience, la définition d'objectifs et l'évaluation. L'efficacité requiert également que les mesures soient proportionnées et qu'elles soient prises au niveau le plus approprié ;
- cohérence : les politiques très diverses que mène l'Union ne doivent pas être segmentées et sectorisées, mais s'inscrire dans une démarche d'ensemble.

• **L'application de ces cinq principes doit également renforcer les principes de subsidiarité et de proportionnalité.**

• **L'Union européenne est un terrain propice à la gouvernance, car celle-ci lui permet de chercher une voie originale qui tente de surmonter les tensions entre la logique communautaire et la logique intergouvernementale.**

3. EXPLICATIONS

En parallèle à la réforme institutionnelle, les pratiques des institutions évoluent et font l'objet d'une réflexion, en particulier de la Commission. Cette réflexion se distingue de la « *démocratie participative* » dans la mesure où elle se focalise sur des formes de gouvernement qui semblent constituer une nouvelle génération par comparaison aux formes plus classiques que sont la pétition ou même le médiateur.

Pour répondre aux critiques que peut connaître l'Union européenne quant à sa légitimité et à son efficacité, la Commission a engagé une démarche de réflexion sur la gouvernance européenne qui prolonge une évolution déjà entamée (chapitre 1). Les avancées qu'a pu permettre cette adaptation des méthodes communautaires dans un contexte de crise ne doivent pas masquer les ambiguïtés de ce changement de perspective (chapitre 2).

CHAPITRE 1 UNE RÉFLEXION DE LA COMMISSION SUR LA GOUVERNANCE AU NIVEAU EUROPÉEN

Les résultats des référendums français et néerlandais sur le projet de traité constitutionnel sont le point d'orgue d'une incompréhension et d'une insatisfaction croissantes des citoyens à l'encontre de l'Union européenne. L'Union peine en effet à s'approprier les réussites de ses politiques en l'absence d'une visibilité institutionnelle qui dépasse les cadres nationaux. Or la méthode communautaire repose en grande part sur une justification a posteriori de son action. Le pragmatisme et les petits pas ne sont pas propices à l'émergence d'un dessein suscitant adhésion et reconnaissance. Les critiques se portent par ailleurs sur les dérives bureaucratiques, supposées ou réelles, et sur la complexité des institutions et du processus décisionnel.

Elles peuvent schématiquement se regrouper sous deux chapitres : une critique quant à l'efficacité qui reproche à l'UE de ne pas améliorer concrètement la vie des populations et une critique de légitimité qui semble plus peser sur les politiques menées et le soutien que leur accordent les acteurs considérés comme les « *élites* » que réellement sur les institutions. L'Union est sans doute plus encore touchée que les institutions nationales par l'impression d'impuissance et de surdité grandissantes de la politique et par la défiance qui en découle.

Outre les améliorations d'ordre politique présentées précédemment, l'Union européenne avait tenté d'apporter des réponses en adaptant ses pratiques normatives et institutionnelles. Le protocole 7 annexé au traité d'Amsterdam sur l'application des principes de proportionnalité et de subsidiarité marque l'inscription de cette démarche dans les traités. D'une part, il insiste sur l'adéquation des actions de l'Union avec ses buts en rappelant ces principes, d'autre part, en disposant que « *la Commission devrait procéder à de larges consultations avant de proposer des textes législatifs et publier, dans chaque cas approprié, des documents relatifs à ces consultations* », il donne à la Commission une ligne de conduite concernant la participation des acteurs.

Ce souci de consultation existait déjà dans les traités, mais restait limité à la consultation des partenaires sociaux pour ce qui concerne la politique sociale (art. 138 TCE). Dans la pratique la Commission était de plus déjà ouverte à la consultation au travers des livres verts et blancs, des communications, des comités consultatifs, des panels d'entreprises et des groupes *ad hoc*. La Commission a néanmoins pris acte de cette incitation et a élargi son recours à la consultation.

Plus généralement, la Commission, contrairement au critiques dont elle peut faire l'objet, n'agit pas seule en vertu d'un pouvoir exorbitant ; son monopole de l'initiative connaît des limites. En sus des consultations et évaluations préalables imposées par les traités ou par les actes, le Parlement ou les États membres par le biais du Conseil peuvent demander à la Commission de se saisir de tel ou tel sujet. Le pouvoir d'initiative reste donc largement partagé.

Le livre blanc sur la gouvernance européenne a approfondi cette démarche dans différentes directions. La Commission a cherché à renforcer la consultation et à améliorer la confiance envers l'expertise en décrivant sa stratégie dans sa communication de 2002, « *Vers une culture renforcée de consultation et de dialogue – principes généraux et normes minimales applicables aux consultations engagées par la Commission avec les parties intéressées* ». Ces normes de consultation sont la définition d'un délai minimal, l'obligation de faire un rapport sur les résultats, l'obligation d'apporter une réponse aux commentaires reçus et la publicité des consultations publiques de la Commission. Cette consultation des experts et des acteurs extra-institutionnels est complétée par une attention portée au dialogue régional et local.

En matière d'efficacité un accord interinstitutionnel intitulé « *Mieux légiférer* » a été conclu le 16 décembre 2003. Il engage les institutions à produire une législation de qualité, largement préparée en amont et évaluée en aval, et à améliorer son application notamment par une simplification des normes. Cet accord formalise également deux modes alternatifs de régulation : la corégulation et l'autorégulation. Le premier est le mécanisme par lequel « *un acte législatif communautaire confère la réalisation des objectifs définis par l'autorité législative aux parties concernées* » (opérateurs économiques, partenaires sociaux, organisations non gouvernementales, associations). Le second est « *la possibilité pour* [les acteurs listés précédemment] *d'adopter entre eux et pour eux-mêmes des lignes directrices communes au niveau européen* (notamment codes de conduite ou accords sectoriels) ». Ces deux instruments ont pour objectif une régulation rapide et flexible.

La réflexion sur la gouvernance s'est également intéressée aux agences[1] à la fois pour souligner leur intérêt et pour relever la nécessité d'un cadre précis. Si un règlement a été adopté pour les agences exécutives, le projet d'accord interinstitutionnel pour un encadrement des agences de régulation présenté par la Commission en 2005, suite à son rapport de 2002, n'a fait l'objet que d'une déclaration du Conseil et de la Commission lors de la séance plénière du Parlement européen du 15 novembre 2006. Cette déclaration soulignait les divergences encore existantes sur le sujet.

Le livre blanc prônait le recentrage de la responsabilité exécutive de la Commission et la rationalisation du contrôle du Parlement et du Conseil. La décision du Conseil du 17 juillet 2006, modifiant la décision *Comitologie* de 1999[2], a donc ajouté une procédure de réglementation avec contrôle qui renforce le rôle du Parlement en particulier concernant les mesures issues de la codécision. Un sujet lié, le lobbying[3] a été également inséré dans la logique d'amélioration de la gouvernance par l'initiative sur la transparence lancée en 2006.

1. Les agences sont décrites dans les Approfondissements et leur liste est donnée en annexe.
2. Un développement sur la comitologie se trouve dans les repères de la fiche 11.
3. Le lobbying est également présenté dans les Approfondissements.

À la limite de la réforme institutionnelle , mais venant parachever l'édifice de la gouvernance, les parlements nationaux peuvent, depuis le 1er septembre 2006, contrôler le respect de la subsidiarité et de la proportionnalité en application d'une décision du Conseil européen des 15 et 16 juin 2006.

CHAPITRE 2 LES LIMITES DE CETTE RÉFLEXION

La méthode ouverte de coordination (MOC) et le processus Lamfalussy sont deux procédures décisionnelles qui, chacune à leur niveau, ont été reconnues pour avoir apporté de la souplesse dans les rouages de l'Union.

Les conclusions du Conseil européen de Lisbonne des 23 et 24 mars 2000 (« *L'application de* [la stratégie de Lisbonne] *suppose l'amélioration des processus existants par l'introduction d'une nouvelle méthode ouverte de coordination à tous les niveaux, le Conseil européen jouant un rôle renforcé d'orientation et de coordination* ») a défini la MOC en reprenant des pratiques déjà en cours dans le domaine économique et social. Elle consiste en :

- la définition de lignes directrices et de calendriers ;
- l'établissement éventuel d'indicateurs de performance ;
- la mise en place de politiques nationales répondant aux lignes directrices ;
- un suivi et un examen par les pairs des ces politiques.

Cette nouvelle méthode est une tentative pour contourner les résistances des États aux transferts de compétences en matière de politique économique ou sociale, dans le but de répondre aux fortes demandes des populations sur ces sujets, en particulier sur le chômage. Elle s'attelle aussi à la nécessité d'ajouter de la souplesse et de la réactivité dans ces domaines.

Cette approche a pour principes d'être décentralisée, de se fonder sur la participation des États membres, des collectivités régionales et locales, ainsi que des partenaires sociaux et de la société civile qui « *seront activement associés dans diverses formes de partenariats* » et surtout de n'être pas contraignante, ni dans les modalités de mise en œuvre ni dans l'évaluation et ses conséquences. L'évaluation se fonde en effet sur un recensement des meilleures pratiques et un jugement par les pairs. L'Union se contente de la sorte de donner les grandes lignes que les États membres déclinent nationalement, contrairement à la pratique communautaire de l'uniformité de la norme.

Les résultats ont été jugés encourageants, notamment concernant l'Agenda social, par le Conseil européen de printemps qui effectue une appréciation de ces programmes nationaux.

Autre innovation procédurale, le processus Lamfalussy tire son nom du président du Comité des sages qui préconisa en 2001 une procédure spécifique pour l'élaboration de la législation communautaire dans le domaine des valeurs mobilières. Le Conseil européen de Stockholm des 23 et 24 mars 2001 approuva « *la résolution relative à une régulation plus efficace des marchés des valeurs mobilières et* [estima] *qu'elle constitue un cadre satisfaisant pour assurer une coopération efficace entre la Commission, le Conseil et le Parlement européen dans ce domaine* ». Cette procédure se compose de quatre niveaux :

• les directives cadres adoptées par le Parlement et le Conseil ;

• les mesures détaillées d'exécution prise selon une comitologie adaptée avec une consultation élargie et un avis du Parlement ;

• la coopération des autorités nationales de surveillance pour la coordination des mesures d'application et contrôles ;

• et la mise en œuvre par la Commission en concertation avec les autorités nationales de surveillance.

Cette combinaison de droit « *dur* » au premier et au deuxième niveau et de droit « *mou* » au troisième assure une régulation rapide et pertinente. Son succès a conduit à son extension à la régulation des activités des établissements de crédit, des entreprises d'assurance et des entreprises d'investissement en 2005.

Ces réussites sont non négligeables dans un contexte où les avancées importantes sont rares. En revanche certains résultats ne sont pas à la hauteur des enjeux. La création d'un espace public européen se limite par exemple à une politique de communication de la Commission et à la mise à disposition du public de sites Internet dédiés aux débats sur des sujets européens. De même le dialogue local et régional reste assez formel et les contrats tripartites d'objectifs définissant des relations contractuelles entre la Commission, un État membre et une ou plusieurs collectivités territoriales restent embryonnaires. La largeur de l'ambition du livre blanc a sans doute causé une certaine dispersion.

Plus encore ces nouveautés méthodologiques ne sont pas exemptes de critiques. En premier lieu, l'extension des intervenants a pour conséquence une dilution des responsabilités. En second lieu, la souplesse accordée aux acteurs par la MOC ou l'autorégulation aboutit souvent à un dérapage ou à une absence de calendrier et à une rigueur toute relative des règles mises en place. La volonté même de mieux légiférer n'a pas conduit à la rationalisation souhaitée de la production normative, les normes restent nombreuses et complexes et la codification a peu avancé. La nature atypique des méthodes affecte même les institutions classiques. Les corps politiques traditionnels, mais surtout le Parlement sont fragilisés ; les corps politique comme les syndicats ou les partis par l'effacement de leur rôle d'intermédiaires privilégiés au bénéfices d'une multitude d'organisation souvent spécialisées, le Parlement par son faible pouvoir d'influence sur ces procédures en comparaison de la Commission qui en est le passage obligé et des États membres qui valident au travers du Conseil et peuvent intervenir durant la conception et l'application par le biais des experts au sein des comités ou de leurs représentant au sein des conseils des agences. Ces méthodes risquent donc de se développer au détriment de la méthode communautaire alors même que c'est celle-ci qui constitue une des caractéristiques propres de l'Union la différenciant des organisations internationales par son ordre juridique de type étatique et non contractuel. Si l'efficacité peut y réaliser quelques gains, la légitimité politique du triangle institutionnel s'en ressent.

Mais surtout, au-delà de la déstabilisation des institutions et de la méthode communautaires traditionnelles, la notion même de gouvernance telle qu'elle est conceptualisée et mise en pratique par la Commission conduit à un renversement implicite des racines politiques classiques sur lesquelles se fondaient jusqu'à présent la construction européenne.

Dans sa présentation théorique de la gouvernance, J. Candela Castillo, chef de l'unité Gouvernance au secrétariat général de la Commission, oppose à Kelsen et à une validité des normes reposant sur la logique interne du système juridique une validité reposant sur la qualité du processus de délibération défendue par Habermas : c'est le degré de délibération et de participation de l'ensemble des citoyens et de la société civile qui dicte le degré de validité (et de justice) d'une norme. Dans une telle analyse la légitimité reste apparemment liée au peuple, mais les formes d'expression procédurales classiques constitutionnelles et juridiques que sont l'élection et le parlementarisme sont délaissées au profit de la participation. Le peuple n'est plus introuvable, pour reprendre l'expression de Pierre Rosanvallon ; il suffit de lui fournir les moyens pour s'exprimer. Les nouvelles technologies de l'information et de la communication (NTIC), largement mises en avant par la Commission, offrent pour ce faire des outils nouveaux et excessivement puissants en apparence qui semblent abolir la distance entre gouvernés et gouvernants.

Cependant disqualifier la légitimité classique comme artificielle c'est négliger le fondement des normes qui repose sur la souveraineté. Dans les systèmes démocratiques modernes cette souveraineté réside dans un peuple conçu non comme une abstraction, mais comme une construction qui dépasse classiquement la somme des intérêts particuliers. La légitimité telle que présentée dans le livre blanc s'éloigne des définitions usuelles qu'elles soient souverainistes, constitutionalistes. Il s'agit d'une légitimité qui se trouve, à travers par exemple la participation ou la transparence, des points de recouvrement avec l'efficacité. Or légitimité et efficacité ne peuvent être confondues. La légitimité est antérieure au pouvoir ; celui-ci ne la crée pas, il se la voit confiée par le souverain. L'exigence d'efficacité n'est que fonctionnelle.

La légitimité telle que conçue dans le cadre de la gouvernance reprend des critiques anciennes de la représentation. Toutefois ces critiques sont pertinentes dans un contexte d'exclusion d'une partie importante de la population (par exemple, la classe ouvrière). Dans le contexte plus ouvert de nos sociétés européennes, l'enjeu est de faire advenir la possibilité d'une représentation et non de la contourner. Dans cette perspective les NTIC peuvent alors amplifier les risques en ne faisant que fournir un espace a des expressions individuelles, instantanées et segmentées et en laissant se constituer une strate intermédiaire nouvelle composée des groupes et des individus ayant seuls accès aux lieux d'expression ainsi créés.

Pourtant un espace commun constitué ou en constitution est nécessaire, même pour pouvoir mener la politique délibérative d'Habermas. Or c'est justement cet espace que tente de faire naître la construction européenne.

La notion de gouvernance semble vouloir s'appuyer sur les citoyens pour s'opposer aux États en tentant de faire émerger artificiellement une opinion publique européenne à partir des possibilités ouvertes par les nouveaux moyens de communication. L'Europe existe sur le fondement d'une double légitimité en construction : celle des États et celle des citoyens. Seule la condensation de ces deux légitimités classiques, soutenue et alimentant un projet commun, permettra la poursuite de la construction européenne.

Les nouvelles modalités de l'Union, à l'opposé, paraissent s'autojustifier, dévoilant la faiblesse d'une Europe qui n'a pas su renouveler sa raison d'être. La gouvernance apparaît alors comme une justification théorique et pratique *a posteriori* de la poursuite incontrôlée de l'intégration européenne. Pierre Manent, dans *La Raison des nations* (Gallimard, 2006), peut l'affirmer : dans l'Union actuelle « *la diffusion des règles se substitue à l'intensification des volontés collectives* ».

4. APPROFONDISSEMENT

CHAPITRE 1 *LES AGENCES EUROPÉENNES*

Les agences européennes sont des organes de l'Union, généralement dotées de la personnalité juridique, chargées d'une tâche technique, scientifique, de gestion ou de coordination. Les règles qui les régissent sont très variables. Créées à partir des années 1970, leur rythme d'apparition s'est fortement accéléré (deux dans les années 1970, huit dans la première moitié des années 1990, dix-sept depuis 2001). Elles sont aujourd'hui une trentaine qui peuvent être classées en plusieurs catégories :

• des agences sont chargées de la coordination et de l'organisation d'actions communes concernant le premier et le deuxième pilier. Il s'agit par exemple d'Europol ou de l'Agence européenne de défense ;

• les agences communautaires sont issues d'un acte de droit dérivé. Elles ont en général un rôle scientifique ou technique, elles sont alors dites « *d'exécution* » pour les distinguer des agences responsables de la régulation d'un secteur ou d'une activité et dont certaines ont un pouvoir de décision individuelles créatrices d'effets juridiques (l'Office communautaire des variétés végétales par exemple) ;

• les agences exécutives sont les dernières nées des agences. Elles sont instituées en application du règlement 58/2003 du Conseil pour gérer un ou de plusieurs programmes communautaires. Elles sont créées pour une durée déterminée.

La CJCE, dans l'arrêt *Romano* du 14 mai 1981, a précisé qu'un organe tel qu'une agence « *ne peut arrêter des actes revêtant un caractère normatif* ». Elle avait auparavant estimé, dans l'arrêt *Meroni* du 13 juin 1958, que si la Commission peut confier certains pouvoirs à des entités de personnalité juridique différente, cette délégation ne peut porter « *que sur des pouvoirs d'exécution, exactement définis et entièrement contrôlés* ».

La multiplication des agences et l'imprécision de leurs contours a rendu nécessaire un encadrement plus strict dont les tentatives ont été présentées dans la première partie de cette fiche. Il est à noter que le Parlement est particulièrement sensible au fait que les agences sont un lieu d'influence forte des États par l'intermédiaire de leurs représentants au sein des conseils d'administration, alors que les pouvoirs délégués appartiennent à la Communauté.

CHAPITRE 2 LE LOBBYING

Tout à fait étranger à la tradition française, qui considère avec hostilité l'intrusion des corps intermédiaires dans la génération de l'intérêt général, le lobbying est un élément important du processus normatif de l'Union. Le terme lobby, qui désignait la partie ouverte au public des chambres britanniques, a désigné à partir des années 1830 les groupes de pression qui fréquentaient ce lieu pour influencer les décisions des parlementaires.

Sa pratique répond à la fois à une conception de la décision politique qui recherche l'intervention de la « *société civile* » et à une nécessité technique, les sujets traités étant souvent trop complexes pour que le personnel des institutions, peu nombreux en proportion des tâches qui lui sont affectées, soit en mesure de les maîtriser seul. Elle s'insère aisément dans le processus décisionnel par l'intermédiaire des différents comités.

Selon un rapport du Parlement européen sur le sujet, 2 600 groupes d'intérêts ont un bureau permanent à Bruxelles. Pour un tiers d'entre eux, il s'agit de fédérations professionnelles européennes, pour 20 % de consultants ; les entreprises, les ONG, les fédérations nationales et les syndicats représentent chacun environ 10 %, les représentations régionales et les organisations internationales 5 % chacune et les *think tanks* 1 %. Il est intéressant de souligner l'importante activité de lobbying des régions, initiée par les Länder allemands.

Aux États-Unis, le lobbying est fortement encadré par la loi. Le *Lobbying Disclosure Act*, adopté en 1995 et amendé 1998, prévoit des règles très contraignantes pour l'activité des groupes d'intérêt (enregistrement pour chaque client à partir d'un certain montant, rapport sur les activités exercées) et des sanctions pouvant aller jusqu'à 50 000 dollars. La Commission a cherché, en revanche, à encadrer de façon souple cette activité : d'une part en tenant un registre des organisations concernées qui a pour but de sensibiliser les fonctionnaires à l'importance de consulter l'ensemble des milieux concernés (créé en 1997, ce répertoire comprend à présent 700 organisations) ; d'autre part en encourageant les groupes de pression à élaborer et à respecter un code de conduite. Le personnel de la Commission est tenu non seulement par les dispositions contenues dans le statut des fonctionnaires, mais également par un code de conduite à l'égard du public adopté en 2000. Le Parlement a également voulu contrôler ces pratiques en publiant sur son site la liste des personnes accréditées à accéder au Parlement pour fournir des informations aux parlementaires.

La Commission a lancé en 2006 une initiative sur la transparence qui fait suite à une communication du 5 novembre 2005. Y est abordée notamment la transparence du lobbying avec une interrogation sur l'inscription obligatoire des groupes d'intérêt dans le registre mentionné précédemment, la base CONECCS (Consultation, la Commission européenne et la société civile) qui est établie actuellement sur une base volontaire à des fins d'information uniquement. La mise en place en février 2005 par la Société des professionnels des affaires européennes (SEAP) d'un code de conduite a favorisé aux yeux du commissaire Sim Kallas le principe du volontariat. Reste que ce code de conduite pourrait être plus largement appliqué et ne prévoit que des sanctions légères. L'encadrement du lobbying, sans tomber dans les excès de formalisme américains, eux aussi sources de dérives, se cherche encore entre régulation souple et efficience de la transparence.

Dans ce cadre, la Commission européenne a mis en ligne, le 23 juin 2008, un registre en ligne où « *sont invités à s'inscrire* [...] *tous les représentants d'intérêt qui cherchent à influer sur l'élaboration des politiques et les processus décisionnels des institutions européennes* ».

L'inscription à ce registre, qui reste volontaire et non obligatoire, est critiquée par certains acteurs, principalement des ONG, qui considèrent qu'il ne s'agit que d'une transparence insuffisante (« *les règles de divulgation des informations financières sont fragiles et biaisées* », a estimé en 2008 *Alliance for Lobbying Transparency & Ethics Regulation* (ALTER-EU)). L'inscription engage le lobbyste à décrire son identité, ses actions, quelques éléments financiers. Il s'engage aussi à respecter un code de bonne conduite.

ANNEXES

1. GRANDES DATES DE LA CONSTRUCTION EUROPÉENNE

1948

• 17 mars. traité de Bruxelles instituant l'Union de l'Europe occidentale, organisation de défense.
• 16 avril. Institution de l'Organisation européenne de coopération économique (OECE).
• 7-10 mai. Congrès de La Haye.

1949

• 4 avril. traité de l'Atlantique Nord.
• 5 mai. Traité instituant le Conseil de l'Europe.
• 9 mai. Constitution de la république fédérale d'Allemagne.

1950

• 9 mai. Déclaration Schuman sur la mise en commun des ressources de charbon et d'acier.

1951

• 18 avril. traité de Paris instituant la CECA

1952

• 27 mai. Signature du projet de traité CED.

1954

• 30 août. Rejet de la Communauté européenne de défense par l'Assemblée nationale.

1955

• 1-3 juin. Conférence de Messine.

1957

• 25 mars. Signature des traités de Rome fondant la CEE et la CEEA.

1958

• 1er janvier. Entrée en vigueur des traités CEE et CEEA.

1960

• 4 janvier. Création de l'Association européenne de libre-échange.

1963

• 14 janvier. Refus du général De Gaulle d'une adhésion de la Grande-Bretagne aux Communautés européennes.
• 22 janvier. Signature du traité de l'élysée.

1965
• 8 avril. Signature à Bruxelles sur la fusion des exécutifs.

1966
• 29 janvier. Compromis de Luxembourg.

1967
• 27 novembre. Second refus du général De Gaulle d'une adhésion de la Grande-Bretagne aux Communautés européennes.

1968
• 1er janvier. Achèvement de l'Union douanière.

1973
• 1er janvier. Entrée de la Grande-Bretagne, du Danemark et de l'Irlande dans la CEE.

1979
• 13 mars. Entrée en vigueur du système monétaire européen.

1981
• 1er janvier. Entrée de la Grèce dans les Communautés européennes.

1984
• 14 février. Adoption du projet Spinelli sur l'UE par le Parlement européen.
• 25 et 26 juin. Conseil européen de Fontainebleau.

1985
• 14 juin. Livre blanc de la Commission sur l'achèvement du marché intérieur, signature des accords de Schengen.

1986
• 1er janvier. Entrée de l'Espagne et du Portugal dans les Communautés européennes.
• 17 février. Signature de l'Acte unique européen.

1987
• 1er juillet. Entrée en vigueur de l'Acte unique.

1989
• 17 avril. Rapport Delors sur l'Union économique et monétaire.
• 9 novembre. Chute du mur de Berlin.

1990
• 19 juin. Signature de la Convention de Schengen.
• 1er juillet. Première étape de l'UEM avec la libre circulation des capitaux.

1992

• 7 février. Signature du traité de Maastricht.
• 2 mai. Signature du traité de Porto créant l'Espace économique européen.
• 21 mai. Réforme de la PAC.
• 2 juin. Refus danois de ratifier le traité de Maastricht.
• 25 juin. Révision de la Constitution française pour autoriser ratification du traité de Maastricht.
• 20 septembre. Référendum sur autorisation de ratifier le traité de Maastricht (51 % de oui).

1993

• 1er janvier. Achèvement du marché intérieur.
• 21-22 juin. Fixation des critères de Copenhague pour l'adhésion des pays d'Europe centrale et orientale à l'Union européenne.
• 1er novembre. Entrée en vigueur du traité de Maastricht.

1994

• 1er janvier. Début de la deuxième étape de l'UEM avec l'installation à Francfort de l'Institut monétaire européen.
• 9-10 décembre. Définition d'une stratégie de préadhésion pour les pays d'Europe centrale, orientale et baltique déjà associés à l'UE (Conseil européen d'Essen).

1995

• 1er janvier. Adhésion de l'Autriche, de la Finlande et de la Suède.
• 26 mars. Entrée en vigueur des accords de Schengen.

1997

• 2 octobre. Signature du traité d'Amsterdam.

1999

• 1er janvier. Mise en place de l'UEM.
• 16 mars 1999. Démission de la Commission européenne.
• 1er novembre. Entrée en vigueur du traité d'Amsterdam.

2000

• 7-10 décembre. Conseil européen de Nice.

2001

• 26 février. Signature du traité de Nice.
• 8 mars. Adoption du partenariat d'adhésion de la Turquie à l'Union européenne.
• 8 juin. Rejet du traité de Nice par les Irlandais (53,87 % des suffrages).
• 25 juillet. Livre blanc sur la gouvernance européenne.
• 21 septembre. Le Conseil européen de Bruxelles crée le mandat d'arrêt européen.
• 14-15 décembre. Le Conseil européen de Laeken adopte la déclaration sur l'avenir des institutions. Valéry Giscard d'Estaing est nommé président de la Convention pour l'avenir de l'Europe.

2002

• 1er janvier. Mise en circulation de l'euro dans l'Union européenne.
• 18 février. Décision d'envoi d'une force de police européenne en Bosnie (première manifestation de la politique de défense et de sécurité de l'Union européenne dans sa composante de « *gestion civile des crises* »).
• 28 février. Libéralisation de la fourniture d'électricité et de gaz au Conseil européen de Barcelone.
• 23 juillet. Expiration du traité instituant la CECA.
• 19 octobre. Référendum en Irlande sur ratification du traité de Nice (63 % de oui).

2003

• 30 janvier. Huit dirigeants européens appellent au soutien du président George Bush dans la crise irakienne (dont cinq pays de l'Union : Danemark, Espagne, Italie, Grande-Bretagne, Portugal) en contradiction avec la « *position commune* » des 15 demandant la poursuite des inspections de l'ONU en Irak.
• 1er février. Entrée en vigueur du traité de Nice.
• 16 avril. Signature à Athènes du traité d'adhésion des dix nouveaux membres à l'Union européenne.
• 13 juin. Adoption par la Convention d'un projet de traité établissant une Constitution pour l'Europe.
• 12-13 décembre. Conseil européen de Bruxelles : échec quant à l'adoption du projet de Constitution.

2004

• 1er mai. Entrée dans l'Union européenne de 10 nouveaux membres : Chypre, Estonie, Hongrie, Lettonie, Lituanie, Malte, Pologne, Slovaquie, République tchèque et Slovénie.
• 17-18 juin. Adoption au Conseil européen de Bruxelles du traité établissant une Constitution pour l'Europe.
• 29 juin. Désignation de M. Barroso comme président de la Commission européenne.

2005

• 1er mars. Loi constitutionnelle révisant la Constitution française.
• 29 mai. Référendum français portant autorisation de ratifier le traité établissant une Constitution pour l'Europe (près de 55 % de non).
• 1er juin. Référendum aux Pays-Bas (63 % de non).

2007

• 1er janvier. Adhésion de la Bulgarie et de la Roumanie à l'Union européenne.
• 21-22 juin. Accord sur le projet de Traité simplifié portant sur les institutions européennes.

2009

• 1er décembre. Entrée en vigueur du nouveau traité de Lisbonne/

2013

• 1er juillet. Adhésion de la Croatie à l'Union européenne.

2. BIBLIOGRAPHIE GÉNÉRALE[1]

MANUELS, OUVRAGES SUR LA CONSTRUCTION EUROPÉENNE

- Barav A., Philip C., *Dictionnaire juridique des communautés européennes*, PUF, 1993.
- Bergerès M.-C., *Contentieux communautaire*, PUF, Droit fondamental, 3e édition, Paris, 1998.
- Blumann C., Dubouis L., *Droit institutionnel de l'Union européenne*, Editions du jurisclasseur, Litec, Paris, 2011.
- Cartou L., Clergerie J.-L., Gruber A., Rambaud P., *L'Union européenne*, Précis Dalloz, 9e édition, Paris, 2012.
- Clapie M., *Manuel d'Institutions européennes*, Flammarion, 2010, 3e édition.
- Fasquelle D., Blanquet M., Chevallier R.-M., *Les Grands Arrêts de la jurisprudence communautaire*, Dalloz, Paris, 2002, tome 1er.
- Favret J.-M., *Droit et pratique de l'Union européenne*, Gualino, 3e édition, Paris, 2001.
- Gautron J.-C., *Droit européen*, Dalloz, Mémentos, Paris, 2009.
- Giscard d'Estaing V., *La Constitution pour l'Europe*, Albin Michel, 2003.
- Isaac G., Blanquet M., *Droit communautaire général*, Armand Colin, 10e édition, Paris, 2012.
- Manent P., *La Raison des nations, Réflexions sur la démocratie en Europe*, Gallimard, L'esprit de la cité, 2006.
- Philip C., *La Constitution européenne*, PUF, « Que sais-je ? », Paris, n° 3700.
- Rambaud P., *Aborder le droit communautaire*, Seuil, coll. Mémo, 1997.
- Rambaud P., *Les Grandes Décisions de la jurisprudence communautaire*, Hachette supérieur, Les fondamentaux, Paris, 2007, 3e édition.
- Rideau J., *Droit institutionnel de l'Union et des Communautés européennes*, LGDJ, Paris, 2010.
- Sauron J.-L., *Cours d'institutions européennes, Le puzzle européen*, Gualino éditeur, 2010, préface de V. Constantinesco.
- Simon D., *Le Système juridique européen*, PUF, collection « Droit fondamental », 3e édition, Paris, 2001.

1. La bibliographie présentée aux étudiants est nécessairement sélective. Ont été privilégiés les ouvrages qui ont principalement guidé et aidé à la préparation de ce manuel.

- Sudre F., *Droit international et européen des droits de l'homme*, PUF, collection « Droit fondamental », 11e édition, Paris, 2012.
- Verhoeven J., *Droit de la Communauté européenne*, De Boeck et Larcier, 2e édition, Bruxelles, 2001.
- Vogel L., *Droit européen des affaires*, Précis Dalloz, 2013.

COMMENTAIRE DES TRAITÉS ET TEXTES COMMUNAUTAIRES

- Constantinesco V., Jacqué J.-P., Kovar R., Simon D., *Traité instituant la CEE (commentaire article par article)*, Economica, Paris, 1992. *Traité sur l'Union européenne (commentaire article par article)*, Economica, Paris, 1995.
- Constantinesco V., Gautier Y., Michel V., *Le Traité établissant une Constitution pour l'Europe, analyses et commentaires*, Presses universitaires de Strasbourg, 2005.
- Dubouis L., Gueydan C., *Grands Textes du droit de l'Union européenne*, Dalloz, Paris, 2005, tome 1er : *Traités, institutions et ordre juridique*.
- Léger P. (dir.), *Commentaire article par article des traités UE et CE*, Bâle, Genève, Munich, Helbing et Lichtendahn, 2000.
- Lenaerts K., Tizzano A., *Code de l'Union européenne, Bruylant*, 1re édition, 2014.
- Rideau J. (dir.), *Union européenne. Commentaire des traités modifiés par le traité de Nice du 26 février 2001*, LGDJ, Paris, 2001.
- Tizzano A., Vignes D., *Code de l'Union européenne*, Bruylant, 2e édition, Bruxelles, 2001.

En droit communautaire matériel, qui n'est pas directement abordé dans le manuel, mais auquel on trouve des références, on pourra consulter :

- Blumann C., Dubouis L., *Droit matériel de l'Union européenne*, Montchrestien, Domat, 2e édition, Paris, 2001.
- Vogel L., Vogel J., *Droit européen des affaires*, Dalloz, 2e édition, 1993.

REVUES

- *Actualité juridique de droit administratif*
- *Annuaire français de droit international*
- *Cahiers de droit européen*
- *Common Market Law Review*
- *European Law Review*
- *Gazette du Palais*

- *Gazette du Palais européenne*
- *Journal de droit international*
- *Jurisclasseur périodique (Semaine juridique)*
- *Jurisclasseur Europe*
- *Les Petites Affiches*
- *Recueil Dalloz-Sirey*
- *Revue des affaires européennes*
- *Revue des droits de l'homme*
- *Revue du droit de l'Union européenne*
- *Revue du droit public*
- *Revue du marché commun et de l'Union européenne*
- *Revue du marché unique européen*
- *Revue Europe*
- *Revue française de droit administratif* (Rubrique : Droit administratif et droit communautaire)
- *Revue française de droit constitutionnel*
- *Revue générale de droit international public*
- *Revue international de droit international public*
- *Revue trimestrielle de droit européen*
- *Revue trimestrielle des droits de l'homme*
- *Revue universelle des droits de l'homme*

SITES INTERNET

- curia.eu.int/fr/index.htm
- europa.eu.int
- info-europe.fr

3. INDEX

NOTES

NOTES

NOTES

34/38, rue Camille-Pelletan - 92309 Levallois-Perret cedex
Imprimerie CPI Firmin-Didot - 27650 Mesnil-sur-l'Estrée
Imprimé en France - 1er trimestre 2015 (125639)

Service éditorial : Marjorie Champetier, Deborah Lopez,
Fanny Bouteiller, Elodie Sebbah
Conception graphique : Catherine Aubin

Dépôt légal à parution
ISBN 978-2-7590-2725-5